民法应用实训教程

MIN FA YING YONG SHI XUN JIAO CHENG

主 编◎张 静
副主编◎吉 雅 贺继军

中国政法大学出版社
2018·北京

声　明　　1. 版权所有，侵权必究。

　　　　　2. 如有缺页、倒装问题，由出版社负责退换。

图书在版编目（ＣＩＰ）数据

民法应用实训教程/张静主编. —北京：中国政法大学出版社，2018.8
ISBN 978-7-5620-8498-3

Ⅰ.①民… Ⅱ.①张… Ⅲ.①民法－中国－教材 Ⅳ.①D923

中国版本图书馆 CIP 数据核字(2018)第 197753 号

出 版 者	中国政法大学出版社
地　　址	北京市海淀区西土城路 25 号
邮寄地址	北京 100088 信箱 8034 分箱　邮编 100088
网　　址	http://www.cuplpress.com（网络实名：中国政法大学出版社）
电　　话	010-58908586(编辑部) 58908334(邮购部)
编辑邮箱	zhengfadch@126.com
承　　印	北京中科印刷有限公司
开　　本	720mm×960mm　1/16
印　　张	18.5
字　　数	300 千字
版　　次	2018 年 8 月第 1 版
印　　次	2018 年 8 月第 1 次印刷
定　　价	56.00 元

编写委员会

主　编：张　静

副主编：吉　雅　贺继军

委　员

王　磊	梁　丹	李善鹏	陈志威	苏玲丽
武　艺	刘小钰	王宵峰	海　娜	李秀丽
张　扬	黄　庆	左　鹏	操查贵	常风杰
黎　丽	王金萍	陆际能	刘润霞	

出版说明

北方民族大学法学院法学专业 2012 年被确定为宁夏回族自治区重点建设专业，2015 年被批准为宁夏回族自治区"十三五"重点建设专业，专业建设项目负责人为余成刚。为支持专业建设，自 2016 年开始，宁夏回族自治区教育厅按年度批准立项一批"十三五"重点建设专业（群）子项目，其中，张静负责子项目"法律思维能力拓展训练教程——民法卷"，本书是子项目成果，由法学专业建设项目经费资助出版。

序 PREFACE

　　法学是应用学科，旨在依据事实和法律处理各种纠纷与案件，法律人从事的工作在于将抽象的法律适用于具体个案，涉及法律的解释、漏洞的补充等问题。多数法学本科教育的基本定位在于培养熟悉法律知识，掌握基本的法律职业技能，具有法律思维和素质的应用型专门人才。因此，对学生法律知识的传授和法律思维能力的培养是法律本科教育的两个基本目标和任务。

　　法律知识的获取，传统的讲授法加上启发与个别提问，有助于学生在较短的时间内熟知法律的概念、体系、构成要件以及法律效力，学生掌握知识的效率的确比较高，但对于学生思维能力的培养却是很难适应的。在多年的教学中，我们发现，教师要在规定的课时内，完成一门课程的教学任务，采取"满堂灌"的教学方法还是比较普遍，学生发问甚少，加上以判断题、简答题和论述题为主的考试类型，在一定程度上引导学生被动的知识记忆的学习方法，司法实务部门对我们法律本科教学效果的评价则是"多数学生高分低能"。我国台湾地区法学教授也谈道："在图书馆，经常可以看到同学们抱着一本厚重的教科书，反复阅读，口中念念有词，或画红线，或画蓝线，书目上琳琅满目。此种学习方法，存在一定的缺憾，因为缺少一个具体的问题，引导你去分析法律的规定、去整理判例学说、去触发思考、去创造灵感。"即使我们在课堂教学中，更多地添加一些案例，考试的内容也相应地增加了案例分析，也仅仅在于帮助学生理解法律概念。学生被动接受的局面依然没有改变，学生对于法律思维方式的掌握普遍缺乏。

　　何为法律思维？学者解释不一。石旭斋教授认为：法律思维作为一种职业性思维，具有以法律语言为思维语言，以崇尚法律为思维定势，以"恪守公正"为价值取向，以理性主义为指导的经营思维、群体性思维等特有属性。因而成为法律人的职业特征和法律职业共同体的联结纽带，作为法律推理和法律论证的核心内容，成为延续法律生命、实现法律价值所必需的具体途径。郑成良教授认为：所谓法律思维方法，就是按照法律的逻辑来观察、分析、解决社会问题的思维方法。法律思维具有六个特点（或者遵循六个规则），即：以权利义务为线索、普遍性优于特殊性、合法性优于客观性、形式合理性优于实质合理性、程序问题优于实体问题、理由优于结论。法律思维应对按照"合法与非法的思维来判断一切有争议的行为、主张和利益关系"。[1]

  法律思维能力的培养绝不可能一蹴而就，以大量的尽可能接近事实的案例素材为平台，熟悉并掌握法律思维的基本方法，将这种方法转变为自己的一种思维习惯并加以精炼和提升，这个过程便是法律思维能力的形成和提高。

  培养学生的法律思维能力，教学素材和教学方法的选择尤为重要。通过若干的案例讨论，让学生在老师的引导下，自主分析案例，阐述适用法律裁决案件的正确性和准确性，实为学生法律思维能力培训所必须。案例分析的目的在于培养思考方法，去面对处理"未曾遇见"的法律问题。[2]

  不同教学方法必然以不同的教材为平台，所以，教材的提供也应当是多元化的，有为初学者入门的教材，有供学生复习的参考用书，还有为探讨理论体系的各类专著，但更应该提供案例的基础材料以及分析案件思路引导的教程，以满足法律思维能力提升的需求。案例资料的提供，一则帮助学生了解社会生活；二则给学生提供各种不同的论证资料，帮助学生熟悉理论与实务的关联性；三则有利于学生站在不同当事人的视角分析适用法律，维护自身的合法权益。对案件处理的阐述，最能训练、测试法科学生的思考方法和能力。我国台湾地区法学教授王泽鉴先生认为："学习法律的最佳方法是，先读一本简明的教科书，期能通盘初步了解该法律的体系结构和基本概念。其后在以实例作为出发点，研读各家教科书、专题研究、论文及判例评释等，做成解题的报告。"

  目前，国内也出现过一些案例分析教程，但基本上都是，作者描述案例，

---

[1] 郑成良："法治理念与法律思维"，载《吉林大学社会科学学报》2000 年第 4 期。
[2] 王泽鉴：《法律思维与民法实例》，中国政法大学出版社 2001 年版，第 18 页。

再提供作者对案例的分析意见，也就是正确答案。但我们发现，实际上多数学生对于案例分析教程，常常偏重记住结论，在考试时也是企图凭借记忆，回忆曾经做过、听过的类似案例分析结论，有意识或无意识地以此作为解答的样本。而在司法实践中，具体的案件事实，雷同之处很少，差之毫厘，失之千里。所以，教学上的实例，犹如数学上的演算题，绝不可以通过死记硬背的方式记住所谓的"标准答案"，让学生尽可能掌握法律思维方法，具备法律思维能力，提高应对层千变万化的各类纠纷和案件的处置能力，实现我们对应用型人才培养的目标。

一般案例分析是出题者深思熟虑，为学习者而设计的，被假设为真实，无需论证，并以简要的文字表述，学生主要是根据案情，认定当事人之间的权利义务和法律责任。法院实务最主要、最困难的工作在于认定事实，以适用法律。我们能做的是提供的案例事实尽可能接近真实，以便让学生能够更多地接近实务训练。我们撰写的《民法应用实训教程》除了提供尽可能接近实际的案件资料，主要是以原告与被告不同角色为视角，提出一种思路和方法，让学生自主分析并得出自己的判断。

法律思维可以从不同的角度去观察、分析和判断问题。当事人及代理律师，常常出于争取自身利益的需要，只提供对自己有利的证据，选择对自己有利的法律条文，尤其是律师。律师的法律思维是以委托人的利益为目标，以扎实的法律知识为前提，以解决问题的思维和预防问题的思维为内容，前者主要在诉讼业务中，后者主要在非诉讼业务中。但法官必须审查证据，发现事实真相，并判断何者与法律适用有关，何者与法律适用无关，法官的思维则是根据查明的案件事实，依据法律规范，独立地判断当事人之间的权利义务和法律责任。法官在任何情况下，都必须保持足够的冷静和中立，不偏不倚。《民法应用实训教程》没有给学生提供一个唯一答案，而是提供不同角色的意见表述，能够更好地激发学生学习的主动性和想象力，也有助于训练学生的法律表述能力。

法律思维虽然抽象，但完全可以通过大量的实例研讨培养和掌握。

民法学是法学专业的重要课程，涉及市民社会的方方面面，具有理论深邃、体系庞大、内容丰富等特点，但也可以简化为民事权利和民事权利的救济途径两个方面。我国民法确认的民事权利包括：人身权（人格权、身份权）；财产权（物权、债权）；继承权；知识产权。民法中的诉讼种类也主要包括三种：确认之诉（请求确认身份或权利的存在）；给付之诉（请求履行某种义务，包括基于物权请求权和债权请求权）；形成之诉（请求恢复或者解除某种法律关系）。

民法思维能力的培养，以当事人的请求权、抗辩权为切入点，寻找和阐述请求权、抗辩权成立的理由，包括事实依据和法律依据，实为最佳路径的选择。一方当事人提出请求权并阐述请求权成立的基础，包括确认之诉的请求权基础、给付之诉的请求权基础、形成之诉的请求权基础。另一方当事人依法进行抗辩。各种抗辩，归纳起来不外乎三种类型：一是权利不存在的抗辩，即证明原告请求权不存在；二是权利消灭的抗辩，即证明己方的义务已经履行完毕，原告的请求权已经消灭；三是义务人拒绝给付的权利成立，即证明己方具备法定免除责任事由。这种请求权与抗辩权对立的思考，是每一个法律人都必须确实掌握的。不仅有助于辩证的思考，对于处理纠纷的公正性和正义性也非常重要。

基于请求权的思路可以概括为：查清事实，针对问题；探寻请求权的基础；提出解决意见。因此，民法思维能力的培养，就是培养学生学会运用民法的思维逻辑，去分析、探索、阐述解决各类民事纠纷的最佳方案。

根据请求权所涉及的法律关系，请求权的分析总体上可以包括三大类：

第一类：有关监护资格的诉讼请求，一般包括以下三种情形：

1. 依据我国民法的规定，父母是未成年人的监护人，父母离异不影响对未成年子女的监护资格和责任。在这种情况下，监护人承担监护职责的情况实际上分为两种，一种是直接监护，即与被监护人共同生活，另一种是间接监护，即本人具有监护资格，但不与被监护人共同生活，主要是支付生活费，甚至没有支付生活费用。因此，父母有关监护权的争执，都是请求法院变更抚养关系，由间接监护变更为直接监护。此种情况下，请求权的基础应当包括：第一，原监护人履行监护职责不适当；第二，请求权人能够为被监护人提供更好的生活成长环境，直接监护更有利于被监护人的利益；第三，如果被监护人具备一定的表达能力，则被监护人愿意与请求权人共同生活。由请求权人直接监护。

2. 未成年人父母死亡或者不能履行监护职责，其他监护人关于监护权的争执，其诉讼请求主要是请求法院确认自己为监护人，其请求权的基础应当包括：第一，请求权人属于法律规定的监护人范围；第二，请求权人具备履行监护职责的条件；第三，请求权人担任监护人更加有利于被监护人的健康成长。

3. 原监护人不履行监护职责或者侵害被监护人的利益，其他人员与原有监护人的争执，其诉讼请求主要包括：一是请求法院依法撤销原监护人的资格；二是请求确认请求权人担任被监护人的监护人。该请求权的基础应当包括：第一，原监护人不履行监护职责或者侵犯被监护人的利益，依法应当撤销其监护资格；第二，请求权人属于法律规定的监护人范围；第三，请求权人具备承担监护职责的条件；第四，请求权人担任监护人更有利于被监护人的健康成长。

第二类：基于债权的给付之诉。

有关合同的纠纷主要是给付之诉，即请求法院责令义务人履行义务的诉讼。在极个别的情况下，会出现确认之诉，即请求法院确认某种合同关系或者权利存在或者不存在。如请求法院确认合同无效，或者在一方当事人行使解除权，接到通知的一方当事人有异议，请求法院确认对方行使解除权的行为无效。

给付之诉请求权的基础首先在于当事人之间的合同成立并有效；其次是义务人违约事实的存在；再次，被告违约给请求方造成的实际损失；最后是对方当事人的应当承担相应的民事法律责任。所谓违约责任是指不履行或者不适当履行合同义务所产生的民事法律后果，包括继续履行合同义务、采取必要的措施防止损失扩大、支付违约金和赔偿损失。在违约责任中，一般都是采取"严格责任原则"，即有违约的事实，就有违约责任。纠纷的焦点通常集中在违约行为是否成立和违约造成的实际损失的认定问题。

作为合同纠纷的被告，主要是债务人，在有第三人担保的情况下，第三人可能成为共同被告。其抗辩的理由主要有三种类型：一是证明原告请求权不成立，如合同无效或者合同被依法撤销；二是证明被告原告的请求权已经消灭，如已经履行了义务，并无不当，保证人的保证责任已经消灭等；三是证明被告存在不履行义务的合法理由，如被告享有双务合同中履行抗辩权，作为一般保证的保证人享有先诉抗辩权等。

第三类：基于侵权损害产生的侵权责任之诉。

在侵权损坏赔偿法律关系中，享有侵权损害赔偿请求权的一般是被侵权人，包括被侵权人的近亲属。在司法实务中，最重要的是正确理解侵权损害赔偿请求权与侵权责任之间的关系。也就是《侵权责任法》第 2 条和第 3 条的关系,从被害人及其近亲属的角度讲,法律赋予被侵权人请求侵权人依法承担侵权责任的权利。而侵权人依法应当承担的法律后果就是侵权责任。所以,确定侵权责任构成,就是确定侵权损害赔偿请求权的构成。当侵权人的行为具备了侵权责任的构成要件,实际上就产生了两个结果:对于侵权人,产生了侵权责任;对于被侵权人,产生了侵权损害请求权,侵权人承担了侵权责任,客观上也就实现了被侵权人的侵权损害赔偿请求权。并且,《侵权责任法》第 4 条还规定:侵权人因同一行为应当承担行政责任或者刑事责任的,不影响依本法承担侵权责任。因同一行为应当承担侵权责任、行政责任、刑事责任,侵权人的财产不足以支付的,先承担侵权责任。也就是说,侵权损害赔偿侵权具有优先保障性。

在一般侵权责任中,原告请求权的基础主要是论证被告的行为符合侵权责任的构成要件。依据我国《侵权责任法》的规定,一般侵权责任的构成要件包括四个:一是行为违法;二是有损害事实(包括人身损害和财产损失);三是违法行为与损害事实之间存在因果关系;四是行为人主观上存在过错(包括故意和过失)。原告的请求权基础就是阐述上述四个要件存在,被告的行为构成侵权责任的构成要件,依法应当承担侵权责任。而在特殊侵权责任中,多数情况下,法律一般采取过错推定责任原则或者严格责任原则,原告只需证明被告侵权行为的存在,给原告造成的实际损失,以及被告的侵权行为与原告实际损失之间存在因果联系。至于被告是否存在过错,依法由被告举证。

作为被告,在一般侵权责任中,被告方行使抗辩权的理由是存在法定的免责事由。即被告能够证明自己存在下列情形之一:①存在不可抗力;②符合正当防卫的条件;③构成紧急避险;④损害由第三人过错造成;⑤损害由受害人过错造成;⑥受害人同意免除对方责任。当然,对于特殊侵权纠纷,被告必须依据具体法律条文规定的免责事由,证明己方确实存在法律规定的免责事由,从而达到免于侵权责任或者减轻侵权责任的目的。

目 录 CONTENTS

序 …………………………………………………………………………… 001

案例 1　祖父母与外祖父母的监护资格如何确定 …………………… 001
案例 2　撤销监护人资格的条件如何把握 …………………………… 004
案例 3　抚养协议的法律效力 ………………………………………… 006
案例 4　未经监护人同意，收治精神病人，是否侵犯监护权 ……… 009
案例 5　生母是否可以放弃监护权？ ………………………………… 012
案例 6　委托监护和指定监护如何协调？ …………………………… 015
案例 7　流浪人员所生子女如何确定监护人 ………………………… 018
案例 8　撤销监护资格的条件问题 …………………………………… 021
案例 9　监护资格撤销的条件与赔偿责任 …………………………… 023
案例 10　父母不履行监护职责，法院如何保护未成年人权益？ …… 026
案例 11　家庭财产分割时如何保护未成年人的财产权利？ ………… 029
案例 12　周末兴趣班费用是否属于必须的教育费？ ………………… 032
案例 13　死亡赔偿款分割时如何照顾未成年人的利益 ……………… 036
案例 14　夫妻离婚后未成年子女的抚养费用如何认定？ …………… 039
案例 15　产权登记与夫妻财产协议不一致，如何认定？ …………… 043

案例 16	未通知股东参加股东会议,该股东是否有权要求公司回购股权?	047
案例 17	房地产开发商将已售房屋抵押,购房人是否有权请求法院撤销抵押行为?	052
案例 18	股东未实际缴纳出资,股权转让协议是否有效?	056
案例 19	优先购买权是否可以对抗新所有权人的权利?	061
案例 20	彩礼与一般赠与如何区分?	065
案例 21	公司高管以个人名义借款,债务人如何认定?	068
案例 22	多次借款,借贷人陆续支付的利息,如何认定?	071
案例 23	执行经理越权行为的效力如何认定?	078
案例 24	婚姻存续期间,个人债务与夫妻共同债务如何认定?	082
案例 25	购买车辆不能办理审验手续,买卖合同如何定性?	088
案例 26	当事人要求依法解除合同,能否再主张违约方支付违约金?	091
案例 27	合伙人之间如何清算盈余?	094
案例 28	出租违章建筑,是否有权请求承租人承担违约责任?	098
案例 29	不具备购房人资格,经济适用房转让协议是否有效?	101
案例 30	拾得遗失物再次丢失,赔偿责任如何认定?	104
案例 31	本案是请求解除租赁合同?还是应当请求返还原物?	106
案例 32	是否预先在本金中扣除利息,如何认定?	110
案例 33	借条的真实性如何甄别?	113
案例 34	未签劳动合同,拖欠工资应当由谁支付?	117
案例 35	无因管理行为是否适当?应当如何认定?	120
案例 36	如何理解执行异议之诉与确权之诉的关系?	123
案例 37	违约金低于实际损失,如何确定赔偿数额?	127
案例 38	股权转让显失公平如何认定?	131

案例 39	买卖合同中履行顺序如何认定？	133
案例 40	委托事项违法，合同效力如何认定	137
案例 41	未经债权人同意，债务和抵押物一并转移是否有效？	140
案例 42	是机动车交通责任？还是产品质量责任？	143
案例 43	保险金被他人代领或者冒领，应当由谁负责？	148
案例 44	加工承揽合同与委托合同如何甄别？	155
案例 45	合伙解散后税务如何分担？	158
案例 46	如何认定已经提供了居间服务行为？	162
案例 47	建筑工程质量是否合格如何认定？	167
案例 48	担保债务是否属于夫妻共同债务？	171
案例 49	民间借贷与虚假债务如何甄别？	174
案例 50	营业房未使用，物业费应否缴纳？	189
案例 51	装修工程质量纠纷如何举证？	193
案例 52	本案是不当得利？还是委托代理？	196
案例 53	银行卡被盗刷，银行该不该担责？	199
案例 54	无权代理行为效力如何认定？	201
案例 55	在转包合同纠纷中，施工人应当向谁主张欠款？	206
案例 56	买方未履行合同义务，定金和房屋租金如何处理？	209
案例 57	债权转让通知可以通过诉讼方式送达吗？	212
案例 58	租赁合同法定解除权如何行使？	215
案例 59	当事人举证不利，是否应当承担相应的后果？	218
案例 60	火灾导致财产损害，责任主体如何确定？	222
案例 61	驾驶车辆与准驾车型不符，是否属于无证驾驶？	226
案例 62	10岁孩子跌入艾依河中溺亡，责任谁承担？	230
案例 63	噪音污染侵权应当如何举证？	233
案例 64	小区内物件脱落致人损害，责任由谁承担？	238

案例 65 两车相撞，造成财产损失，责任如何认定？ ·················· 244

案例 66 顾客在火锅店内踏空摔伤，责任如何认定？ ················ 248

案例 67 长期告诉和上访是否属于诉讼时效中断的事由？ ············ 253

案例 68 道路上堆放砂石，交通事故责任如何认定？ ················ 258

案例 69 供热单位是否有权直接向承租人主张采暖费？ ·············· 262

案例 70 住宾馆车辆被盗，谁应当承担赔偿责任？ ·················· 266

案件 71 地面堆砌物致人损害，如何认定责任主体？ ················ 270

案例 72 无劳动合同，能否请求工伤赔偿？ ························ 277

案例 73 雇员在施工中受伤，雇主和发包人的责任如何认定？ ········ 280

案例1
祖父母与外祖父母的监护资格如何确定

原告：杨某花

被告：李某国

被告：谭某娥

◆ **案情简介**

杨某花是黄某明的母亲，李某国、谭某娥是李某的父母。黄某明与李某于2004年同居生活，于2005年农历7月3日生下一个女儿黄某丹。黄某丹出生后户口落户在李某国、谭某娥处。黄某丹断奶后就被其父母送到李某国、谭某娥家，并照顾其生活和学习至今。黄某明和李某则在凭祥市打工。

2011年8月8日，由于家庭矛盾，黄某明在凭祥市友谊镇其家里将李某杀害，2012年黄某明被判处死刑缓期二年执行。

现查明：杨某花1954年出生，住凭祥市友谊镇，无固定收入。李某国1953年出生，谭某娥1955年出生，是凭祥市三道园镇农民，由于国家征用土地得到补偿款80万元。黄某丹现就读于三道园镇××小学。2015年2月，杨某花探监时，黄某明写一份委托书，委托杨某花承担其女儿黄某丹的监护责任。杨某花找到李某国要求领走黄某丹并转户口时，遭到李某国夫妇的反对，认为让黄某丹回到其母亲被杀的家中生活，对其成长不利，故予以拒绝。2015年3月杨某花向法院提起诉讼，要求变更黄某丹的抚养关系。

一、本案焦点

夫妻在一方死后，变更委托监护人的意思表示是否有效？

二、【本案法律关系】

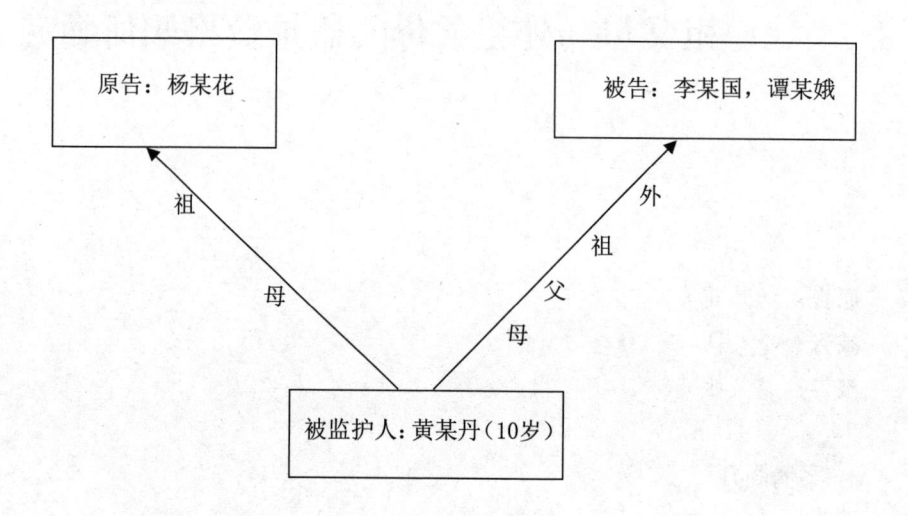

```
原告：杨某花                            被告：李某国，谭某娥
        ↖                                    ↗
          祖                                外
            母                            祖
              ↖                        ↗ 父
                                      母
              被监护人：黄某丹（10岁）
```

三、原告请求权分析

杨某花的诉讼请求是李某国夫妇应当将黄某丹交给自己监护，其请求权的依据是黄某丹生父的委托。为此，杨某花要提供的证据应对包括：第一，户口簿登记，证明黄某丹与黄某明之间系父女关系，杨某花与黄某明系母子关系，黄某明依法拥有监护权，杨某花亦属于具有监护资格的人员范围；第二，黄某明的委托书，证明由杨某花承担对黄某丹的监护职责是黄某明真实的意思表示，委托书有效；第三，杨某花还应对提供自己生活来源和身体健康方面的证据，证明自己具备承担监护职责的能力。

而杨某花争取黄某丹监护权的法律依据，应当包括：（1）《民法通则》[1]第16条："未成年人的父母是监护人。"（2）最高人民法院《关于执行中华人民共和国民法通则若干问题的意见》第22条规定："监护人可以将监护职责的部分或者全部委托给他人。"

---

[1] 因案件审理时《民法总则》尚未颁布，故引用《民法通则》的相关规定。后文皆是此原因，不再赘述。

四、被告抗辩权分析

李某国夫妇作为被告，在诉讼中，主要是依法行使抗辩。其目标是维护自己作为黄某丹监护人的现状。为此，李某国夫妇应当提交的证据包括：第一，邻居证言，证明自己从2006年至今接受黄某丹生父母双方的托付，实际承担黄某丹监护人的事实，事实上的委托监护成立并合法；第二，李某国夫妇的财产和健康状况证据，证明自己具备良好的履行监护职责的能力。

在行使抗辩权方面，首先要否定原告杨某花委托监护的合法性和合理性；其次是阐述自己担任监护人的合法性与合理性。具体包括（1）黄某明单方变更委托监护人是滥用权利的行为，无效。李某国夫妇获得黄某丹的监护，是基于2006年黄某丹断奶后，由黄某丹的生父母共同的托付的事实，事实上的委托监护存在并合法。黄某在李某死后，单方面变更登记委托监护的行为无效，且原告杨某花无固定职业，无稳定的生活来源，在长达十年的时间里，并未实际照顾黄某丹，在这种情况下，委托杨某花担任黄某丹的监护人对黄某丹明显不利，背离了委托监护的目的。（2）从监护制度设置的目的出发，阐述十年间实际抚养黄某丹所建立的感情，以及实际履行监护职责的良好效果，同时阐述自己承担监护职责的经济保障程度，强调自己担任监护人对黄某丹健康成长的有利因素。

五、法院裁判

原告杨某花变更监护的理由不充分，驳回原告的诉讼请求。

案例2

撤销监护人资格的条件如何把握

原告：陈某蓉

被告：敖某新

被告：李某珍

◆ 案情简介

敖某新、李某珍系夫妻关系，敖某系敖某新夫妇的儿子。2010年12月10日，陈某蓉与敖某登记结婚，2011年9月14日生育一子，取名敖某东。2012年5月，敖某与陈某蓉外出打工，将敖某东交敖某新夫妇照顾至今。2012年6月敖某因陈某蓉与杨某有不正当关系，将杨某伤害致死，2013年4月敖某被判处死刑缓期二年执行。2013年8月，敖某在服刑期间因患白血病死亡。2013年底，陈某蓉去看望敖某东时，遭敖某新夫妇以陈某蓉作风不正，人品不好为由拒绝，双方发生纠纷，经村委会调解无效。2014年3月陈某蓉诉至法院。

一、本案焦点

陈某蓉的品行问题是否影响其监护人的资格？

二、本案法律关系

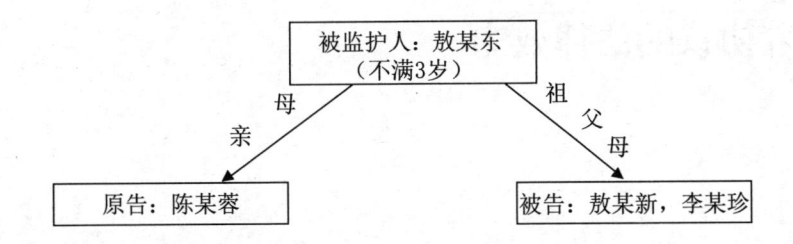

```
              被监护人：敖某东
                （不满3岁）
         母              祖
         亲              父
                         母
    原告：陈某蓉      被告：敖某新，李某珍
```

三、原告陈某蓉的诉讼请求权分析

原告的诉讼请求是法院责令敖某新夫妇将敖某东移交给自己监护。其请求权的基础是：陈某蓉是敖某东的母亲，是法定的监护人。为此，陈某蓉应当提交的证据包括：第一，户口登记簿，证明自己与敖某东是母子关系，是合法的监护人；第二，陈某蓉的健康状况和工作情况，证明自己具备履行监护职责的能力。

陈某蓉支持自己诉讼请求的法律依据是我国《民法通则》规定：未成年人的父母是未成年人的监护人。

四、被告抗辩权分析

被告敖某新夫妇作为被告，行使辩护权，第一，提交敖某的刑事判决书，证明敖某杀人是因陈某蓉行为不检引起的，陈某蓉品行存在问题；第二，提交邻居的证言，证明自己自2012年5月起，接受敖某和陈某蓉的托付，实际监护敖某东的事实；第三，提交自己的健康证明和财产状况证明，证明自己具备履行监护职责的能力。

从法律上分析，（1）敖某新夫妇首先应当依据陈某蓉的品行和外出打工、在孩子不满一岁就将孩子交给爷爷奶奶照顾的事实，否定原告陈某蓉的监护能力。（2）阐明自己作为监护人是基于敖某和陈某蓉双方的托付，委托监护实际成立，更重要的是能够为儿童的成长提供稳定、良好的环境。

五、法院裁判

支持原告的诉讼请求，被告应当将敖某东已送给孩子的母亲抚养并监护。

案例3
抚养协议的法律效力

上　诉　人：李某
被上诉人：黄某

◆ 案情简介

李某（女）与黄某（男）于2007年6月20日登记结婚，2008年8月16日生一女：黄小某。婚后因感情不和，李某与黄某于2012年5月7日办理离婚登记，双方签订协议约定："女儿黄小某（4岁）的抚养权归男方，监护权归女方，女方每月可两次探望或带出，女方每月支付女儿抚养费人民币300元。"离婚后，黄小某与黄某共同生活，李某则在厦门市某公司就职，先后支付了3个月的抚养费。2012年12月15日，李某未经黄某同意将黄小某带走与其共同生活至今。此后，黄小某一直与李某在厦门生活，期间，黄某未支付黄小某的抚养费。黄某在福建漳州市工作，月收入4000元。李某于2015年12月25日向法院起诉，要求：（1）判决黄小某由李某抚养；（2）判决黄某支付李某已付黄小某在厦门寄宿学校上学的30个月学习费26 194元和21个月住宿费42 000元的一半即34 097元；（3）判决黄某自2015年6月起逐月支付抚养费1000元。黄某则坚持离婚协议系双方真实的意思表示，要求李某履行协议，不同意变更抚养关系。

原审于2016年3月18日作出［2016］文民初字第26号民事判决，驳回李某的诉讼请求。李某不服，提出上诉。

一、本案焦点

法院驳回李某的诉讼请求是否合法？

二、本案法律关系

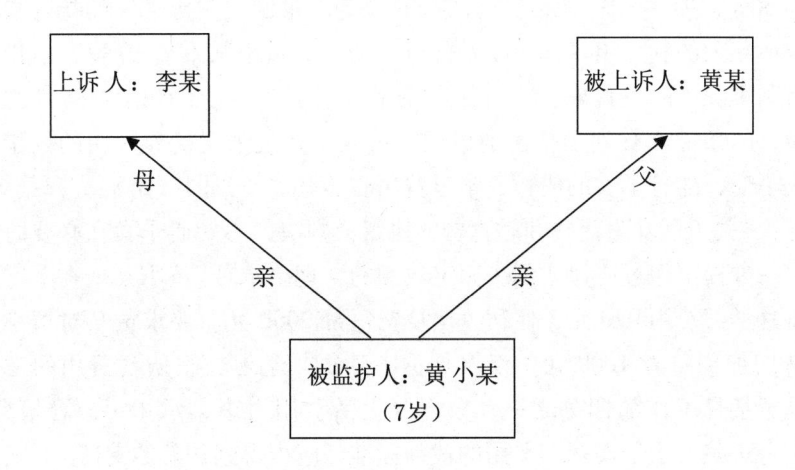

```
上诉人：李某                    被上诉人：黄某
       ↖                           ↗
         母                       父
           ↖                   ↗
             亲             亲
               ↖           ↗
              被监护人：黄小某
                  （7岁）
```

三、本案原告诉讼请求权分析

本案中，李某的诉讼请求是要求二审法院撤销一审法院的判决，依法改判。其请求权的基础是李某的诉讼权利。《民事诉讼法》第 164 条规定："当事人不服地方人民法院第一审判决的，有权在判决书送达之日起十五日内向上一级人民法院提起上诉。"《民事诉讼法》第 170 条规定："第二审人民法院对上诉案件，经过审理，按照下列情形，分别处理：……（二）原判决、裁定认定事实错误或者适用法律错误的，以判决、裁定方式依法改判、撤销或者变更；……"为此，李某应当阐明一审法院驳回李某的诉讼请求的判决适用法律错误。

支撑李某诉讼请求的理由应当考虑：第一，对李某有利的法律依据是我国《婚姻法》第 36 条规定："父母与子女间的关系，不因父母离婚而消除。离婚后，子女无论由父或母直接抚养，仍是父母双方的子女。离婚后，父母对于子女仍有抚养和教育的权利和义务。"第二，李某将黄小某带到身边照顾和教育，履行监护职责，符合约定和法律的规定。相反，黄某自 2012 年底孩子由李某实际抚养后，至今未承担任何抚养义务，已经构成违约。第三，根据我国《婚姻法》第 37 条的规定："离婚后，一方抚养的子女，另一方应负担必要的生活费和教育费的一部或全部，负担费用多少和期限长短，由双方协议；协议不成时，由人民法院判决。"所以，黄小某上寄宿学校的学费和住宿费共计71 194元（26 194+42 000元=71 194元）应当由父母共同承担，黄某承担50%，即35 597元，符合法律的规定。第四，判定子女的抚养权，应当从未成年人的利益出发，而不是父母的需求。黄小某不满10岁，由母亲照顾更有利于孩子的发育成长，且厦门寄宿学校的生活条件和学习条件均优于福建漳州的条件，有利于孩子的成长。第五，有关子女抚养费用的约定，并非一成不变，随着子女的成长，学习费用必然增加，我国《婚姻法》第37条还规定："关于子女生活费和教育费的协议或判决，不妨碍子女在必要时向父母任何一方提出超过协议或判决原定数额的合理要求。"黄小某现在上寄宿学习，每月学习费用970元，住宿、伙食费每月2000元。要求黄某对黄小某的抚养费增加到每月1000元，仅仅是黄小某每月学习住宿伙食费用的三分之一，是黄某月工作的四分之一，大部分生活费用由李某承担了，合情合理。完全符合法院关于子女抚养费用的裁判标准。应当得到法院的支持。

四、被告抗辩权分析

黄某作为被上诉人，主要的抗辩是：上诉人李某的诉讼请求不成立，一审法院的判决事实清楚，适用法律适当，应当维持。

黄某答辩的主要理由应当考虑：第一，关于黄小某的抚养问题，双方当事人有约定，且系双方当事人真实的意思表示，协议有效。第二，福建漳州市的小学、中学都符合国家教育部的标准，能够满足黄小某接受义务教育的需要，孩子是否要到寄宿学校上学，应当根据父母的经济条件而定，并非法律要求的义务，本人的月工作只有4000元，不足以承担昂贵的寄宿学校费用，李某将黄小某送回漳州，由本人抚养并未损害未成年人的利益。第三，李某让黄小某到昂贵的寄宿学校上学，没有与本人协商，属于个人行为，应当由李某本人承担由此而增加的费用。第四，李某应当履行协议，按月支付黄小某300元的抚养费。

五、法院裁判

维持一审法院裁决，驳回上诉人的诉讼请求。

案例4

未经监护人同意，收治精神病人，是否侵犯监护权

原告：孙某某（女，系被监护人丁某某的母亲）
被告：乙精神卫生中心

◆ 案情简介

丁某某是智障残疾人。孙某某系丁某某的法定监护人。2012年11月10日11时许，发生交通事故，肇事者逃逸，甲村派出所民警将受害人丁某某送至乙精神卫生中心诊治。根据甲村派出所出具的本市交通肇事受害人精神病人收治申请表、相关司法鉴定意见书等材料并结合相关门诊检查，乙精神卫生中心收治丁某某。同时，根据上海市精神卫生临床质控手册的相关规定，乙精神卫生中心请求甲村派出所负责通知孙某某来院补办入院手续并签名以及补充病史资料。为此，甲村派出所出具承诺书，承诺凡丁某某在住院期间需要家属履行的职责、签字、转院、出院均由甲村派出所协调、联系。2013年1月6日，丁某某从乙精神卫生中心出院，孙某某签字确认收取出院报告。丁某某在乙精神卫生中心住院治疗期间，甲村派出所民警带丁某某接受了必要的伤势治疗。2015年2月，孙某某诉至法院称，乙精神卫生中心于2012年11月10日非法强行收治被监护人丁某某后，没有按照相关法律规定的法定义务通知孙某某及时到达现场处理事项，造成被监护人健康损害加重，请求判令：(1) 乙精神卫生中心因侵权行为向孙某某赔偿精神损失费人民币（以下币种均为人民币）1万元；(2) 判令乙精神卫生中心公开向孙某某及其被监护人赔礼道歉，以消除影响。

经查明，丁某某曾以甲村派出所于2012年11月10日非法将其强制送入乙精神卫生中心诊疗为由向上海市宝山区人民法院提起诉讼，要求确认上海

市公安局宝山分局对其采取的强制治疗行为违法并要求赔偿。法院于 2014 年 6 月 10 日作出［2013］宝行初字第 62 号行政判决书，判决驳回丁建勇的诉讼请求。判决后，丁某某不服，以乙精神卫生中心侵权为由，提起民事诉讼。

一、本案焦点

乙精神卫生中心在没有监护人签字的情况下，收治丁某某是否构成了对孙某某监护权的侵犯？

二、本案法律关系

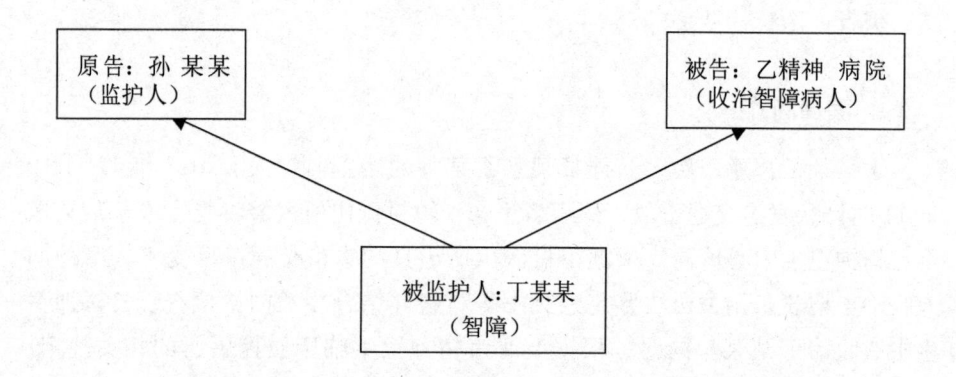

```
原告：孙某某                    被告：乙精神 病院
（监护人）                      （收治智障病人）
           ↘              ↙
        被监护人：丁某某
           （智障）
```

三、原告请求权分析

孙某某请求权是侵权损害赔偿，请求权的基础是被告的行为构成侵犯监护权，应当承担侵权责任。为此，孙某某需要提供的证据包括，第一，户籍资料，丁某某民事行为能力的鉴定报告，证明孙某某是丁某某的合法监护人；第二，丁某某的伤情诊断证明，说明伤情与精神疾病无关，丁某某不应被送往乙精神卫生中心；第三，乙精神卫生中心的入院记录，证明将丁某某移送乙精神卫生中心的是甲村派出所，不是监护人。

孙某某阐述理由的重点在于阐明被监护人入住精神卫生中心所造成的不利影响和精神损失。

四、被告抗辩权分析

乙精神卫生中心的抗辩，主要思路应当是对方请求权障碍的抗辩，即论证精神卫生中心行为的正当性以及所谓精神损失不存在。首先应提供上海市卫生局关于收治精神病人的相关规定，证明自己在收治丁某某时手续齐全，符合上海市卫生局的有关规定；第二，提交甲村派出所送丁某某入院的申请书，证明有关孙某某的联络人是甲村派出所。乙精神卫生中心不承担监护人寻找义务，不构成侵权。其次，应提供丁某某的诊断治疗方案和报告，证明自己的治疗行为符合治疗规则和丁某某的实际病情，不存在医疗过错，未对丁某某造成精神损害。

五、法院裁判

驳回原告的诉讼请求。

案例5

生母是否可以放弃监护权？

原告：王某某
被告：程甲
被告：庞某某，系程甲的妻子

◆ **案情简介**

程乙生于1995年12月1日，系程丙与前妻任某某之子，1997年10月程丙与任某某离婚，1999年9月24日程丙与王某某结婚，程乙随父亲程丙、王某某及程甲、庞某某（系程乙祖父母）共同在舞风街道燕儿窝村生活。2009年11月13日程丙意外死亡后，程乙（当时14岁）随程甲、庞某某生活。2009年11月23日程乙向顺庆区舞风街道办事处申请，申请祖父母程甲、庞某某作为监护人，代为行使相关权利。2009年11月24日南充市顺庆区舞风街道办事处和南充市顺庆区舞风街道办事处燕儿窝社区居民委员会作出关于我社区居民程丙之子程乙抚养人的指定，指定程甲、庞某某作为程乙的抚养人。2013年3月，程甲、庞某某以程乙的名义向王某某提起继承纠纷诉讼，并向法庭出具一张"关于我社区居民程丙之子程乙抚养人的指定"的证明，以证明自己是程乙的抚养人。王某某在法院阅卷时看到此份证明，现诉至法院，请求依法确认王某某为程乙的法定监护人。

诉讼中，王某某申请对2009年11月23日程乙的申请和2009年11月24日南充市顺庆区舞风街道办事处和南充市顺庆区舞风街道办事处燕儿窝社区居民委员会作出关于我社区居民程丙之子程乙抚养人的指定二份材料的笔迹形成时间和印章形成时间进行鉴定，但法院多次电话通知王某某及其委托代理人到法院选择鉴定机构和缴纳鉴定费用，但王某某一直未选择鉴定机构和缴纳鉴定费。

庭审中程乙向法庭陈述,要求由祖父母程甲、庞某某监护,程乙母亲任某某也同意由程乙祖父母程甲、庞某某行使监护权。

一、本案焦点

第一,居委会指定监护人的效力问题?第二,继母的监护权在什么情况下终止?第三,生母的监护权是否可以放弃?

二、本案法律关系

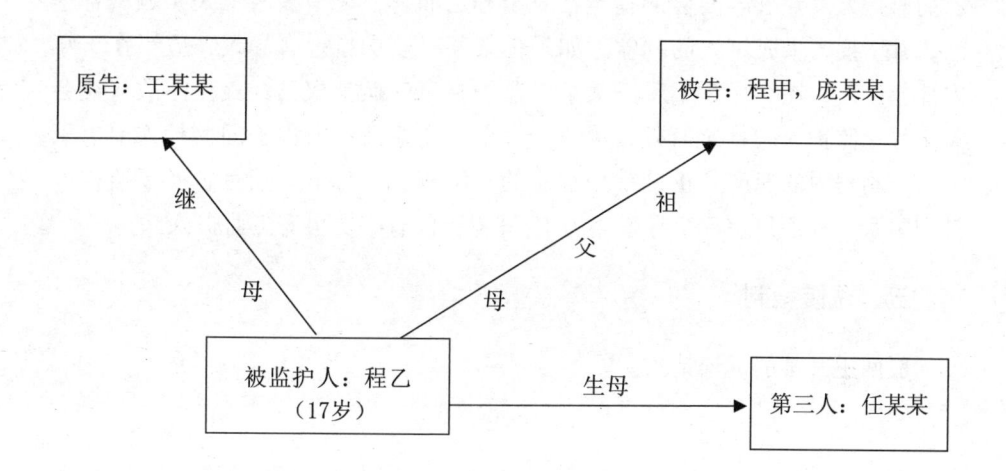

```
原告:王某某              被告:程甲,庞某某
     ↖                    ↗
      继                  祖
       母                父
        ↖              ↗
         被监护人:程乙  ——生母——→  第三人:任某某
          (17岁)
```

三、原告请求权分析

王某某是诉讼请求是请求法院确认自己为程乙的监护人。请求权的基础王某某具有监护资格。为此,第一,王某某应当提交邻居和村委会的证明,证明自己实际与程乙共同生活十年,与程乙形成了"有抚养关系的继母子关系"。第二,依据我国《婚姻法》第 27 条规定:"继父或继母和受其抚养教育的继子女间的权利和义务,适用本法对父母子女关系的有关规定。"所以,王某某虽为继母,但享有父母对子女的监护权,王某某的监护权依法只有在四种情况下终止:一是本人死亡,二是丧失民事行为能力,三是依法被撤销监护资格,四是被监护人年满 18 周岁。本案中上述四种情形均不存在,因此,

王某某依然是程乙的监护人。第三，居委会在王某某仍然是监护人的情况下，未与其协商，直接指定程甲、庞某某为程乙的监护人无效。

四、被告抗辩权分析

程甲、庞某某作为被告，抗辩的思路应当是原告的监护权不成立。为此，第一，提交户籍资料，证明程乙的生父去世，但其生母任某某还健在。任某某才是程乙的法定监护人。依据《婚姻法》规定，夫妻离婚，不影响对子女的监护权，不予未成年人共同生活的一方，仍是子女的监护人。而任某某同意程乙由祖父母监护；第二，提交居委会的证明，证明居委会指定自己为程乙的监护人。并且居委会的指定，对于程乙而言，只是多两个人照顾教育程乙，并不损害未成年人的利益。如果王某某对监护指定有异议，应当在1年内提起诉讼，在时隔5年后王某某对监护指定的撤销权已经丧失。故居委会关于程乙监护人的指定有效；第三，程甲、庞某某作为程乙的监护人要求王某某分割程丙的遗产，正是维护程乙的合法权益，与王某某是否属于监护人没有关系。程乙只差8个月就年满18周岁，没有必要再变更监护人。

五、法院裁判

驳回王某某的诉讼请求。

案例6
委托监护和指定监护如何协调？

原告： 杨丙（54岁）

被告： 杨丁（36岁）

被告： 刘某（系杨丁的丈夫）

◆ **案情简介**

杨丙、杨三、杨丁、杨芳、杨玉系兄妹关系。杨三与范某婚后于2006年生育女孩杨某前，于2009年生育男孩杨某坤。2012年2月，杨三被查出肺癌，因范某患有精神病且已经走失，杨三将两个孩子托付杨丁照顾。2012年4月杨三因病去世，致使杨某前、杨某坤成为孤儿，留有家产是一处住宅和5亩承包地。杨丙与杨三同在一个村居住。2012年7月8日，杨丙向村委会提出申请，请求指定自己为杨某前、杨某坤的监护人。2012年7月10日，杨芳、杨玉向村委会提交推荐书，推荐杨丙作为杨某前、杨某坤的监护人。村委会征求杨某前、杨某坤所在村民小组成员意见并开会研究后，于2012年7月20日作出监护人指定书：指定杨丙作为杨某前、杨某坤的监护人。因杨某前和杨某坤在杨丁处生活，杨丙欲接回杨某前姐弟时，遭到杨丁夫妇的拒绝，2014年2月杨丙诉至法院要求确定监护人。

审理中，杨丁向法院提交杨某前（8岁，小学二年级）的亲笔信，信中写到："我叫杨某前，我记事了。我知道大爷想让我和弟弟到他家去，可是我们和他不在一起生活，我跟他一点感情都没有。我知道大爷常年多病，岁数已大，恐怕以后带不了我。我和弟弟在姑姑家生活2年多，我们跟姑姑感情很深。我们就在姑姑家生活，哪里都不去。姑姑家比大爷家条件好，请支持我的意见。"

杨丙认为，杨某前的信是在大人的指示下写的，不是他们真实的意思。

一、本案焦点问题

第一，杨丙所在村委会指定监护人的行为是否合法？有效？第二，杨三生前将杨某前姐弟托付给杨丁，是否属于委托监护的意思表示？第三，杨某前的亲笔信是否有效？

二、本案的法律关系

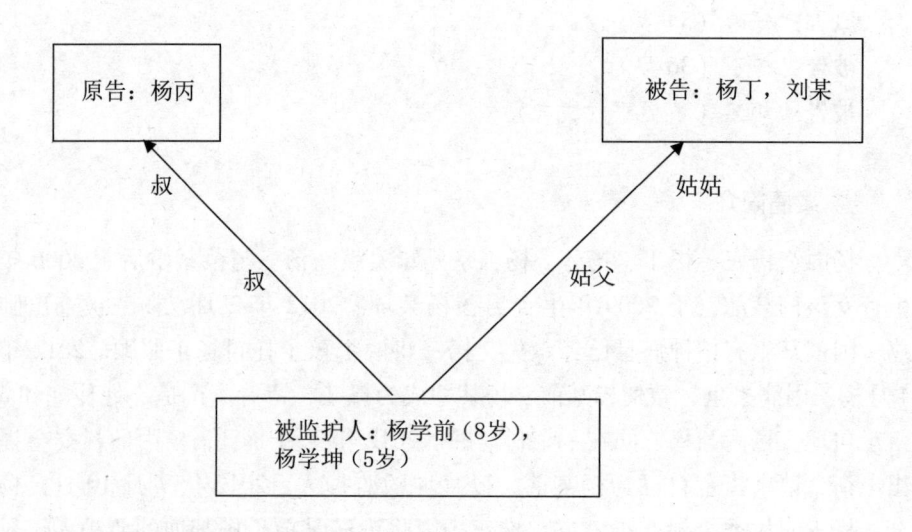

```
┌─────────────┐                    ┌──────────────────┐
│  原告：杨丙  │                    │ 被告：杨丁，刘某 │
└─────────────┘                    └──────────────────┘
       ↖  叔                             ↗  姑姑
           ↖                         ↗
              ↖ 叔              姑父 ↗
                 ↖                ↗
              ┌──────────────────────┐
              │ 被监护人：杨学前（8岁），│
              │         杨学坤（5岁）   │
              └──────────────────────┘
```

三、原告请求权分析

杨丙争取监护权，主要强调，第一，杨丙与杨丁属于同一顺序具有监护资格的人，而其他具有监护资格的人：杨芳、杨玉均同意自己担任杨某前、杨某坤的监护人；第二，村委会研究后指定自己为监护人，该指定符合我国《民法通则》的规定；第三，自己与杨某前、杨某坤在同一个村，姐弟俩的住宅和承包地都在本村，照顾比较方便。

四、被告抗辩权分析

杨丁、刘某要争取监护权，应当强调：第一，父母对子女利益的关心和考虑是其他人不能代替的，杨丁夫妇作为杨某前姐弟俩的监护人是姐弟俩的生父临终前的安排，父母为子女委托监护的意思应当得到充分的尊重；第二，杨某前、杨某坤兄妹俩已经由杨丁夫妇实际照顾两年多，建立了良好的感情。杨丁夫妇还应当提交邻居的证言，证明杨丁履行监护职责的事实和履行职责的情况；第三，杨某前已经年满8岁，具有一定的表达能力，她们姐弟愿意同杨丁共同生活。法官应当考虑杨某前的意见；第四，杨丙已经54岁，在农村，50岁以上的人已经属于缺乏劳动能力，他自己的孩子已经成年，面临娶妻生子，经济负担重，没有太多的精力照顾杨某前姐弟俩。而杨丁夫妇则比较年轻，其子女与杨某前姐弟的年龄相近，照顾比较方便。

五、法院裁判

驳回原告的诉讼请求。

案例7

流浪人员所生子女如何确定监护人

◆ **案情简介**

吴某某（女，20岁）系广西籍来琼流浪人员，性格孤僻，不与人交流，流浪于海南省琼海市，乞讨为生，在海南省没有固定住所，常年在公共场所或者无人居住的建筑物内席地而住，没有生活经济来源。

2015年4月25日，吴某某独身一人在琼海市妇幼保健院生育一名女婴小花。4月26日早上，吴某某带着孩子私自出院，流浪在海南省琼海市嘉积镇街道。琼海市公安局嘉积派出所、嘉积镇综合办及琼海救助站相关人员找到吴某某，并将吴某某和小花送往琼海市人民医院，小花被收入琼海市医院新生儿科，但吴某某拒绝住院，当天便自行离开医院，不知所踪。2015年5月5日，小花出院，交由琼海市救助站送往嘉积镇院代为抚养至今，抚育费用由琼海市救助站支付。琼海市救助站代为抚养期间，向吴某某的父亲吴甲及母亲胡某发出抚养信函，吴某某父母亲于2015年7月8日声明：因年事已高，且家庭经济困难，无能力抚养，故自愿放弃对外孙女（小花）的抚养权。2015年7月22日，琼海市救助站报请琼海市嘉积镇派出所依法传唤吴某某到派出所商讨小花抚养事宜，吴某某当场发表自愿放弃孩子抚养权和监护权的声明，也说不清楚小花的父亲是谁。琼海市救助站于2015年11月2日起诉至法院，要求指定小花的监护人。

一、本案焦点问题

1. 吴某并未被认定为无民事行为能力人，是否可以放弃监护权？如果要撤销吴某某的监护资格，法律依据是什么？

2. 小花的外祖父母是否可以放弃监护权？在确定小花的监护人问题上如

何体现"保护未成年人的利益"?

二、本案法律关系

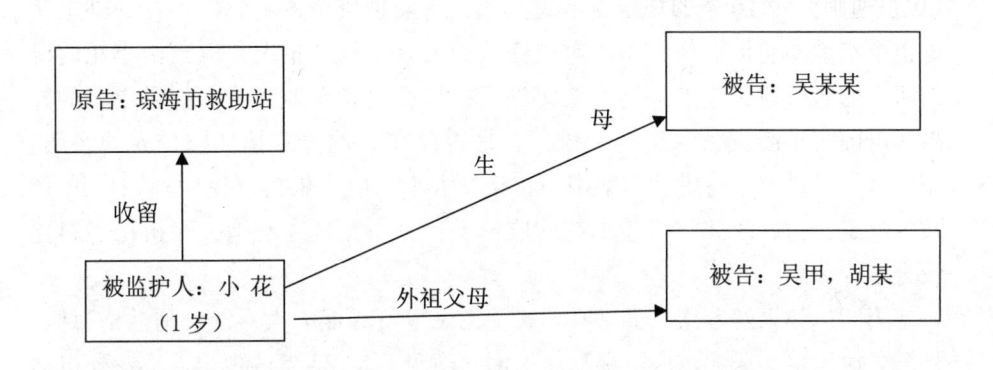

```
原告：琼海市救助站 ←—收留—— 被监护人：小花（1岁） ——母/生——→ 被告：吴某某
                                              ——外祖父母——→ 被告：吴甲，胡某
```

三、律师分析

本案中具有监护资格的人均放弃监护权，在这种情况下，应当依据法律尽快指定监护人。

第一，我国《民法通则》和最高人民法院《关于贯彻执行〈中华人民共和国民法通则〉若干问题的意见（试行）》中，主要规定了监护人的范围，并规定对监护人有争议的，应当未成年居住地的村委会和居委会指定，对指定不服的，向人民法院起诉。但 2014 年 12 月 18 日由最高人民法院最高人民检察院公安部民政部颁布了《关于依法处理监护人侵害未成年人权益行为若干问题的意见》（以下简称《意见》）。从法理方面讲，该《意见》属于部门规章，但是，在法律没有规定的情况下，可以作为裁决的理由。该《意见》第 1 条规定：本意见所称监护侵害行为，是指父母或者其他监护人（以下简称"监护人"）性侵害、出卖、遗弃、虐待、暴力伤害未成年人，教唆、利用未成年人实施违法犯罪行为，胁迫、诱骗、利用未成年人乞讨，以及不履行监护职责严重危害未成年人身心健康等行为。本案中的小花事实上处于被遗弃的情况，完全可以适用该规定处理。

第二，从本案吴某某的具体情况看，存在疑似精神障碍的情况，法院应当根据《意见》第 10 条的规定："对于疑似患有精神障碍的监护人，已实施危害未成年人安全的行为或者有危害未成年人安全危险的，其近亲属、所在单位、当地公安机关应当立即采取措施予以制止，并将其送往医疗机构进行精神障碍诊断。"

第三，如果经鉴定，吴某某不具有完全民事行为能力，则法院可以根据《民法通则》第16条的规定，考虑其他具有监护资格的人。但小花的外祖父母也拒绝承担监护责任。属于对担任监护人有争议的情况，应当由小花的母亲所在的居所地，应当是吴某某父母所在村委会指定监护人。如果小花的外祖父母确实年龄偏大，经济困难，看是否存在其他愿意担任监护人的亲属、朋友，如果没有，考虑到本案中小花年龄太小，应当依据《民法通则》第16条的规定，由民政部门担任小花的监护人，将小花送往当地福利机构照料比较合适。

第四，如果经鉴定，吴某某不属于无民事行为能力人，仅仅是性格孤僻、甘愿乞讨为生，居无定所。那么，根据《意见》第27条的规定，小花外祖父母所在村委会和救助机构都有资格向法院起诉，申请撤销吴某某的监护资格。根据《意见》第35条的规定："被申请人有下列情形之一的，人民法院可以判决撤销其监护人资格（一）性侵害、出卖、遗弃、虐待、暴力伤害未成年人，严重损害未成年人身心健康的；（二）将未成年人置于无人监管和照看的状态，导致未成年人面临死亡或者严重伤害危险，经教育不改的；（三）拒不履行监护职责长达六个月以上，导致未成年人流离失所或者生活无着的；（四）有吸毒、赌博、长期酗酒等恶习无法正确履行监护职责或者因服刑等原因无法履行监护职责，且拒绝将监护职责部分或者全部委托给他人，致使未成年人处于困境或者危险状态的；（五）胁迫、诱骗、利用未成年人乞讨，经公安机关和未成年人救助保护机构等部门三次以上批评教育拒不改正，严重影响未成年人正常生活和学习的；（六）教唆、利用未成年人实施违法犯罪行为，情节恶劣的；（七）有其他严重侵害未成年人合法权益行为的。"本案中符合第（二）项规定的情形，法院可以撤销吴某某的监护资格，考虑到小花的外祖父母也不适合担任监护人。所以，法院可以指定小花外祖父母所在地的民政部门担任监护人，由民政部门所属福利机构收留抚养。

案例8
撤销监护资格的条件问题

◆ **案情简介**

被申请人卿大壮（进城务工人员）与桂花于1997年同居生活，1999年8月11日女儿卿小妮出生。2005年桂花因病去世后，卿大壮与钟兰兰再婚，又于2012年离婚。此后卿大壮便独自带着卿小妮（13岁）租房居住。在此期间，卿大壮多次与卿小妮发生性关系。人民法院于2014年12月5日，判处卿大壮有期徒刑13年零6个月，现卿大壮在监狱服刑。自卿大壮被公安机关羁押之后，卿小妮一直在县城中学寄宿，由民政局进行救助。2015年1月4日，在临近放寒假时，民政部门向法院提起诉讼，要求法院撤销卿大壮的监护人资格，指定其他的监护人。卿大壮在狱中通过狱警递交了委托书，委托自己的父母卿某某夫妇作卿小妮的监护人，卿大壮所在村委会也指定卿小妮的祖父母担任监护人，但卿小妮的祖父母表示年事已高（两人均62岁），家庭经济困难，无力承担监护责任。小妮的外祖父母（均60岁）也表示自己体弱多病，家里经济条件差，无力担任监护人。钟兰兰表示愿意接受卿小妮到自己的新家居住，并承担监护人。经查，钟兰兰家中有一儿一女，夫妻俩靠在农贸市场买菜养家糊口。同时，临县的蔡某夫妇（均51岁），俩人都是小学教师，因独生子病故，愿意收养卿小妮。卿小妮提出，谁家都不去，只想到山里的尼姑寺做尼姑。

一、本案焦点

第一，法院是否可以撤销卿大壮的监护资格？第二，卿大壮被撤销监护人资格后，是否可以为卿小妮委托监护人？第三，对于村委会指定的监护人，是否可以拒绝？第四，本案中法院如何确定卿小妮的监护人？

二、本案法律关系

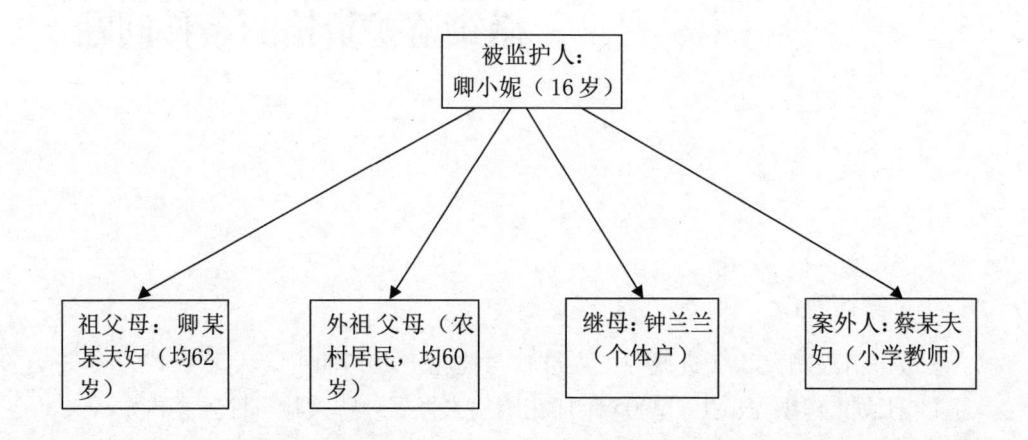

```
                        被监护人：
                       卿小妮（16岁）
        ┌──────────┬──────┴──────┬──────────┐
        ▼          ▼             ▼          ▼
   祖父母：卿某    外祖父母（农      继母：钟兰兰    案外人：蔡某夫
   某夫妇（均62   村居民，均60     （个体户）     妇（小学教师）
   岁）          岁）
```

三、钟兰兰争取监护权

钟兰兰主要强调自己与卿小妮以母女关系共同生活近7年，双方具有良好的母女感情，同时提供所在居委会的证明，证明自己照顾儿女适当，是称职的母亲。还有提供自己的家庭收入情况，证明自己具有承担监护职责的经济能力。

四、蔡某夫妇争取监护资格

蔡某夫妇向法院提交了所在单位的证明，证明自己具备承担监护职责的经济能力和良好的品行，能够为卿小妮尽快走出心理阴影和健康成长提供有利的条件和环境。

五、法院裁判

撤销卿大壮的监护人资格，指定蔡某夫妇担任监护人。

案例9
监护资格撤销的条件与赔偿责任

申请人：余某，系被监护人余乙的祖父
申请人：陈某，系被监护人余乙的祖母
被申请人：王某，系被监护人余乙的生母

◆ 案情简介

被申请人王某和余甲于2000年结婚，2001年5月生育一女，取名余乙。2002年5月，余甲因车祸亡故，余某、陈某、王某及余乙获赔死亡补偿费等费用，其中赔偿给王某、余乙的费用合计20万元，由王某领取。自2003年1月开始，被申请人王某外出打工，将余乙送到其祖父母家中，由两申请人照顾余乙的生活起居，教育、医疗等费用均由两申请人支付，王某从来不管不问。2008年1月25日，被申请人王某再婚，生育一个儿子，2015年3月11日离婚，儿子由王某抚养。申请人请求法院撤销王某的监护资格，返还属于余乙的赔偿款15万元。

庭审中，被申请人王某承认领取了20万元已经花完了，用于自己和儿子的生活开销。

一、本案焦点

第一，撤销王某监护资格的法律依据是什么？第二、王某是否应当返还属于余乙的赔偿款？

二、本案法律关系

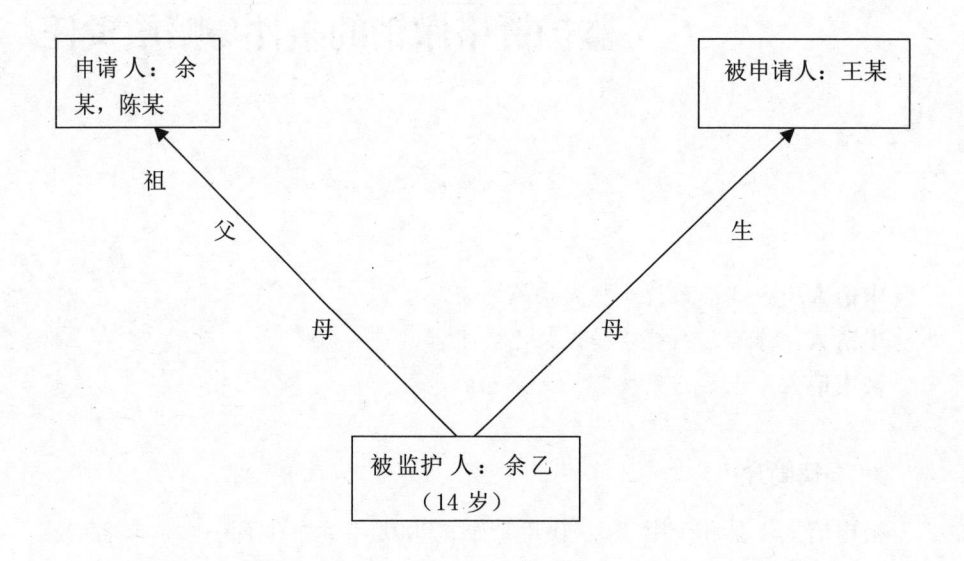

```
申请人：余            被申请人：王某
某，陈某
         ↖                    ↗
          祖                  生
           父                母
            ↖              ↗
             母          母
              ↖        ↗
           被监护人：余乙
              （14岁）
```

三、申请人请求权分析

余某和陈某申请撤销王某的监护资格并返还属于余乙的生活费用15万元。主要抓住两个事实，一是提交邻居和村委会的证明，证明自2003年1月起，余乙才2岁，就被王某送到余某和陈某的家中，由余某和陈某照顾，长达12年，期间，王某从未过问余乙的生活、成长情况，更谈不上履行监护职责。事实上放弃了作为监护人的职责，构成遗弃；二是，肇事者赔偿给余乙和王某的20万，大部分是赔偿给余乙的生活费，我国《民法通则》规定，除了为被监护人的利益，监护人不得支配属于被监护人的财产。但作为余乙的生母，王某没有为余乙支付一个月的生活费，而是用于自己和儿子的生活费，构成了对被监护人财产权利的侵害。

第一，关于撤销王某监护资格的问题，根据最高人民法院等《关于依法处理监护人侵犯未成年人权益行为若干问题的意见》的第35条规定："被申请人有下列情形之一的，人民法院可以判决撤销其监护人资格：（一）性侵害、出卖、遗弃、虐待、暴力伤害未成年人，严重损害未成年人身心健康的；（二）将未成年人置于无人监管和照看的状态，导致未成年人面临死亡或者严重伤害危险，经教育不改的；（三）拒不履行监护职责长达六个月以上，导致未成年人流离失所或者生活无着的；（四）有吸毒、赌博、长期酗酒等恶习无法正确履行监护职责或者因服刑等原因无法履行监护职责，且拒绝将监护职责部分或者全部委托给他人，致使未成年人处于困境或者危险状态的；（五）胁迫、诱骗、利用未成年人乞讨，经公安机关和未成年人救助保护机构等部门三次以上批评教育拒不改正，严重影响未成年人正常生活和学习的；（六）教唆、利用未成年人实施违法犯罪行为，情节恶劣的；（七）有其他严重侵害未成年人合法权益行为的。"本案中的王某，作为余乙的生母，在余乙年幼丧父的情况下，不仅没有给予余乙更多的关爱与呵护，而是将余乙送到祖父母家中，12年不管不问，并且花光了属于余乙的生活赔偿款，应对属于《意见》中第35条第（七）项的规定，即其他严重侵害未成年人合法权益的行为。如果余某和陈某还有监护能力，余乙本人也愿意跟随祖父母生活，法官可以考虑撤销王某的监护资格；第二，关于20万元的赔偿款，余乙作为没有生活来源的未成年人，应对多分，所以，至少有12万~13万属于余乙的生活费，王某作为余乙生活费的管理者，除了支付余乙的生活费，无权支配该笔财产用于其他用途，王某具备自食其力的条件，王某的儿子也是应当由王某和丈夫承担，而不应当从余乙的生活费中支付。所以，王某必须返还属于余乙的生活费13万元。

四、被申请人抗辩权分析

王某抗辩的理由：一是王某与余乙的血缘关系，我国《民法通则》规定，未成年人的父母是未成年人的监护人，没有附加任何条件。王某是当然的法定监护人；二是王某外出打工，也是为了给孩子创造更好的生活条件，把孩子交给祖父母照顾实属无奈，中国大多数农村的家庭都是这种状况，不构成遗弃。王某从未表示要遗弃或者断绝与余乙的母女关系。20万赔偿款有10万应当属于王某本人，花掉的赔偿款也是用于家庭生活开支，并没有用于赌博或者肆意挥霍，也不是说将来就不负担余乙的生活费用。

五、法院裁判

撤销被告王某的监护资格，被告应赔偿被监护人余乙的损失12万元。

案例10

父母不履行监护职责，法院如何保护未成年人权益?

◆ **案情简介**

何某某（女）与杨某某原系夫妻，2000年生育一女丽丽，2012年底双方协议离婚时约定女儿丽丽随杨某某共同生活。何某某仅带走随身衣物和5万元。2013年，杨某某与蔡某再婚后，杨某某外出打工，丽丽在家中由蔡某照顾，2014年，14岁的丽丽辍学，与同村的另一名女孩在城里的一个酒吧作陪酒女，有同村的好心人告诉蔡某：听说丽丽参与过卖淫，蔡某则称管不了。杨某某在回家探亲时，也知道丽丽的情况，也没有说什么。2015年，丽丽在参与卖淫活动时，被公安机关抓获，公安机关在教育批评后，要求杨某某和蔡某对丽丽进行教育和管束，杨某某称自己常年外出打工，无法管教，公安机关将丽丽的情况告知何某某时，何某某也称自己已经与钟某某再婚，也生育一个儿子，没有能力管教丽丽。无奈，公安机关通知蔡某将丽丽领回家，一个月后，丽丽再次因卖淫被公安机关抓获。

一、本案焦点

1. 公安机关是否只能再次将丽丽交给蔡某带回家？
2. 何某某是否可以拒绝承担监护责任？
3. 法院对于不履行监护职责的人应对如何处理？

二、本案法律关系

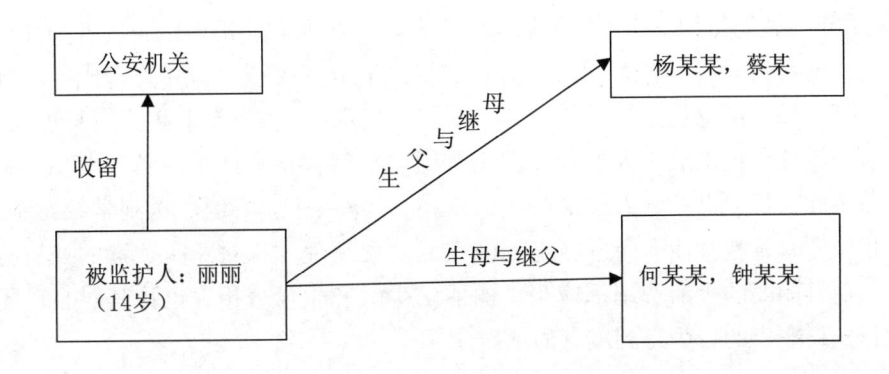

```
公安机关 ←(收留)── 被监护人：丽丽（14岁）
                           │── 生父与继母 ──→ 杨某某，蔡某
                           └── 生母与继父 ──→ 何某某，钟某某
```

三、律师分析

从本案的实际情况看，丽丽在未满15岁，不懂得卖淫及其危害后果的情况下，其生父和生母以管不了为借口，不履行监护责任，导致丽丽事实上处于无人监管且非常危险的状态。所以，作为公安机关，应当对丽丽作出如下处理。第一，根据《最高人民法院、最高人民检察院、公安部、民政部关于依法处置监护人侵害未成年人权益行为若干问题的意见》（以下简称《意见》）第11条规定："公安机关在出警过程中，发现未成年人身体受到严重伤害、面临严重人身安全威胁或者处于无人照料等危险状态的，应当将其带离实施监护侵害行为的监护人，就近护送至其他监护人、亲属、村（居）民委员会或者未成年人救助保护机构，并办理书面交接手续。未成年人有表达能力的，应当就护送地点征求未成年人意见。"本案中，最好先将丽丽送到当地未成年人救助站，由专人负责监管；第二，依据《意见》第27条的规定，未成年人救助站有权向人民法院起诉，请求法院撤销丽丽生父、生母的监护资格。而依据《意见》第35条的规定，丽丽的生父和生母，已经构成依法可以撤销监护资格中"（二）将未成年人置于无人监管和照看的状态，导致未成年人面临死亡或者严重伤害危险，经教育不改的"的情形，法院应当依法撤销丽丽生父和生母的监护人资格；第三，依据我国《民法通则》的规定，监护权虽然是一种权利，但更是一种职责，父母作为监护人的职责是不能拒绝

的，但如果监护人不履行监护职责，对被监护人就是一种侵害，法院可以依法撤销监护人的资格，指定负责人的人员和机构，保护未成年人的利益，但代为履行监护职责的费用，应当责令监护人承担。《意见》第16条的规定："未成年人救助保护机构可以采取家庭寄养、自愿助养、机构代养或者委托政府指定的寄宿学校安置等方式，对未成年人进行临时照料，并为未成年人提供心理疏导、情感抚慰等服务。"第42条的规定："被撤销监护人资格的父、母应当继续负担未成年人的抚养费用和因监护侵害行为产生的各项费用。相关单位和人员起诉的，人民法院应予支持。"本案中，将丽丽送到学校寄宿，并指派专人管教，使丽丽重新走上健康的发展道理才是对丽丽负责的处置方法，而且丽丽的生活费用都应当由丽丽的生父和生母分担，也让其对自己不履行监护职责的行为得到应有的惩罚。

案例11

家庭财产分割时如何保护未成年人的财产权利?

◆ 案情简介

2000年1月1日,黄甲(男)与肖某(女)登记结婚,婚后一直与黄某的母亲王某共同生活。于2001年2月1日生育黄乙(男)。2006年6月12日,以安置指挥部为甲方,王某为乙方,签订了《新桥村三、四组村民自建房屋安置协议书》,安置指挥部按5人的标准安排王某、黄丙(因病瘫痪在床)、黄甲、肖某、黄乙和独生子女奖励指标土地(占土地总面积的10%)用于自建房屋,(即诉争的C1栋二单元安置房),该房屋实际修建为7层,每层为一套房屋。2006年7月19日,以安置指挥部为甲方,王某为乙方签订了《五人户房屋安置补充协议》,诉争房屋的建筑资金为230 311.93元,2006年9月22日,安置指挥部向王某出具《收款凭证》,收到王某房款230 311.93元。

2012年12月12日,肖某起诉离婚并要求:第一,依法解除肖某与黄甲的婚姻关系;第二,婚生儿子黄乙由肖某直接抚养至年满18周岁,黄甲每月支付抚养费1000元;第三,房屋第一、第二层归黄乙,第三层归自己所有。

根据肖某的申请,法院委托A房地产评估有限公司对诉争房屋每层的价值进行了评估,2013年10月28日,A公司出具了《房地产评估报告书》,评估第一层价值30万元,第二层至第六层每层价值20万元,第七层价值13万元,房屋总价值143万元;诉争的C1栋二单元安置房迄今未取得房屋所有权证。

庭审中,黄甲同意离婚,也同意黄乙由肖某抚养。但只同意每月支付500元的生活费。同时提出:第一,涉案房屋系黄丙、王某夫妇老宅拆迁后的安置房(未提供证据),安置指挥部是与王某签订的协议,建房款也是王某缴纳的,房屋应当归王某、黄丙夫妇所有,不是黄甲和肖某的共有财产。肖某无权提出房屋分割要求；第二，黄乙未成年，不属于共有人，无权分割其祖父母的财产；第三，争议房屋还没有取得房产证，不应当分割。

一、本案焦点问题

第一，涉案房屋的共有人应当是谁？黄乙是否共有人？独生子女奖励土地指标是奖励谁的？应当如何计算？第二，未取得房产证，能否进行分割？

二、本案法律关系

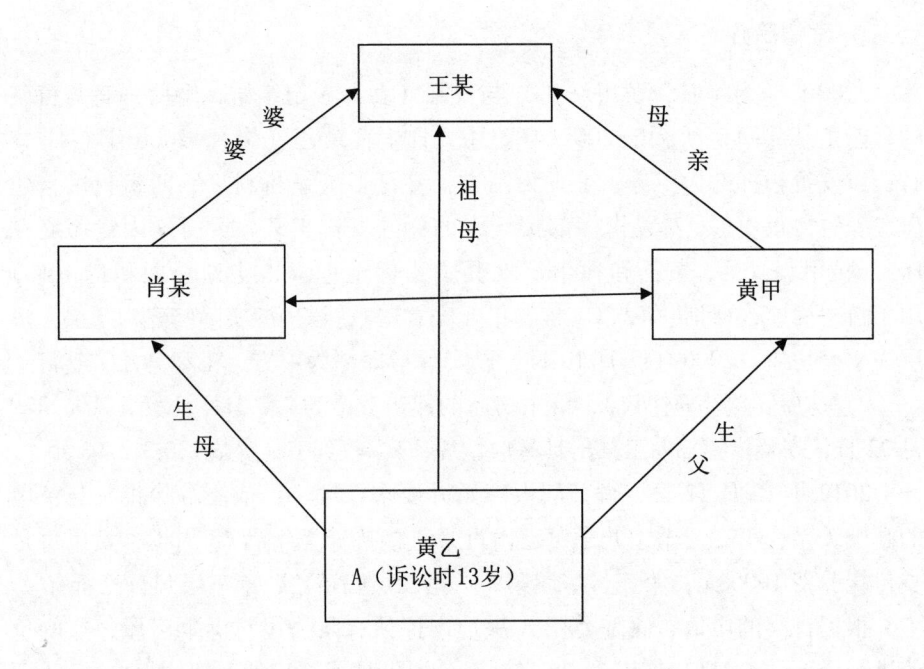

```
                    王某
           婆婆  ↗        ↖  母亲
                    ↑
                   祖母
          肖某 ←————————→ 黄甲
           ↖              ↗
          生母            生父
              ↖        ↗
              黄乙
           A（诉讼时13岁）
```

三、律师分析

第一，在我国农村，宅基地和承包土地的分配都是按照家庭人口平均分配的，并不考虑每个人的实际贡献。所以，本案中的争议房屋共有人的确定，应当按照安置协议中明确的，黄丙、王某、黄甲、肖某、黄乙5个人共有。至于黄甲所提的"涉案房屋系黄丙、王某夫妇老宅拆迁后的安置房"理由，因没有提供相应的证据，法院不应当采信。至于王某签订安置协议和缴纳建

案例 11
家庭财产分割时如何保护未成年人的财产权利？

房款，只是作为共有人的代表行使权和承担义务，不能因此否定其他共有人的权利；第二，争议房屋虽然没有取得房产证，我国《物权法》也规定，房屋登记是房屋产权的合法凭证。根据《婚姻法》第21条规定："离婚时双方对尚未取得所有权或者尚未取得完全所有权的房屋有争议且协商不成的，人民法院不宜判决房屋所有权的归属，应当根据实际情况判决由当事人使用。当事人就前款规定的房屋取得完全所有权后，有争议的，可以另行向人民法院提起诉讼。"法院可以根据本案的实际情况，就争议房屋的使用进行分配。比如，争议房屋第一层、第二层归黄丙、王某使用；第三层、第四层、第五层归肖某、黄乙使用；第六层、第七层归黄甲使用。待争议房屋产权证发放以后，再按照上述使用的面积裁定所有权的归属；第三，我国的计划生育政策是针对已婚夫妇所作的规定，因此独生子女的各项奖励应当属于黄甲和肖某。即143万中有10%的价值是属于黄甲和肖某共有的，所以，价值143万中，14.3万归黄甲和肖某共有，剩余128.7万元再由五个人平分；第四，我国婚姻法保护妇女儿童和无劳动能力老人的合法权益，所以，在本案中，肖某作为妇女、黄乙作为未成年人、黄丙、王某作为老人都属于应当考虑多分一些的人群。

案例12

周末兴趣班费用是否属于必须的教育费？

原告： 刘某才（8岁）
法定代理人： 刘某国（系原告生父）
被告： 于某（系原告生母）

◆ **案情简介**

原告刘某才系被告于某（原告刘某才的母亲）与原告法定代理人刘某国的婚生子，2007年8月生。2012年9月18日，原告父母离异，在法官主持下，达成调解协议：（1）双方同意离婚；（2）原告刘某才（5岁）由刘某国抚养，于某每月给付原告刘某才抚养费600元至其年满18周岁止。

2014年9月，因原告刘某才开始上小学，生活费用增加较多，每天的小饭桌（中午在学校附近吃饭、休息）费用是20元，平均每月400元，再加上刘某国为儿子报了周末补习班，奥数班每周200元，美术班每周200元，平均每月花费1600元，原来于某支付的抚养费不能满足原告刘某才的正常生活教育的需要，因此，2015年9月，刘某国向法院提起诉讼，请求：（1）被告于某增加原告抚养费每月1500元，至原告年满18周岁止；（2）被告于某支付原告补习班费用每月400元，至原告年满18周岁止。

经法院查明：被告于某离婚后又再婚，并育有一子，每月工资收入2100元左右。刘某国在某单位做保安，每月工资收入在3500元左右，也已再婚，再婚妻子带一个女儿，在某饭店做服务员。

一、案件争议焦点

1. 周末补兴趣班费用是否属于必须的教育费用？

2. 孩子的抚养费应当如何分担？

二、原告请求权分析

关于抚养费的变更，法律赋予子女可根据实际情况向父母任何一方提出超过原定数额的要求，也就是抚养费数额在一定条件下是可以变更的。子女生活费和教育费无论是在协议离婚时达成的还是由法院判决的，都不妨碍子女在必要时向父母任何一方提出增加数额的合理要求。至于费用是否增加，增加多少，不能仅凭子女单方面的要求而确定，应经相应的程序予以解决。其程序可由子女与父母协议解决，协议不成的，可由法院依诉讼程序处理。

子女要求增加抚养费有下列情形之一，父或母有给付能力的，应予支持：一是原定抚养费的数额不足以维持当地实际生活水平的；二是因子女患病、上学，实际需要已超过原定数额的；三是有其他正当理由应当增加的。

此外，还有减免父或母一方抚养费的情况，一般有三种：一是给付方由于长期患病或丧失劳动能力，又无经济来源，确实无力按原协议或判决确定的数额给付，而直接抚养子女的父或母既有经济负担能力，又愿意独自承担全部抚育费。二是给付方因违法犯罪被收监改造或被劳动教养，失去经济能力，无力给付的。但恢复人身自由后，有了经济来源，则仍应按原协议或判决给付。三是直接抚养子女方再婚，继父或继母愿意承担子女抚养费的一部或全部，负有给付义务的一方所承担的抚养费数额可以相对减少。但继父或继母不愿抚养的，生父或生母的给付数额不能减少。

最高人民法院《关于审理人身损害赔偿案件适用法律若干问题的解释》（以下简称《人身损害赔偿司法解释》）第28条规定：被扶养人生活费（以下简称扶养费）根据扶养人丧失劳动能力程度，按照受诉法院所在地上一年度城镇居民人均消费性支出和农村居民人均年生活消费支出标准计算。被扶养人为未成年人的，计算至18周岁。

本案中，原告刘某才要求增加抚养费的理由，虽然国家实行义务教育制度，但原告上学后，吃饭、穿衣的费用都有所增加，因其抚养人需要工作，原告每天中午只能在校园附近的小饭桌解决午餐和休息问题，每月的开支增加了400元。现在的学生基本上在周末都要参加各种类型的补习班，原告的抚养人不愿意孩子输在起跑线上，也为原告报了奥数和美术补习班，这也是为了原告的利益着想，为此，每月又增加1600元的开支。原告抚养人愿意承担原告的日常生活的照料，花费时间和精力陪原告学习，但每月增加的1600元的补习费用，由被告承担每月1500元，也是合情合理的。我国《婚姻法》第37条明确规定离婚后，一方抚养的子女，另一方应负担必要的生活费和教育费的一部或全部，负担费用的多少和期限的长短，由双方协议；协议不成时，由人民法院判决。

三、本案被告于某的抗辩意见

我国《婚姻法》第37条规定的，离婚后，另一方应当负担的费用是"必要的生活费和教育费"。而周末各种补习班是学生家长根据自己的经济能力和孩子的兴趣爱好，在义务教育内容之外额外增加的学习内容，不是监护人必须承担的教育费用。如果被告具有经济负担能力，被告愿意为原告付出，但是，本案中被告的经济负担能力确实有限。原告抚养人不顾自己的经济负担能力，执意要给原告提供兴趣班费用是原告抚养人自己的选择，但不应当强加给被告，被告每月的收入只有2100元左右，而且再婚后，又生育一个孩子，被告不具有支付原告兴趣班费用的能力，至于原告的生活费用，被告已经按月支付600元，履行了被告能够履行的法定义务。原告的请求，被告不具有负担能力。

四、律师分析

关于子女生活费和教育费的协议或判决，不妨碍子女在必要时向父母任何一方提出超过协议或判决原定数额的合理要求。从保障子女健康成长的角度来看，被抚养子女的生活必须费用，除了生活费、教育费外，还包括医疗费、保险费、特殊情况下的特别费用等。就社会发展的现实状况看，当今孩子的生活、教育、医疗等费用开支已经成为多数家庭中的一项重大支出，甚至占据整个家庭总收入相当高的比重。由于孩子的成长和教育是一个长期的过程，法院判决书已经确定的抚养费用数额难以和社会经济的发展、消费水平的增长速度相适应，无法满足被抚养子女的实际需求，从而导致被抚养子女的生活水平下降，生活、教育受到影响。因此，按照夫妻对子女抚养法定义务的本质含义，应当允许子女在父母承担的抚养费不能保障其实际成长需要时，请求变更抚养费。

五、法院裁判结论

法院判决：(1) 自 2015 年 9 月 1 日起，被告于某每月给付原告刘某才抚养费人民币 700 元，于每月 5 日前付清，至原告刘某才年满 18 周岁之日止；(2) 其他诉讼请求不予支持；(3) 本案诉讼费由原告法定代理人和被告共同分担。

案例13

死亡赔偿款分割时如何照顾未成年人的利益

◆ 案情简介

李甲系原告王某的丈夫，李乙（8岁）、李丙（5岁）的父亲，是李某、郭某的三儿子。李甲于2011年5月21日在为H公司送货时因交通事故死亡。

2012年9月26日，某人民法院作出刑事附带民事判决书。判决阳光财产保险股份有限责任公司赔偿李某、郭某、王某、李乙、李丙因李甲死亡后的死亡赔偿金、丧葬费和抚养费。因李甲在为H公司送货途中发生事故死亡，2011年6月29日李某、王某与H公司达成协议，H公司拿出80 000元作为一次性补偿，对方不得以任何理由再纠缠H公司，因死者家属在领取该款上出现争议，故该款暂由H公司保管。王某以李某、郭某为被告，诉至法院，要求依法分割赔偿金。

一审法院判决：（1）李甲的死亡赔偿金325 260元，H公司给付的补偿款80 000元，共计405 260元。由李某、郭某、王某、李乙、李丙各分得五分之一，即每人81 052元。（2）丧葬费16 153元。（3）李某抚养费11 227.40元，郭某抚养费11 227.40元，李乙抚养费12 803.85元，李丙抚养费16 648.85元，共计51 907.5元。（4）案件受理费6319元，被告李某、郭某各负担1264元，原告王某负担3791元。

判决后，原告、被告均不服，提出上诉。原告上诉的理由是：（1）王某也是农民，没有经济收入，应当获得相应的抚养费。（2）H公司补偿的80 000元，是支付给职工家属的，即王某、李乙和李丙，而李某和郭某在老家与大儿子居住在一起，并未与李甲、王某等家人一起生活，不属于李甲夫妇所在的家庭成员，不应当分。（3）李甲的死亡赔偿金不应当平分。李某和郭某还有另外两个儿子赡养，只有李乙和李丙是完全依靠死者抚养的人，应当多分，王某提出的李乙、李丙各分10万，剩余的由自己和李某、郭某平分。(4) 丧葬费只赔偿16 153元，实际共支出2万元（附李甲丧失支出账目，仅有王某手写记账单，无其他票据），超出部分应当从赔偿款中支出。(5) 刑事案件的律师代理人1万元是由王某垫付的，应当从赔偿款中支付。

被告上诉的理由是：(1) 王某一致在外打工，而且以后肯定会改嫁，不属于依靠死者生前抚养的人，赔偿金中不应当与其他人平分，应当少分。只同意分给王某10 000元，其余的由李乙、李丙、李某、郭某平分。(2) 办丧事期间，亲朋好友都送了礼，共计36 000元（在王某手里），应当拿出来平分。

一、本案焦点问题

1. 死亡赔偿金和H公司支付的80 000元的补偿款是否应当由5人平分？
2. 王某是否应当获得抚养费？另外，律师代理费应当由谁承担？
3. 办理丧事收到的礼金36 000元是否应当由5人平分？

二、本案法律关系

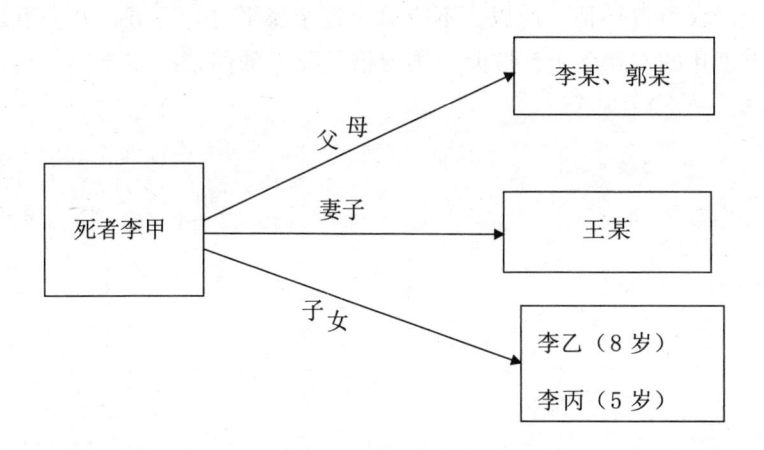

```
                    父母
                ┌─────────→ 李某、郭某
                │
死者李甲 ───────┼─妻子───→ 王某
                │
                │  子女
                └─────────→ 李乙（8岁）
                             李丙（5岁）
```

三、律师分析

处理本案的思路应当考虑，第一，死亡赔偿金是加害人对于死者家属的一种精神抚慰，受精神抚慰的范围一般限于近亲属。依据是，最高人民法院关于《民法通则》的司法解释中第12条规定："民法通则中规定的近亲属，包括配偶、父母、子女、兄弟姐妹、外祖父母、孙子女、外孙子女。"既然是一种精神抚慰，很难断定每位亲属的痛苦程度，所以，法院判定本案由死者的父母、配偶和子女平分是正确的。至于H公司支付8000元的补偿金，如果没有明确指明发放对象，应当推定为死者单位给予死者家属的抚慰金，关于"家属"的范围，我国司法解释没有明确，但司法实践中，都是认定"家属"的范围与"近亲属"的范围一致。本案中法院判定由5位近亲属平分，同样符合法律规定。第二，在侵权赔偿款中的"抚养费"，是指无劳动能力，依靠死者生前抚养人的抚养费，我国《婚姻法》中明确规定的应对承担抚养义务的主要是无劳动能力的父母、未成年子女、无民事行为能力的成年子女，夫妻之间也是有相互扶养义务的。本案中，李甲的父母、未成年子女李乙和李丙都属于无劳动能力并依靠死者生前抚养的人，而配偶王某虽是农村户口，但具有劳动能力。所以，法院没有支持王某的抚养费主张也是符合法律规定的。第三，律师代理费是属于维护死者合法权益以及为死者亲属争取合法利益的支出，从死者的赔偿款中支付也是合乎情理的。应对支持。第四，至于办理丧事收到的36 000元礼钱，是亲属朋友出于对当事人的一种关心和帮助，性质上属于赠与，按照中国习俗，谁的亲属和朋友送的，就归谁，将来也由接受礼金的人负责还情。所以，不应对由近亲属平分。第五，办丧事超出赔偿的丧葬费用的实际支出，按照中国习俗从死者的赔偿款中支出，也是合乎情理的。

案例14

夫妻离婚后未成年子女的抚养费用如何确定？

◆ **案情简介**

李某（女，离异，无子女）与叶某（离异，儿子叶宝由其抚养）在2002年1月相识，2002年5月，两人订婚，6月，叶某支付145 000元购买幸福花园2-6-601室房屋一套，房屋面积86.35平方米，未办理房屋的产权证。7月，李某与叶某登记结婚，之后，李某与叶某及儿子叶宝实际居住在该房屋，共同生活。因叶某酗酒成性，常常酒后滋事，2008年11月25日李某向法院起诉要求离婚。法院判决：（1）解除李某与叶某的婚姻关系；（2）因该房屋未办理产权证，由叶某和儿子居住，叶某向李某支付人民币72 500元。

2012年6月，李某得知叶某将该房的产权证已经办理且登记在儿子叶宝名下，其试图转移、隐匿财产，李某再次向法院起诉，要求对上述房屋的所有权及房屋增值部分重新分割。

法院查明，涉案房屋于2012年5月14日办理了产权登记，登记产权人为叶宝，产权证号为2012×××34。

庭审中，法院委托A房地产评估机构对涉案房屋进行估价，2012年7月15日A房地产估价事务所出具了《司法鉴定意见书》，该《司法鉴定意见书》的鉴定意见为：鉴定人根据鉴定目的，遵循鉴定原则，按照鉴定工作程序，利用科学的鉴定方法，在认真分析现有资料的基础上，经过周密审慎的测算，确定鉴定时点（2012年6月26日）鉴定对象的市场价值为：人民币肆拾肆万玖仟玖佰元整（￥449 900.00元），单价5210.00元/平方米。本次鉴定原告共交纳鉴定费5000元。

叶某对该鉴定意见提出质疑，认为双方当事人在2008年11月就离婚了，怎么能分割2012年的房屋价款。鉴定涉案房屋价值的时间节点应当是2008

年 11 月（双方当事人判决离婚的时间）。要求重新鉴定。

法院再次委托 B 房地产价格评估机构重新鉴定。2012 年 8 月 20 日，B 房地产估价事务所出具了第二份《司法鉴定意见书》，该《司法鉴定意见书》的鉴定意见为：鉴定人根据鉴定目的，遵循鉴定原则，按照鉴定工作程序，利用科学的鉴定方法，在认真分析现有资料的基础上，经过周密审慎的测算，确定鉴定时点（2008 年 6 月 26 日）鉴定对象的市场价值为：人民币叁拾肆万伍仟肆佰元整（￥345 400.00 元），单价 4000.00 元/平方米。本次鉴定原告共交纳鉴定费 5000 元。

李某坚持采用 A 房地产估价事务所的意见，叶某则坚持房屋是自己的婚前财产，在双方离婚时，已经支付了李某 72 500 元，李某无权再要求分割房屋价款。

一、本案焦点问题

1. 婚前购买的房屋，婚后的房屋增值价值是否属于夫妻关系存续期间的共同财产？

2. 房屋的价值鉴定的时间节点应当是什么时间？是办理房屋产权证的时间？还是诉讼时的时间？还是双方当事人离婚时的时间？

二、本案的法律关系

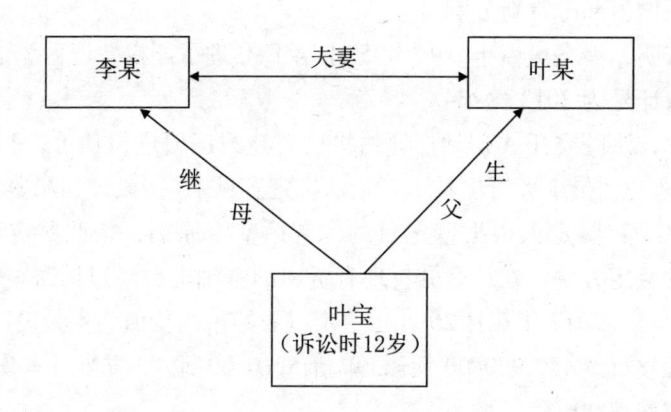

案例 14
夫妻离婚后未成年子女的抚养费用如何确定?

当事人法律关系及涉案房屋价值变动情况

时间	法律关系及涉案房屋价值变动情况
2002 年 5 月	李某与叶某订婚
2006 年 6 月	叶某购买涉案房屋,价格 145 000 元,未办理房产证。
2002 年 7 月	李某与叶某登记结婚。
2008 年 11 月	李某与叶某,经法院判决离婚。房屋由叶某居住,叶某向李某支付 72 500 元。
2012 年 5 月	涉案房屋办理产权证,登记产权人为叶宝。
2012 年 6 月	涉案房屋经鉴定机构鉴定为:449 900 元,每平方米 5120 元。
2008 年 11 月	涉案房屋经鉴定机构鉴定,价值为 345 400 元,每平方米 4000 元。

三、原告李某诉讼请求权分析

对于李某争取权益的理由,应该考虑:第一,最高人民法院《关于适用〈中华人民共和国婚姻法〉若干问题的解释(二)》(以下简称《婚姻法解释(二)》)中第 21 条规定"离婚时双方对尚未取得所有权或者尚未取得完全所有权的房屋有争议且协商不成的,人民法院不宜判决房屋所有权的归属,应当根据实际情况判决由当事人使用。当事人就前款规定的房屋取得完全所有权后,有争议的,可以另行向人民法院提起诉讼。"李某有权就涉案房屋的归属和价值分割提起诉讼;第二,《婚姻法解释(二)》中第 11 条规定:"婚姻关系存续期间,下列财产属于婚姻法第十七条规定的'其他应当归共同所有的财产':(一)一方以个人财产投资取得的收益;……"购买房屋就是一种投资行为,而房屋的增值就是一种收益;第三,双方当事人在离婚时,涉案房屋没有办理房产证,当然也就无法进行正确的价格评估,既然涉案房屋是在 2012 年办理房产证的,当然应当按照办理房产证时的市场价格进行评估并进行分割。本案中房屋增值价值为:449 900 元-145 000 元=304 900 元。除去已经支付给李某的 72 500 元,叶某还应支付 232 400 元。

四、被告叶某抗辩权分析

第一,我国《婚姻法》中确定的婚姻关系是从结婚登记开始算的,涉案房屋是当事人在登记结婚前购买的，依据我国《婚姻法》第18条规定：一方的婚前财产为夫妻一方的个人财产。所以，李某无权要求分割房屋价值。

第二，即使是一方婚前财产在婚后增值，按照最高人民法院《关于适用〈中华人民共和国婚姻法〉若干问题的解释（三）》第5条规定："夫妻一方个人财产在婚后产生的收益，除孳息和自然增值外，应认定为夫妻共同财产。"本案中涉案房屋的增值属于自然增值，不是当事人双方在婚姻期间的财产添附而产生的增值，所以，李某无权要求分割。

五、律师分析

在处理本案时，第一，应当着重解释婚前购买的房屋在婚姻存续期间的增值，是否属于"自然增值"，从法律上讲，与"自然增值"对应的是人为添附产生的增值，比如，将住宅改在成营业用房所产生的增值，将平房改在成二层楼房所产生的增值，将毛坯房装修后产生的增值等，如果李某不能证明，在结婚后，双方对房屋进行装修和维护而产生了增值的事实，涉案房屋随着时间和市场价格的变动而产生的增值应对属于财产的自然增值；第二，房屋的价值不是一成不变的，一般随着时间的经过和市场行情的变化而波动。对于涉案房屋的价值判断的时间节点应当根据当事人主张权利基础进行鉴定，本案中双方当事人争议的"婚姻存续期间的增值利益"，所以，即使需要进行鉴定，也应对以本案双方当事人离婚时，涉案房屋的市场价格作为参考，判断涉案房屋的增值情况。

案例15

产权登记与夫妻财产协议不一致，如何认定？

◆ 案情简介

邵某某和刘某某于 2008 年 7 月经人介绍相识，同年 10 月 16 日登记结婚，双方均系再婚，婚后感情一般。邵某某与前夫生有一女蒋某某，现年 16 岁，由其前夫抚养，现同邵某某居住；刘某某与前妻生有一女刘某，已成年；邵某某与刘某某婚后再未生育。后因家庭生活琐事经常发生纠纷，互不信任，致使夫妻感情不和，为此，2011 年 12 月邵某某认为夫妻感情确已破裂，到院起诉要求离婚；刘某某亦认为无法继续共同生活，同意离婚。但双方对财产分割未能达成一致意见。

法院查明：第一，邵某某 2005 年 2 月购买位于 A 市住宅房一套（101 号，产权登记曾是邵某某及前夫共有，离婚后更改为邵某某个人所有）；邵某某于 2007 年 2 月购买 B 市住宅房（203 号，产权人为邵某某），为购买房屋，邵某某向其姐借款 5 万元、向其父母借款 7 万元。后刘某某在婚前替邵某某偿还邵某某之姐借款 4 万元，邵某某偿还 1 万元。婚后邵某某与刘某某共同偿还邵某某父母借款 7 万元。2008 年 9 月双方为结婚共同出资 4 万元装修该套房屋；第二，邵某某与刘某某于 2009 年 1 月 10 日购买 B 市公寓一套（405 号，产权人为刘某某、邵某某），该房购买价 27 万元，其中刘某某用婚前个人财产支付 10 万元，按揭贷款 17 万元由两人共同偿还，截至 2011 年 7 月 10 日贷款本息余额 10 万元，两人共同出资装修房屋花费 6 万元，购买家具、电器花费 6 万元，该公寓房某现价值为 34 万元。刘某某婚后经营股票 200 股（现市值 10 万）。刘某某于 2011 年 4 月 25 日将自己名下的存折中 20 万元出借给其朋友崔某某形成债权 20 万元，当时邵某某也在场。

法院审理后判决：(1) 准予原告邵某某与被告刘某某离婚；(2) 邵某某

婚前财产位于 A 市宅房一套、B 市住房（203 号）一套归邵某某所有，邵某某支付刘某某房屋装修及代还款等合计 7 万元；（3）双方共同财产位于 B 市公寓房（405 号）一套归刘某某所有，剩余贷款本息 10 万元由刘某某偿还，刘某某应支付邵某某该房折价款 17 万元，扣除本应由邵某某承担的 5 万元的本息贷款，刘某某实际支付邵某某 12 万元。股票 200 股归刘某某所有，刘某某支付邵某某 5 万元；双方个人生活用品归各自所有；（4）债权 20 万元归刘某某所有，刘某某支付邵某某债权分割款 10 万元；（5）案件受理费 200 元，由原、被告各负担 100 元。

双方均不服判决。

邵某某认为自己位于 B 市的住房（203 号），完全属于婚前财产，不应当支付刘某某 7 万，另外还有价值 6 万元的家用电器，法院没有分割，刘某某应当支付自己 3 万元的价款。

刘某某认为 20 万的债权是从自己的个人存折中产生的，形成的债权应当属于自己所有，不应当分割给邵某某 10 万元。并向二审法院提供新证据：中国银行存折一本（证明刘某某在结婚日前已有存款 12 万，属于婚前财产，该存折此后有入有支，在 2011 年 4 月 25 日一次性转款 20 万元。）、房屋拆迁补偿协议一份（证明刘某某的母亲曾获得拆迁款 7 万元，而刘某某的存款中载明拆迁协议生效后的第 9 日一次性存入现金 7 万元，所以，刘某某 20 万的存款中包括其母亲的 7 万元）。

一、本案焦点问题

1. 刘某某为邵某某归还的购房借款的行为性质如何界定？位于 B 市住宅房一套（203 号）是否应当进行市场估价，增值部分，刘某某是否应当分割？
2. 20 万元的债权是否属于共同债权？

二、律师分析

1. 关于邵某某婚前购买的位于 B 市的住房 203 号，属于邵某某的个人财产，这一判断是基于房屋产权登记的事实，符合《物权法》的规定。为购买该房屋所形成的债务，也是属于邵某某的个人债务。但问题在于，刘某某在婚前替邵某某偿还的 4 万借款的行为，如何定性？代为偿还债务，没有提出

案例 15
产权登记与夫妻财产协议不一致，如何认定？

任何条件，更没有明确为订婚的彩礼，在性质上是一种普通的赠与行为，赠与是一种债权行为，并不因此而改变房屋的归属关系，已经完成的赠与，刘某某如果反悔，那要看是否符合《合同法》关于撤销赠与的规定，我国《合同法》第192条规定："受赠人有下列情形之一的，赠与人可以撤销赠与：（一）严重侵害赠与人或者赠与人的近亲属；（二）对赠与人有扶养义务而不履行；（三）不履行赠与合同约定的义务。"本案中的刘某某显然不符合关于撤销赠与的规定。至于婚后，双方共同偿还的邵某某的7万债务以及房屋装修，从性质上看，更符合夫妻共同生活中的一种开支，也不应当理解为对该房屋的一种投资，所以，不会产生改变房屋产权归属的性质，既然在偿还债务时，刘某某没有提出任何条件，在离婚时，也不应当由邵某某给予返还。所以，法院判决位于B市的住房203号属于邵某某的个人财产，又判决邵某某向刘某某支付7万元的代偿款，是没有法律依据的。

2. 关于20万债权是否属于共同债权的问题。第一，应对考虑，存折是一种债权化的物权，是动产所有权的一种凭证，在没有相反证据的情形下，存折中记载的户名就是存款的所有人。第二，即使刘某某提交的起母亲获得拆迁补偿的协议是真实的，那么，如果没有其他证据支持，也不能证明刘某某存款中的7万元属于刘某某的母亲所有。第三，即使刘某某提交的存折明细中，能够证明刘某某在结婚日前已经有12万的存款，但现金是一种种类物，存折上的支与入，仅仅是一种数字上的变化，很难分清，在刘某某结婚后，哪些支出是使用结婚前的收入，哪些支出是使用结婚后的收入，既然，刘某某在结婚前没有将自己还钱的存款转移，也没有婚前财产约定，那么可以推定刘某某是愿意将这些存款用于家庭共同生活的基础。关于共同债务的认定，婚姻法和司法解释都有规定，但对于共同债权，婚姻法没有明确规定，依照一般常识，债权产生的时间是在婚姻存续期间，而债权产生的时候，债权人没有向债务人说明属于个人债权，就应当推定为夫妻共同债权。从法律上看，我国《婚姻法》第17条规定："夫妻在婚姻关系存续期间所得的下列财产，归夫妻共同所有：（一）工资、奖金；（二）生产、经营的收益；（三）知识产权的收益；（四）继承或赠与所得的财产，但本法第十八条第三项规定的除外；（五）其他应当归共同所有的财产。《婚姻法解释（二）》第11条规定："婚姻关系存续期间，下列财产属于婚姻法第十七条规定的'其他应当归共同所有的财产'：（一）一方以个人财产投资取得的收益；（二）男女双方实际取得或者应当取得的住房补贴、住房公积金；(三) 男女双方实际取得或者应当取得的养老保险金、破产安置补偿费。"债权实质上就是一种收益。本案中，20万的债权符合第（一）种情形。所以，法院判定20万元的债权属于夫妻共同债权，由邵某某分割10万的债权是具有法律依据的。

案例16

未通知股东参加股东会议，该股东是否有权要求公司回购股权？

原告：李某

被告：B投资置业有限公司

◆ **案情简介**

2007年3月20日被告公司章程约定，王某、原告李某、A公司共同出资成立B投资置业有限公司。公司经营范围为房地产开发、房屋租售，注册资本1000万元。其中王某出资700万元，占出资比例70%，A公司出资180万元，占出资比例18%，原告李某出资120万元，占出资比例12%。股东履行的义务包括不得抽回投资，股东之间可以相互转让其全部或部分出资等，股东向股东以外的人转让其出资时，必须经全体股东过半数同意，不同意转让的股东应当购买转让的出资，如果不购买该转让的出资，视为同意转让。股东会行使决定公司的经营方针和投资计划等职权，股东会会议（定期会议和临时会议）由股东按照出资比例行使表决权，股东会会议应当于会议召开前15日内通知全体股东。临时会议由代表1/4以上表决权的股东、1/3以上的董事或监事提议方可召开，股东会决议应由代表1/2以上表决权的股东表决通过等。

2010年7月28日，王某、A公司在股东处盖章签署了《股东会议决议》，该决议记载被告公司会决议如下："经研究决定应出售部分厂房偿还贷款以缓解资金压力；关于出售厂房的价格应为：每平方米3000元，面积500平方米，合计1500万元。"

在被告召开公司股东大会前，原告李某未收到被告公司向全体股东发出关于召开股东大会研究出售房产偿还贷款等问题的通知。

2010年8月3日被告公司与案外人某有限公司签订《厂房租售合同》，约定：出售涉案房产。出售房产占被告公司总资产的70%。

原告李某认为，被告公司出售作为公司主要资产的厂房，在原告李某反对的情况下仍然通过决议，是大股东滥用资本多数便利，漠视处于弱势地位小股东的权益，双方发生争议。

2010年10月3日，原告李某向法院起诉，请求：（1）被告公司以人民币50万元收购原告李某所持有的股权；（2）被告公司承担本案的全部案件受理费。

一、案件争议焦点

原告李某股份回购请求权能否成立？

二、本案中股东份额比例

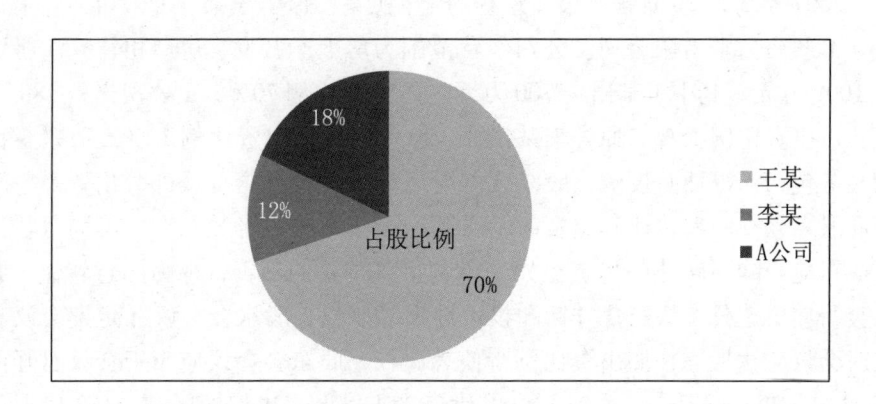

占股比例：王某 70%，A公司 18%，李某 12%

三、原告请求权分析

1. 被告公司通知股东参加股东会会议时，没有有效地通知原告李某，原告李某在被告公司股东会决议作出后，才得知股东会决议的内容，原告李某无法在股东会议上行使自己的权利，故原告李某在其知道或应当知道股东会决议内容的法定期间内有权依照《中华人民共和国公司法》第22条、第75条的规定向被告公司主张权利。

2. 被告公司股东会会议决议是由被告公司出资比例占 88% 的股东表决通过的，由此表明被告公司的大股东依据其章程中有关"股东会决议由股东按照出资比例行使表决权，股东会决议应由代表 2/3 以上表决权的股东表决通过"的约定而作出的出售厂房的决议，由于占被告公司出资比例 12% 的股东未能参加此次会议，原告李某可以通过诉讼方式表示其反对此次股东会决议内容。

3. 依据被告公司章程的约定，被告公司经营范围为房地产开发、房屋租售。原告李某起诉前，被告公司固定资产包括建筑面积为 500 平方米厂房 2 栋、房屋 300 平方米、4 辆汽车、地下配电设备等。根据公司章程的约定和被告公司资产的现状，厂房 2 栋、房屋是被告公司进行日常经营活动所必需的物质基础，应属于被告公司的主要财产。被告公司有关"公司转让的房产不是公司主要财产、亦不属于公司法规定的转让主要财产的行为，转让的财产不会影响公司设立的目的及存续，是最大限度维护公司和全体股东利益"的答辩理由不能成立。

4. 股东有权参与股东会议，这是股东的基本权利。本案 B 投资置业有限公司的章程明确规定："股东会会议应当于会议召开前 15 日内通知全体股东"，被告公司却在原告李某没有参加会议的情况下作出的股东会决议，将公司厂房出售给案外人某有限公司，表明被告公司剥夺了原告作为股东参与决策的权利，在这种情况下，原告李某丧失了继续留在公司的理由，其有权以此为由要求被告公司按照合理的价格收购其股权。

四、本案被告公司的抗辩意见

原告李某的诉讼请求不符合《公司法》第 75 条规定的法定适用条件，对其诉请应予以驳回。

1. 原告李某不是行使股份回购请求权的适格主体。原告李某根本没有参加股东会，更谈不上对股东会的决议投反对票，不符合《公司法》第 75 条规定的权利主体要求。根据《公司法》第 75 条规定："有下列情形之一的，对股东会该项决议投反对票的股东可以请求公司按照合理的价格收购其股权：（一）公司连续五年不向股东分配利润，而公司该五年连续盈利，并且符合本法规定的分配利润条件的；（二）公司合并、分立、转让主要财产的；（三）公司章程规定的营业期限届满或者章程规定的其他解散事由出现，股东会会议通过决议修改章程使公司存续的。"享有股份回购请求权的权利主体有明确要求：第一，必须参加了股东会；第二，必须在股东会上对相关股东会决议投了反对票，因此，原告不符合权利主体的要求。

2. 被告公司在本案中转让财产的行为不是《公司法》第 75 条规定的"转让主要财产"的行为。

（1）被告转让的房产不是公司主要财产。《公司法》第 75 条及相关司法解释都没有明确"公司主要财产"的具体衡量标准，从数量上看，被告转让的该项财产，与公司总资产从数量上相比较，不是公司的主要财产；从质量上看，根据《公司法》第 75 条立法本意，"公司主要财产"的质量应当是足以影响公司的存续，在本案中，被告转让的该项财产也根本不会影响到公司的存续。

（2）从《公司法》第 75 条规定的立法本意来分析，被告转让财产的行为不属于该条款规定的"转让主要财产"的行为。《公司法》第 75 条规定的"转让主要财产"的立法本意，无非包括：转让主要财产的行为是否属于公司常规经营活动，转让的该财产是否实质性影响了公司设立之目的及公司存续，转让该财产的行为是否会损害公司和股东利益等，其立法目的无非就是防止不慎重的转让主要财产足以威胁公司的存在基础，对公司运营的前景产生重大影响，并从根本上动摇股东对公司的投资预期，即所谓的"股东期待权落空"，这也是《公司法》第 75 条规定的理论基础，同时，只有在此情形下，方可产生股东股份回购请求权的行使。但在本案中，被告转让财产的行为不仅不会损害公司和股东的利益，相反是在最大程度上维护了公司和全体股东的合法利益。一是从被告的经营范围来看，转让该房产的行为是属于公司房地产开发的常规经营活动；二是从转让财产对公司的影响来看，该财产的转让并没有实质性地影响了公司设立之目的及公司的存续；三是被告转让财产的行为不仅不会损害公司和股东利益，反而在最大程度上维护了公司和股东利益。

（3）被告在本案中转让财产是为了偿还银行贷款，维持公司的正常运转，避免给公司持续经营带来根本影响。根据被告与银行签订的借款合同和抵押合同，被告贷款 800 万元，如公司不能按期偿还贷款，向银行抵押的财产将面临被查封、拍卖的风险，另外，公司提供担保的财产价值是高于借款数额的，因此，公司如不转让财产将会面临更为严重的损失，并且，如不按期偿还银行贷款,不仅给公司信用带来严重影响,也会在今后向银行融资时带来很大困难,公司的持续经营带来根本性的影响,甚至能否正常运转都成问题,这才会从根本上动摇公司设立的目的,被告的行为正是为了避免这些严重后果的发生。被告转让房产、筹措资金、偿还银行贷款的行为避免了更大的损失。如果公司不按期偿还借款,抵押房产肯定会被司法查封、拍卖,根据公司以往被查封、拍卖的房产的司法执行程序来看,公司受到的损失会更大,转让资产缓解了贷款压力,维持了公司正常运转,同时又避免了更大损失,在最大程度上维护了公司和股东利益,而不是损害了小股东利益。

3. 原告李某退出公司的行为实际上是构成被告公司注册资本的减少,应受公司减资制度的约束。现有证据表明,原告李某有关"被告B公司以人民币50万元收购我持有的股权"的诉讼请求缺乏证据支持,故对有关判令被告公司以人民币50万元的价格收购其股权的诉讼请求应当不予采纳。

五、法院裁判结论

法院判决被告公司以合理价格收购原告李某持有的全部股权。

案例17

房地产开发商将已售房屋抵押，购房人是否有权请求法院撤销抵押行为？

原　告：徐某
被告一：M房地产开发有限公司
被告二：商业银行S支行

◆ 案情简介

2011年12月29日，原告向第一被告支付购房款100万元，2011年12月30日，原告与第一被告签订"商品房买卖合同"一份，约定：第一被告为出卖人，原告为买受人，购买涉案房产。

涉案房产在2007年8月9日就已登记在第一被告公司名下，合同签订后，第一被告将该房屋交付给原告，至今未能为原告办理房屋所有权证和土地使用证。后第一被告将房屋抵押给第二被告。为此，原告诉至法院，请求：（1）确认被告一、被告二私自将原告所有的房屋用于抵押担保合同无效并予以撤销；（2）本案诉讼费用由被告承担。

经查，第一被告和第二被告之间签订"最高额抵押合同"，约定：以包括涉案房产在内的被告一名下的17套房产为第二被告"流动资金借款合同"项下的主债权、利息、罚息、违约金及实现债权的费用等提供抵押担保。随后，第二被告分别办理了涉案房屋和土地的他项权证，设立了抵押权，债权数额为53.65万元。前述土地他项权证及房屋他项权证均载明房屋所有权人为第一被告公司，他项权利人为第二被告商业银行S支行。

案例 17
房地产开发商将已售房屋抵押，购房人是否有权请求法院撤销抵押行为？

一、案件争议焦点

原告能否行使撤销权，其诉讼请求能否成立？

二、原告请求权分析

本案原告提出的诉讼请求，理由是：涉案房屋属于原告所有。2011年12月29日，原告与第一被告签订了"商品房买卖合同"。合同约定：被告将其开发的商品房卖给原告。为购买该房屋，原告分别向第一被告公司支付购房款共100万元。合同还约定，第一被告应当在商品房交付使用之日起90日内办理完房地产初始登记。合同签订后，第一被告公司将该房屋交付给原告居住使用，但至今未能为原告办理房屋所有权证和土地使用证。根据《物权法》第15条关于"当事人之间订立有关设立、变更、转让和消灭不动产物权的合同，除法律另有规定或者合同另有约定外，自合同成立时生效；未办理物权登记的，不影响合同效力"的规定，"商品房买卖合同"生效后，原告依约定缴纳了购房款，第一被告公司将房屋实际交付原告使用至今，那么，即使是房屋还没有过户，但是，实际产权人已经是原告，而不是第一被告公司。

在未经原告同意的情况下，第一被告和第二被告将属于原告所有的房屋进行抵押担保严重违法，侵犯了原告的合法权益。第一被告和第二被告将属于原告所有的房屋进行抵押担保已经严重侵犯了原告的合法权益。按照法律规定，其抵押担保行为应当属于无效。

1. 本案中，原告的诉讼请求不够清晰和准确。到底是请求法院确认第一被告与第二被告的抵押担保协议无效？还是请求法院依法撤销第一被告与第二被告签订的抵押担保协议？这是两个性质的法律行为。请求确认合同无效的理由应当是：《合同法》第52条的规定："有下列情形之一的，合同无效：（一）一方以欺诈、胁迫的手段订立合同，损害国家利益；（二）恶意串通，损害国家、集体或者第三人利益；（三）以合法形式掩盖非法目的；（四）损害社会公共利益；（五）违反法律、行政法规的强制性规定。"本案中，原告不能证明被告的行为符合无效合同的情形，所以，其请求不会得到法院的支持。

2. 如果是请求撤销被告将涉案房屋抵押担保的行为。那么，就应当证明被告的行为符合撤销权规定的条件。所谓撤销权是指当债务人所谓的减少其财产的行为危害债权实现时，债权人为保全债权请求法院予以撤销该行为的权利。我国《合同法》第74条规定："因债务人放弃其到期债权或者无偿转让财产，对债权人造成损害的，债权人可以请求人民法院撤销债务人的行为。债务人以明显不合理的低价转让财产，对债权人造成损害，并且受让人知道该情形的，债权人也可以请求人民法院撤销债务人的行为。"可见，债权人行使撤销权，应当证明债务人存在放弃到期债权、无偿转让财产、以明显不合理的低价转让财产，损害债权人利益的行为。而且，撤销权的行使，应当在原告知道撤销事由起一年内行使。但是，本案中，原告没有提供被告转让财产的相应证据，虽然被告将交付给原告的房屋抵押给第二被告，导致原告无法获得房产证的行为，的确损害了原告的利益，但不能证明是以不合理的低价转让财产，被告的行为构成违约，应当承担违约责任，不符合撤销的理由。

3. 房屋买卖涉及债权和物权两个法律关系。根据《物权法》第15条关于"当事人之间订立有关设立、变更、转让和消灭不动产物权的合同，除法律另有规定或者合同另有约定外，自合同成立时生效；未办理物权登记的，不影响合同效力"的规定，签订房屋买卖合同后，未办理物权登记，不发生物权变更的效力，但不影响房屋买卖合同效力。第一被告与原告签订的"商品房买卖合同"未违反法律禁止性规定，应为有效。从债权角度，依据约定，原告应向第一被告公司支付购房款，第一被告公司应向原告交付房屋并办理物权变更登记，如违反合同约定，应分别承担相应的违约责任。从物权的角度，依据《物权法》的规定，不动产物权的设立、变更、转让和消灭，经依法登记，发生效力；不动产权属证书是权利人享有不动产物权的证明。不动产在未办理物权变更登记手续前，不发生对抗第三人的公示效力。故本案中，涉案房屋的所有权仍应为第一被告公司所有。原告提交的"商品房买卖合同"及支付购房款的相关凭据，不能作为享有不动产物权的证明，只能证明其与第一被告公司之间存在房屋买卖的债权关系，不产生物权法上房屋所有权变更的效力，因此，原告不是涉案房屋所有权人。

4. 关于第一被告与第二被告签订的"最高额抵押合同"是否合法有效，第二被告对涉案房屋是否已取得了合法有效的抵押权的问题。二者签订的"最高额抵押合同"并未违反法律禁止性规定。虽然原告与第一被告之间签订"商品房买卖合同"并支付大部分购房款，先于第一被告与第二被告之间签订

案例 17
房地产开发商将已售房屋抵押，购房人是否有权请求法院撤销抵押行为？

的"最高额抵押合同"，但原告与第一被告之间均未以办理房屋预售登记或过户登记等方式予以公示，第二被告依据物权公示相信第一被告公司为涉案房屋合法所有权人并无不当。

三、本案被告抗辩意见

1. 根据最近查询到的产权登记信息查询单，2015年9月7日诉争房屋的产权仍为第一被告公司。

2. 根据房管部门向第二被告所颁发的他项权记载显示的是诉争房屋的所有权人为第一被告公司。

3. 当时办理该笔抵押贷款时第一被告公司所持房产证以及房管部门告之的产权情况，诉争房屋的所有权人均为第一被告公司。故诉争房屋的所有权人应为第一被告公司，而非原告。

4. 原告主张曾向第一被告公司支付购房款，但第一被告公司没有为其办理预告登记和过户手续，是第一被告公司对原告违约，原告只对第一被告公司享有债权，应向第一被告公司主张违约责任，与第二被告行为无关。

5. 原告在无任何事实和法律依据的前提下，主张第一被告和第二被告合谋办理抵押手续，而事实是第二被告按照主管部门要求，办理了合法有效的抵押登记手续，取得了他项权证，恳请法院依法不采信原告无事实依据的恶意中伤。

综上，第二被告为诉争房产的他项权人，对该房产具有优先受偿权，第一被告在未履行还款义务的前提下，无权将该房产过户给任何第三方，因此，请求依法驳回原告的诉请。

四、法院裁判结论

法院判决：原告的诉讼请求缺乏证据支持，理由不充分为由，判决驳回原告的诉讼请求。

案例18

股东未实际缴纳出资，股权转让协议是否有效？

原告：张某

被告一：高某

被告二：王某

被告三：石某

◆ **案情简介**

在2013年6月6日，原告张某与被告高某共同投资设立N管理有限公司时，两人各持50%的公司股权。在2015年6月17日，原告与三位被告签订《N公司变更协议书》，约定原告张某将自己持有的公司50%股权作价100万元转让给三位被告，并约定2015年6月31日前支付60万元，2015年12月31日前支付40万元。在此基础上，原告于当日与被告高某共同签署《N公司变更同意书》，并明确注明以N公司变更协议书为依据。为了顺利实现工商变更登记事宜，在2015年6月18日再次形成股东会决议，在2015年7月1日签署《股权转让协议》，从形式上确认将原告持有股权转让给被告王某，其后顺利完成工商变更登记备案事宜。原告与被告之间因股权转让产生纠纷，2017年1月17日依法向某区人民法院提起诉讼，请求：被告高某、王某、石某支付原告张某股权转让款100万元。

与此同时被告高某也向法院起诉张某，要求张某补足股东出资50万元。

一、案件争议焦点

1. 股权转让协议是否有效？
2. 被告的行为是否构成实质性违约？

二、对原告张某关于被告高某、王某、石某支付股权转让款请求权的分析

1. 本案原告、三被告签订的《N公司变更协议书》协议有效。原被告于2015年6月17日签订《N公司变更协议书》系原告与三被告之间真实意思表示，内容合法有效，对原告和三被告均有约束力，因此根据合同相对性原则，三被告作为被告诉讼主体适格。

股权转让合同的生效是根据《合同法》的规定，一般来说，在没有特别约定的情况下，是签署生效，但是股权转让的生效必须依赖于一定的法律事实，股权转让的生效实践以工商过户手续完成为判断时间点，因此工商登记虽然不能创设股权，但是它具有对外公示效力，变更完成后，开始享有和承担股东权利义务。原告张某与三被告签署的变更协议书，此协议书约定了对股权变更及调整的方案、股权转让的费用、变更时间、转让的条件、转让的份额作了明确的约定，转让协议是双方当事人一致的意思表示，其性质就是股权转让合同。依据我国《合同法》规定，当事人的意思表示真实，内容合法，未违反国家法律规定的，合同应有效；我国《公司法》第71条规定，股东向股东以外的人转让股权，应当经其他股东过半数同意，本案中股东张某、高某、王某、石某，在《N公司变更协议书》明确记载，是"经过认真、友好协商、并一致同意"，而且都签字确认，表示同意股东张某将所持有的公司股权转让，转让方与受让方的意思表示真实，且原告张某在2015年7月6日已经在工商登记部门变更了股东信息，履行了股权转让的相关手续，并且N公司的股东已经召开股东会，股东会成员对股东张某股权转让协议全体通过，双方当事人转让行为符合我国《公司法》有关股权转让生效要件的规定，故原告张某与三被告签署的股权变更协议书生效。

原告张某与三被告应遵守协议约定，行使各自权利、履行各自义务，约定原告张某将原持有N公司50%股权作价100万元转让给三被告，于2015年6月30日之前支付60万元，2015年12月31日之前支付40万元，三被告应当按约履行支付股份转让款的义务。

双方的转让价格是经过被告与原告充分协商之后确定的价格，三被告愿意对原告张某所持有的的N公司50%股权退出后补偿100万元，而且明确约定了款项的支付时间。

通过庭审可知，是因为看好了 N 公司与某人民医院关于"某康复医学中心"的合作项目，该项目涉及的标的额 1000 多万，三被告与原告张某签订股权变更协议是因为在签订协议时知道 N 公司有未来发展的前景。

2. 三被告至今仍未履行支付义务的行为已构成严重违约，应当支付违约金并赔偿原告的实际损失。股权转让协议生效后，对转让方与受让方产生如下义务：受让方负有向转让方支付价款的义务，转让方负有向公司提出召开股东会修改公司章程、办理相关变更手续送至工商管理部门备案的义务。故股份转让协议生效后不仅对转让方与受让方产生约束力，而且对公司也产生拘束力。具言之，在协议生效后，公司有将受让方作为公司股东备置于股东名册，到工商办理变更登记备案的义务，在受让方取得股东合法身份后，股东通过参加股东会，对公司的重大决策和重大事项行使最终的意思表决权；对公司的赢利取得分配权等。

原被告签订股份转让协议后，原告已按照约定配合三被告在 2015 年 7 月 6 日将涉案股权转让给三被告，且已经在工商登记部门变更了股东信息，办理工商变更登记手续，履行了股权转让的相关手续，并且 N 公司的股东已经召开股东会，股东会成员对股东张某股权转让协议全体通过，此外，三被告在取得原告张某转让股份后，以公司增资的形式将原告张某原持有公司 50% 股份再次分配。

没有任何证据表明三被告已向原告支付转让款项、已履行完毕支付义务，事实上三被告也是未曾支付原告任何款项。三被告在原告履行完毕股份转让义务至今仍未支付上述股份转让款项，长期占用原告股权转让款，原告因此丧失了 N 公司与某人民医院关于"某康复医学中心"的合作项目（项目涉及的标的额 1000 多万）的利润分红。我国《合同法》第 60 条规定，"当事人应当按照约定全面履行自己的义务。当事人应当遵循诚实信用原则，根据合同的性质、目的和交易习惯履行通知、协助、保密等义务"，三被告逾期支付股权转让款的行为更构成根本违约，应支付逾期支付股权款违约金，按照银行同期贷款利率根本无法弥补原告因三被告逾期支付股权转让款的损失，根据《合同法》第 114 条的规定："约定的违约金低于造成的损失的，当事人可以请求人民法院或者仲裁机构予以增加。"恳请法院按照诉讼请求判决三被告承担逾期支付利息。计算标准参照买卖合同逾期付款违约金的条款。根据 2012 年 7 月 1 日实施的最高人民法院《关于审理买卖合同纠纷案件适用法律问题

案例 18
股东未实际缴纳出资，股权转让协议是否有效？

的解释》第 24 条第 4 款规定："买卖合同没有约定逾期付款违约金或者该违约金的计算方法，出卖人以买受人违约为由主张赔偿逾期付款损失的，人民法院可以中国人民银行同期同类人民币贷款基准利率为基础，参照逾期罚息利率标准计算；"债权转让合同、股权转让合同等有偿合同参照前述买卖合同的相关规定。

3. 原告是否实际缴纳出资款不属于本案审理的范围。原告张某已经实际履行了股东出资义务。根据《公司法》的相关规定，原告张某与被告高某共同设立的 N 公司，在设立过程中，原告张某已经将 50 万元的投资款以现金交款的方式转入 N 公司某银行账户中。并且向公司设立登记机构注册备案时，出具了具有验资资质的会计师事务所及会计师相应的验资报告，并且向某银行调取了原告张某向公司一次性缴足出资款的现金交款单等相关证据。

在庭审过程中，被告以原告张某未足额出资提出异议，要求驳回原告张某的诉讼请求，被告此答辩意见的事实基础与在起诉书中提出的给付股权转让款及利息之诉的事实基础不属于同一法律关系，在请求事项上是两个相并立的诉讼请求，该请求是一个独立的诉，两个诉讼并没有关联性，不适宜将另一个诉讼请求作为本案的答辩意见，本案不应对股东出资问题进行审理。

三被告提出的证据尚不足以证明原告张某未足额出资。因公司是营业性组织，其注册资本只是公司注册成立的条件，公司的发展前景、收益是由公司经营决定的。即使出资不到位，也并不必然导致公司依法成立经营后股东转让的股权有瑕疵。所以，公司发起股东出资不到位与发起股东转让股份行为是否存在欺诈之间无必然的因果关系。故该事实理由不影响法院对本案的审理和裁判。

退一步讲，本案中被告高某是与原告共同注册设立的 N 公司，两人是否实际出资双方应该最了解公司的情况，本案中被告高某作为股权转让的受让人之一，同时也是 N 公司的发起人兼股东，其知道 N 公司股东出资情况，根据最高人民法院《关于适用〈中华人民共和国公司法〉若干问题的规定（三）》第 18 条第 1 款规定："有限责任公司的股东未履行或者未全面履行出资义务即转让股权，受让人对此知道或者应当知道，公司请求该股东履行出资义务、受让人对此承担连带责任的，人民法院应予支持；公司债权人依照本规定第十三条第二款向该股东提起诉讼，同时请求前述受让人对此承担连带责任的，人民法院应予支持。"三被告知道股东出资情况，而受让人又自愿

· 059 ·

承担股权的出资补足责任，这并不损害他人的利益，反而更加有利于公司资本的真实与维持，所以此时应由受让人即三被告承担出资瑕疵的连带责任。

三、本案被告抗辩意见

1. 原告张某所谓的出资是虚假的行为，张某只是通过代办公司向公司转账50万元，50万元转入公司账户的第二天即转出公司账户。

2. 本案是股东出资纠纷，不是股权转让纠纷，对于股东出资问题并不是本案审理的范围。

四、法院裁判

被告王某于本判决生效后10日内支付上诉人股权转让款50万元，并驳回原告的其他诉讼请求。对于被告高某的诉讼请求予以驳回。

案例19

优先购买权是否可以对抗新所有权人的权利?

原告：罗某某
被告：黄某某

◆ 案情简介

2013年11月12日，原告罗某某与某某区市场历史遗留问题处置协调小组办公室签订"房地产买卖合同"，购买了位于某区的商品用房（建筑面积17.11平方米），双方办理了房产过户手续。此前，被告黄某某一直占用该涉案房屋。2013年11月30日，原告罗某某取得该房的房地产权证后去行使权利时遭到被告黄某某的抵制，称自己作为承租人对涉案房屋享有优先购买权，却不知道涉案房屋已经售卖，原告与涉案房主的房屋买卖合同无效。原告多次沟通无效。2014年12月30日，原告罗某某诉至法院，请求：(1) 判令被告黄某某立即停止对涉案商品用房的侵权，并搬离该房；(2) 赔偿原告13个月的房屋租金损失13 000元。

一、案件争议焦点

优先购买权是否可以对抗所有人的权利?

二、原告请求权分析

1. 原告与涉案商品用房的原房屋产权人签订的"房屋买卖合同"系双方当事人真实的意思表示，合同内容不违反法律的强制性规定，合同合法有效。

2. 原告依法已经办理了涉案房屋过户手续，取得的涉案商品用房所有权。原告的所有权应当受到法律的保护。

3. 我国《合同法》第 229 条仅规定："租赁物在租赁期间发生所有权变动的，不影响租赁合同的效力。"本案中，被告没有提供任何证据证明，被告对涉案房屋的承租合同未到期。至于，涉案房屋原产权人为何未能考虑被告的优先购买权，那是原产权人与被告之间的法律关系，与原告无关。所以，被告对于涉案房屋原产权人的权利不能对抗通过合法行为获得房屋所有权。被告继续占有涉案房屋缺乏合法依据。根据《物权法》第 34 条规定："无权占有不动产或者动产的，权利人可以请求返还原物。"以及第 35 条规定："妨害物权或者可能妨害物权的，权利人可以请求排除妨害或者消除危险。"故被告应当立即停止侵害，排除妨碍。

4. 关于原告请求被告黄某某赔偿其 13 个月的房屋租金 13 000 元的主张，不会得到法院的支持。因为，根据原告与涉案房屋原产权人的"房屋买卖合同"，原房屋产权人负有交付出卖物并保证所有权转移的义务。原告不能行使对所有物的占有，以及由此产生的损失，是原产权人没有履行义务导致的，依据合同的相对性，原告应当向涉案房屋原产权人主张赔偿损失，而不是向被告主张权利。

三、本案被告抗辩权分析

1. 本案被告如果希望继续占有租用涉案房屋，应当出具证据，证明被告的承租权未到期。如果，被告的承租合同期限已经届满，继续占有承租房屋是缺乏法律依据的。根据我国《合同法》的规定，出租人出卖租赁物，作为承租人，在同等条件下，享有优先购买权，但这是被告针对涉案房屋原产权人享有的权利，不能用于对抗依法办理过户手续取得房屋所有权的原告。所有，被告以享有优先购买权为由，继续占有涉案房屋是缺乏法律依据的，不会得到法官的支持。

2. 对于原告主张 13 000 元房屋租金的损失赔偿，因被告与原告不存在合同关系，没有向原告交付房屋的义务，由此而产生的损害，要求被告承担缺乏法律依据。

四、律师分析

在实践中，类似的案情，想要分析清楚是否构成侵权，首先需要明确什么情况下能行驶排除妨害请求权，即什么是排除妨害请求权。排除妨害请求权系因妨害行为而引起，由此可知，如何界定妨害行为就显得尤为重要，与妨碍和损害相比，妨害行为是一种持续侵犯他人享有物权但又未必造成实际损害的行为，具有如下几个特征：

第一，妨害是一种干扰和侵犯他人物权的行为或事件。须注意，这里的"干扰和侵害物权"不等于"侵权"，而是泛指对他人物权强行施加了一种广义上的"不利影响"，从而破坏了他人物权的完好性和他人行使物权的顺畅性。自然力导致的事件也可能构成妨害，如大风吹倒某人的树，拦住了邻居的出口。

第二，妨害是一种持续性的行为或事件（状态）。一次性行为则不构成妨害，对此，若对权利人造成损害，可请求损害赔偿；若无损害，则既不能请求损害赔偿，也不能请求排除妨害。但自然事件引发的持续性障碍则可能构成妨害（如某人在自己土地上堆放的物滚落到邻居园子里）。正是由于妨害行为具有此特征，排除妨害请求权不适用诉讼时效才不会造成对权利人保护不周的后果。

第三，妨害状态并不要求存在实际损害。实际损害是侵权损害赔偿的要件之一，不是排除妨害请求权的要件。这是妨害不同于损害的关键所在。

第四，妨害状态可能存在实际损害。当存在损害并满足因果关系、过错要件时，权利人享有损害赔偿请求权，不过，权利人并非只能寻求此种救济，如果这种损害是一种持续性损害，那么权利人还可以只提起排除妨害请求权。因而，在这个意义上，妨害不同于妨碍，根据文义解释和体系解释，《民法通则》第 134 条（责任方式）"排除妨碍"中的"妨碍"，是与"损害"相并列而存在的，妨碍的状态中不可能包含损害。

第五，妨害还包括现在没有实际损害但有可能产生实际损害的行为。这种情形下赋予物权人排除妨害请求权，有些类似于合同法上的预期违约规则，可称之为"预期侵害"规则。就此而言，妨害是一个专有名词，是妨碍所无法替代的。结合本案，被告黄某某占用诉争房屋的行为是否构成侵权，一方面原告需要证明他是该房屋的所有权人；另一方面就还需要证明被告黄某某是持续的侵犯他享有的物权。

值得注意的是，在《物权法》上，排除妨害请求权分为排除妨害请求权和消除危险请求权。这两者的差别我们也应该稍做了解，前者给他人物权带来的不利影响是现实存在的、持续存在的,而后者给他人物权带来一种现实的损害危险。

首先,排除妨害请求权不等于恢复原状请求权。恢复原状一般是针对己物遭受损害时权利人提出的请求;而排除妨害则是针对自己物权的行使受到不当限制而提出的请求,二者有本质区别。其次,排除妨害请求权只能在干扰行为达到"妨害"程度时才可提起;物权人应当容忍他人轻微的侵扰行为。个案中侵扰是否达到妨害的程度,由法官根据正常人的忍受度来加以确定。再次,排除妨害请求权的要件不包含行为人的过错,即只有两个:妨害状态;他人行为与妨害状态之间的因果关系。另外,根据《物权法》的条文可知,排除妨害请求权仅仅是物权保护的方式之一;单从此条文不能认为,对人身权的侵害(如隔壁夜晚音响声太大无法入睡)也能提出此请求权。而消除危险请求权,这里的危险,首先必须是现实危险,而非权利人主观认定的危险。其次,这里的危险一旦"实现",不必然构成侵权法上的损害。根据法条明确规定,这里的危险只要达到可能构成现实妨害的程度即可。除此之外,在实践中,排除妨害请求权与相邻关系请求权也会存在竞合的情形,我们在诉讼中要明确我们的诉讼请求。

五、法院裁决

(1)被告黄某立即停止侵权,并于判决生效后 30 日内自行搬出涉案商品用房并交付原告罗某某;(2)驳回罗某某的其他诉讼请求。

案例20
彩礼与一般赠与如何区分？

原告：黎某（男）
被告：陈某（女）

◆ **案情简介**

原、被告于2014年7月建立恋爱关系。恋爱期间，原告以银行转账的方式向被告支付过多笔款项，总共累计97 500元。原告从2013年至2016年年初一直在某市工作，2016年春节后回到广东省工作，被告则继续在某市工作生活。2016年10月，原告发现被告已育有一子，且与他人同居，双方遂结束恋爱关系。2017年2月，原告向法院起诉，请求：（1）被告返还原告款项97 500元；（2）本案诉讼费用由被告承担。

一、案件争议焦点

1. 原、被告两人之间是否存在婚约？
2. 原告支付给被告的款项是否属于彩礼？

二、本案原告请求权分析

1. 原告与被告于2014年7月正式确立恋爱关系，在双方做结婚准备期间，被告几次称看病或者信用卡需要还款等理由，向原告要钱，原告先后共向被告支付97 500元。为此，原告提交了银行卡流水单，证明原告确实向被告信用卡上转款共计97 500元。被告借婚姻索取钱财，现在原告已经看清了被告的真面目，要求被告返还97 500元，合情合理。

2. 被告隐瞒已经生育一子的事实，在原告到外地打工不久，就与他人同居，双方未能办理结婚证，完全是由于被告欺诈和行为不检点导致的。《婚姻法解释（二）》第 10 条规定："当事人请求返还按照习俗给付的彩礼的，如果查明属于以下情形，人民法院应当予以支持：（一）双方未办理结婚登记手续的；（二）双方办理结婚登记手续但确未共同生活的；（三）婚前给付并导致给付人生活困难的。"本案中，一是原告与被告未办理结婚登记手续；二是原告依靠打工为生活来源，97 500 元对于原告而言是一笔大额的款项，如果不予返还会导致原告生活困难，所以，被告应当返还原告以结婚为目的向其支付的 97 500 元彩礼。

三、本案被告的抗辩意见

1. 被告未婚生子属于个人隐私，没有必要告知原告，相反，这恰恰说明，原告与被告的关系尚处于接触、了解阶段，还没有到谈婚论嫁的地步，也没有举办过所谓订婚仪式。民间的所谓彩礼，通常以订婚仪式为条件，彩礼的用途也多半是为女方置办嫁妆。本案中，在原告提供的多项证据都无法表明原告与被告存有婚约，无法证明原告给予被告的钱系彩礼。我国《婚姻法解释（二）》第 10 条有关返还彩礼的规定，是针对民间习俗中订婚时所支付彩礼的返还问题。原告没有任何证据证明，双方当事人存在订婚和支付彩礼的情形，不存在返还问题。

2. 原告在双方恋爱期间的日常交往中给予被告的金钱帮助，在双方没有约定系借款的情况下，属于为了取悦对方、增进感情的自愿赠与行为，不属于民间订婚习俗中的彩礼，系一般的赠与行为，赠与财产属于动产的，一般财物一旦交付，所有权即转移。依据我国《合同法》第 186 条和 192 条的规定，在赠与财物交付前，可以任意撤销，已经交付财物的，只在三种情况下才能撤销赠与，即"（一）严重侵害赠与人或者赠与人的近亲属；（二）对赠与人有扶养义务而不履行；（三）不履行赠与合同约定的义务。"本案中不存在上述三种情况，就是说，原告不具备撤销赠与的条件。法院应当驳回原告的诉讼请求。

四、法院裁判

法院认为，本案中原、被告虽然曾存在男女恋爱关系，但原告没有提供

案例 20
彩礼与一般赠与如何区分？

证据证明原、被告以及双方亲属已经商议结婚事宜，原告给付的金钱用于双方婚后共同生活、筹备婚礼。原告自称向被告给付金钱是帮被告还信用卡透支款，被告要钱看病，以及被告说要帮原告买车，其用途显然并非按照民间习俗在结婚前给付的彩礼。因此，在原告未能举证证明，而被告予以否认的情况下，本院不能认定原、被告之间存在婚约，或者被告借婚姻索取财物。双方结束恋爱关系后，赠与方无权要求受赠方返还。

案例21

公司高管以个人名义借款，债务人如何认定？

原告：华某
第一被告：N港城市建设发展有限公司（以下简称"N港公司"）
第二被告：郭某

◆ 案情简介

第二被告郭某分别于2013年9月24日、2014年1月21日、2014年1月27日、2014年2月26日、2014年6月10日、2014年6月16日、2014年11月24日向原告借款。2013年9月18日郭某曾向案外人王某借款50万元，期限1年，2014年5月29日原告代郭某向王某偿还该笔借款。被告郭某支付原告利息至2015年3月30日，此后未再支付利息和归还本金，故2016年3月28日，原告起诉至法院，请求：依法判令被告N港城市建设发展有限公司、郭某共同偿还原告借款1890万元，利息453.6万元（以上利息自2015年4月1日至2016年3月28日止，此后利息计算至实际付款之日止），合计2343.6万元。

经与原告对账，被告郭某认可实际借款本金为1684.75万元，双方在借款时约定借款月息为2.5分至3分之间，被告郭某偿还至2015年3月30日的借款利息，后期再未偿还利息及本金。对于2015年3月30日之后的利息，被告郭某认可利息为月息2分。原告认可1684.75万元与借条中借款金额的差额为扣除的利息。上述借款均汇入案外人刘某在中国工商银行的个人账户。

另外法院查明，被告郭某2012年7月2日被任命为N港城市建设发展有限公司经理，任期3年，并且在此期间郭某还担任多家公司的管理人员。

一、案件争议焦点

N港公司是否应当承担借款的还款责任？

二、本案原告请求权分析

原告认为，被告郭某是代表N港公司向其借款，并且其借款实际用途也用于N港公司的建设经营中，所以N港公司也应承担共同还款责任。

1. 原告请求的事实依据为被告郭某在向原告借款时，担任被告N港公司总经理一职，并且以N港公司的名义对外进行借款。法律依据最高人民法院《关于审理民间借贷案件适用法律若干问题的规定》第23条第2款关于企业法定代表人或负责人以个人名义与出借人签订民间借贷合同的规定，借款人以个人名义对外签订民间借贷合同，实际借款用于公司日常经营中，可以将公司与实际负责人列为共同被告。

据此，本案被告郭某是否将借款用于N港公司的经营之中，郭某是否代表宁港公司向原告进行借款成为本案之焦点。实践中，如果要认定这两点需要诸多证据来进行证明，如：被告是否是职位行为的证据，被告与原告签订借款合同时是否处于合法授权的状态，被告向原告所借款项是否用于公司的经营中等。因为在郭某向原告的几笔借款中，虽然当时郭某担任N港公司总经理一职，但其同时也担任多家公司的管理人员，所以原告必须要提供郭某将借款用于N港公司的证明。

诉讼中，原告出具了关键的两组证据，以此来解决本案的争议焦点。第一组：由郭某出具的《借款补充说明》，该组证据证明了：郭某明确其所借款项用于N港公司。第二组：通过法院调取的借款实际走向N港公司账户的银行流水，该笔借款流水走向一共有两个流水走向：华某——刘某（实际账户由郭某控制）——窦某（实际账户由郭某控制）——N港公司，第二笔：华某——刘某——N港公司。此两组证据都能够在解决本案争议焦点中起到关键性的作用，但法院最终对于此两组证据均未采纳。第一组证据未采纳的原因：法院认为郭某是在被胁迫的情况下出具，不具有合法性。第二组证据法院不予采纳，也未曾在判决书中提及。

二、本案被告的抗辩意见

1. 本案中的借条是以郭某个人的名义签订的，没有加盖公司印章，更没有载明是公司借款并承担还款义务，这一点原告非常清楚，也是认可的。

2. 本案中，郭某虽然是公司经理，但并不是公司的法定代表人，如果是公司行为必须有法定代表人的委托授权，但本案中，没有任何证据证明郭某借款得到了公司的授权。

3. 原告出具的《借款补充说明》，是被告郭某在受原告等人控制、威胁的情况下写的，该《借款补充说明》的时间、地点和在场人员都足以证明这一点。

三、法院裁判结论

一审法院认为：（1）被告郭某向原告借款并出具借条，双方借贷关系成立，应受法律保护。原告出示的有效转款凭证中的金额与借条金额存在差距，原告认可该部分差额为其扣除的利息，被告郭某认可其自原告处借款本金为1684.75万元，且该款项与借条中出具的1890万元差额部分为利息，故本案中被告郭某应偿还原告本金1684.75万元；（2）关于借款利息，原告与被告郭某均认可双方借款时约定过利息，且被告郭某偿还利息至2015年3月30日，被告郭某亦认可原告主张的月息2%的利率，故本案中被告郭某应以年利率24%向原告偿还本金1684.75万元自2015年4月1日起的利息；（3）关于被告N港公司的清偿责任，首先，原告出示的证据虽然能够证实被告郭某系N港公司的经理，但亦显示郭某并非N港公司的法定代表人，且同一时期，郭某还担任多家公司的管理人员；其次，原告无法提供证据证实被告郭某的借款实际应用于N港公司生产经营以及郭某系代表N港公司向原告借款，因此对于原告主张N港公司负有还款义务的请求不予支持。判决：被告郭某于本判决生效之日起10日内，偿还原告华某借款本金1684.75万元并按照年利率24%支付利息（自2015年4月1日至判决确定的给付之日）；驳回原告华某的其他诉讼请求。

一审法院判决后，原告不服，提起上诉。二审法院判决驳回上诉，维持原判。

案例22

多次借款，借贷人陆续支付的利息，如何认定？

原告：H 典当公司
被告一：李某某
被告二：S 房地产公司

◆ **案情简介**

自 2012 年 6 月 20 日起，被告李某某在一年内分 4 次先后从原告处借款 600 万元整，并签订 4 份借款合同。

名称	内容
借款合同 1	今向 H 典当公司借款 100 万，借款利息为月利率千分之三十，利息按月支付。借款人：李某某，借款日期：2012 年 6 月 20 日。
借款合同 2	今向 H 典当公司借款 100 万，借款利息为月利率千分之三十，利息按月支付。借款人：李某某，借款日期：2012 年 7 月 12 日。
借款合同 3	今向 H 典当公司借款 100 万，借款利息为月利率千分之三十，利息按月支付。借款人：李某某，借款日期：2012 年 8 月 17 日。
借款合同 4	今向 H 典当公司借款 300 万，借款利息为月利率千分之三十，利息按月支付。借款人：李某某，借款日期：2012 年 11 月 24 日。

上述借款发生后，2012 年 12 月 24 日，S 房地产公司向原告出具保证书，愿意为被告李某某向原告的借款作担保，承担连带保证责任。在合同履行期间，原告与被告多次协商，被告李某某 2013 年 6 月 20 日归还本金 50 万，陆续支付借款利息 284 万元，但自 2014 年 1 月后再未支付过任何款项。原告于 2016 年 12 月 24 日向法院起诉，请求：（1）请求被告李某某返还借款本金 550 万元，利息 581.175 万元；（2）请求被告李某某承担本案全部诉讼费及律师费

（律师费 16 万元）；（3）被告 S 房地产公司对上述债务承担连带责任。

一、案件争议焦点

1. 本案中的借款利息应当如何计算？
2. 律师费是否由被告李某某承担？

二、原告请求权分析

1. 原告与被告李某某签订的四份借款合同以及被告 S 房地产公司向原告出具的保证书，均系双方当事人的真实意思表示，内容不违反法律、行政法规的强制性规定，故上述 4 份借款合同和保证书合法有效。我国《合同法》第 8 条规定："依法成立的合同，对当事人具有法律约束力。当事人应当按照约定履行自己的义务，不得擅自变更或者解除合同。依法成立的合同，受法律保护。"

2. 本案中，依据原告与被告的借款合同，被告应当返还本金 600 万元，支付利息 909 万元。被告李某某实际归还本金 50 万元，支付利息 284 万元，还欠本金 550 万元，利息 625 万元。两项合计，被告欠原告本金及利息 1175 万元。被告 S 房地产公司应当履行承诺承担担保责任。

名称	利息支付期限	利息金额（36%）
借款合同 1	2012-06-20 ~ 2016-12-24，本金 100 万，合计 54 个月。	162 万元
借款合同 2	2012-07-12 ~ 2016-12-24，本金 100 万，合计 53 个月。	159 万元
借款合同 3	2012-08-17 ~ 2016-12-24，本金 100 万，合计 52 个月。	156 万元
借款合同 4	2012-12-24 ~ 2016-12-24，本金 300 万，合计 48 个月。	432 万元

3. 本案中原告的律师费 23 万元（1175 万元×2% = 23.5 万元，律师实收 23 万元）应当由被告承担。原告为实现债权而发生的律师费，本质上属于原告现实利益的减损，为直接损失的范畴。因一方违约导致另一方发生损失，违约方应当予以赔偿，但赔偿的损失不应超出违约方订立合同时可预见的范

围,因此在被告提出律师费过高的情形下,人民法院对律师费金额合理性进行审查是必要的,故对于原告所主张的律师费的诉请只能考虑在合理范围内予以支持。

在诉讼中,原告H典当公司向法庭提交了"委托代理合同"、律师事务所函件、转账凭证以及《宁夏回族自治区律师服务收费管理实施办法》等相关证据材料,再结合原被告双方签订的"借款合同"中对于发生法律纠纷后,由违约方承担诉讼费、鉴定费、律师费等相关费用的约定,法院应当判决由被告承担原告的律师费。

三、本案中被告李某某的抗辩意见

1. 我国《合同法》第211条规定:"自然人之间的借款合同约定支付利息的,借款的利率不得违反国家有关限制借款利率的规定。"

2. 根据最高人民法院《关于审理民间借贷案件适用法律若干问题的规定》第26条:"借贷双方约定的利率未超过年利率24%,出借人请求借款人按照约定的利率支付利息的,人民法院应予支持。借贷双方约定的利率超过年利率36%,超过部分的利息约定无效。借款人请求出借人返还已支付的超过年利率36%部分的利息,人民法院应该支持";第28条:"借贷双方对前期借款本息结算后将利息计入后期借款本金并重新出具债权凭证,如果前期利率没有超过年利率24%,重新出具的债权凭证载明的金额可认定为后期借款本金。约定的利率超过年利率24%,当事人主张超过部分的利息不能计入后期借款本金的,人民法院应予支持。按前款计算,借款人在借款期间届满后应当支付的本息之和,不能超过最初借款本金与以最初借款本金为基数,以年利率24%计算的整个借款期间的利息之和。出借人请求借款人支付超过部分的,人民法院不予支持。"第32条:"借款人可以提前偿还借款,但当事人另有约定的除外。借款人提前偿还借款并主张按照实际借款期间计算利息的,人民法院应予支持。"法院审理民间借贷案件,若年利率在低于24%区间,法院支持;在24%~36%区间,法院处于中立地位,如果当事人自愿支付,后悔想要回法院不会支持,反之,如果出借人索要此部分利息,法院也不会支持,通俗点理解就是:"给了别想要回,不给也别想要";超过红线36%,法院的强硬态度便立刻闪现,即不论何种情形,一律不予支持。

3. 本案约定的月息30‰,相当于年利率36%,显然违反法律的限制性规定，故依据上述最高法院的司法解释，法院应当按照24%的年利率计算利息。本人应当返还原告的本金是550万元，应当返还利息是338万元［622万元-284万元（已经支付的利息）=338万元］。两项合计888万元。

名称	利息支付期限	利息金额（年24%）
借款合同1	2012-06-20~2013-06-20（本金100万，12个月） 2013-06-20~2016-12-24（本金50万，合计42个月）	66万元
借款合同2	2012-07-12~2016-12-24（本金100万，合计53个月）	106万元
借款合同3	2012-08-17~2016-12-24（本金100万，合计52个月）	162万元
借款合同4	2012-12-24~2016-12-24（本金300万，合计48个月）	288万元

三、律师分析

在民间借贷纠纷案件中，多数法院支持律师费的诉请，都要求具备以下四个条件：(1) 原告与被告在借款合同中就原告为实现债权发生的律师费由被告负担有明确约定；(2) 原告与律师（律师事务所）之间应实现债权建立了代理关系，并对律师费有明确约定；(3) 原告所委托的律师履行了代理义务；(4) 原告所主张的律师费在合理的范围。

法律对于诉讼费由败诉的一方负担有明确的规定，对于律师费的负担，在法律上则只针对少数特殊类型的案件作出了规定，因此律师费的负担通常要看当事人之间是否作出约定。在当事人之间没有约定的情况下，普遍的观点认为，中国并没有强制代理制度，律师费不是必然发生的费用，法院考虑将一方所付的律师费判由对方支付无法律根据，因此法院支持原告律师费的诉请必须以当事人之间有约定为前提。

律师履行了代理义务，是律师取得律师费的对价。原告通常是在与律师（律师事务所）签订委托代理合同后支付律师费，如果律师取得了律师费后未履行代理义务，则原告有权依据代理合同和法律的规定，要求退还律师费，此时原告并未发生律师费的损失，即使因某种原因应当退还的律师费未退还，

案例 22
多次借款，借贷人陆续支付的利息，如何认定？

在原告与律师（律师事务所）之间也仍然存在债权债务关系，该项未被退还的律师费不应被认为是为实现债权而发生的费用，因此律师依代理合同履行代理义务是判断对方当事人应不应当承担原告律师费第二个条件。

律师收取原告的代理费，系基于与原告之间建立起了委托代理关系，双方就代理的事项、代理的方式、代理的报酬形成了合意，故律师费的支付一定是有代理关系作为基础的，但代理关系的成立，不一定要求以书面的合同出现，双方可以是口头的或者其他形式的。诉讼过程中，原告主张要求对方负担其为实现债权而支出的律师费，有责任和义务提供证据证明，而签订有委托代理合同只不过是证明双方存在委托代理关系的证据，而这一证据不是证明双方存在委托代理合同关系的唯一的证据，因此法院在考虑是否支持原告关于律师费的诉请时，委托代理合同不是必备条件。双方之间存在有偿委托代理关系才是必备条件。

原告为实现债权，与律师之间建立起代理关系，律师的服务与原告支付的报酬形成对价，只要是律师履行代理义务，则原告有义务支付约定的报酬。不可否认的是，有些当事人在接受律师提供的服务后，出现支付报酬违约的情况，拒付和拖延支付的情况并不少见，但原告并不能因此而免除支付律师费的义务，因此从这个意义上来讲，代理合同中有约定，但原告还未支付的律师费也应当纳入原告的损失范围，只不过这不是已经发生的损失，而是未来必然要发生的损失。因此，考虑是否应当支持原告对于律师费的诉请时，不应当拘泥于原告是否已经实际支付律师费，故律师费是否实际支付不是判断对方是否应当负担原告律师费的条件。

值得注意的是，在民间借贷案件中，律师费通常和《关于审理民间借贷案件适用法律若干问题的规定》（以下简称《借贷规定》）中规定的"其他费用"会产生混淆，"其他费用"中是否包含了原告为实现债权而发生的律师费，经常被争论。通常在借款合同中，对律师费的约定放置于实现债权的费用项上，表述方式一般为"出借人为实现债权而发生的费用（包括但不限于律师费、诉讼费等）由借款人负担"。这里的"费用"与《借贷规定》第30条中的"其他费用"中的"费用"应当作区别性理解。律师费、诉讼费等费用是以"实现债权"为目的而发生的费用，而非债权本身，也非为确定债权、担保债权而发生的公证费、评估费等费用，从《借贷规定》第30条的内容来看，该条中的"其他费用"应该理解为债权形成、创设、变更时发生的费用，

· 075 ·

其与债权相伴而生，与利息、违约金、罚息等处于同一位置。因此对于《借贷规定》中第30条中的"其他费用"应当受制于年利率24%规则的调整，但原告为实现债权而发生的费用则属于借贷合同双方当事人另行约定的费用，不适用年利率24%规则的调整。从逻辑结构上来解释，也可以得出相同的结论。正如前所述，律师费通常是与诉讼费同时在借款合同中被列入"为实现债权而发生的费用"，如果将律师费归入《借贷规定》第30条的"其他费用"，诉讼费也不应当例外。再进一步分析，对诉讼费、律师费的处理就应当保持一致，一方面判决诉讼费由被告负担，一方面又判决不支持原告律师费的请求显然是自相矛盾的。有一种观点认为，这种矛盾是有其法理上的合理性的，因为诉讼法的负担是法定的，而律师费的负担不具有法定性。这种说法忽视了民法本质上为私法的特性，在当事人有约定时首先应当依约定，只有没有约定时，才依法定。

五、法院判决

法院判决：（1）原告与被告约定的利息为月息30‰，相当于年利率36%，属于自然债务区间，已经支付的不予返还，尚未支付的，应当按照24%年利率计算；（2）被告陆陆续续支付的利息，因没有明确支付的是哪一个借款期的利息，故依据交易习惯应当理解为还老账；（3）判决被告返还原告本金550万。支付利息374.8万元。两项合计924.8万元；（4）原告的律师费被告酌情支付16万元。

名称	利息支付期限	利息金额
借款合同1	2012-06-20～2013-06-20（本金100万，12个月） 2013-06-20～2016-12-24（本金50万，合计42个月）	被告已经按照月息30‰的利率支付100万×0.03×12个月＝36万；50万×0.03×42个月＝63万，两项合计99万元。（全部付清）
借款合同2	2012-07-12～2016-12-24（本金100万，合计53个月）	被告已经按照月息30‰的利率支付159万。

案例 22
多次借款，借贷人陆续支付的利息，如何认定？

续表

名称	利息支付期限	利息金额
借款合同 3	2012-08-17～2016-12-24（本金 100 万，合计 52 个月）	被告已经按照月息 30‰ 的利率支付利息 26 万，相当于 8.6 个月的利息，欠付 43.4 个月的利息，应当按照 24% 的年利率计算，被告欠付利息 86.8 万元。
借款合同 4	2012-12-24～2016-12-24（本金 300 万，合计 48 个月）	被告欠付利息 288 万元。

案例23
执行经理越权行为的效力如何认定？

原告：赵某
被告一：天华公司
被告二：冯某

◆ 案情简介

2008年4月10日，天华公司下文聘任冯某为天华公司某分公司执行经理兼经营经理。2008年7月1日，冯某利用临时保管天华公司公章、财务专用章和天华公司法定代表人个人印章的便利，开具了申请刻制合同专用章的介绍信，指派李某在某印章公司刻制了合同专用章。冯某同时为瑞风公司的实际负责人，2008年6月至2009年11月，瑞风公司和天华公司就某工程项目的施工签订合作协议。2010年1月至2010年9月，冯某以工程需要资金、抵消工程款为由并许以高息，向赵某借款后共欠1060万元本金未还。同时，冯某赊购赵某车辆尚欠购车款490万元，冯某给赵某出具了借条。2010年7月30日，冯某给赵某出具一份承诺书，内容为："我公司执行经理冯某所借赵某的所有款项，如因冯某无力偿还，由本公司代为偿还。此笔借款全部用于工程建设使用。"并在承诺书上加盖了合同专用章。后天华公司发现冯某私自刻制、使用合同专用章的行为，以伪造印章罪将冯某举报至公安机关，经过侦查公诉机关以冯某涉嫌合同诈骗罪提起公诉，法院经审理后认为，被告人冯某作为天华公司的经营经理、执行经理，又是在掌管公司印信期间，通过公安机关的批准刻制了合同专用章，该行为属于因天华公司内部管理不善，被告人冯某超越该公司赋予权限的越权行为，不应认定其行为系伪造印章。同样，因被告人冯某系天华公司的经营经理、执行经理，其以天华公司的名义筹措资金,不应认定为"冒用他人名义"。被告人冯某所筹措的资金大部分用于了工程及偿还为工程筹措的借款,并未将资金据为己有或予以挥霍。故在主观方面,公诉机关证实被告人冯某具有非法占有目的的证据不足。客观方面,赵某是基于冯某在做工程,冯某与天华公司有合作关系,以及被告人冯某是天华公司的经营经理、执行经理这样的认识,才给被告人冯某出借钱款的,且事实如此。虽然被告人冯某隐瞒了私刻合同专用章的情况,但这种隐瞒并不是被害人出借钱款的主要原因,这种隐瞒并非刑法意义上的虚构事实和隐瞒真相的诈骗行为。故被告人冯某的行为不构成合同诈骗罪,公诉机关指控其犯合同诈骗罪的罪名不能成立,不予支持。判决冯某无罪。2013年11月,赵某将冯某及天华公司诉至法院。请求:(1)天华公司、冯某支付赵某借款1670万元及利息11 514 808元(按同期银行贷款利息4倍暂计至2013年10月31日),并承担至借款还清之日的利息;(2)天华公司、冯某支付赵某因追偿借款而支付的律师代理费16万元;(3)诉讼费用由被告承担。

一、本案争议焦点

向赵某借款的主体是天华公司还是冯某,应由谁承担还款责任?

二、原告请求权分析

1. 本案的借款主体是天华公司。涉案借款发生在2010年5月至10月期间,根据已查明的事实能够认定,借款时冯某的身份是天华公司的经营经理,《借款协议》中有冯某签字,承诺书上加盖了天华公司的合同专用章。据此,能够认定冯某向赵某借款的行为,是冯某履行天华公司经营经理的职务行为,天华公司对冯某履行职务行为所产生的法律后果应当承担民事责任,涉案借款应为天华公司所借,并由其偿还。

2. 冯某作为天华公司的经营经理、执行经理,又是在掌管公司印信期间,通过公安机关的批准刻制了合同专用章,该行为属于因天华公司内部管理不善,冯某超越该公司赋予权限的越权行为,天华公司也不能提供证据证明合同专用章是冯某私刻的。认定其行为系伪造印章,实属牵强。我国《合同法》第50条规定:"法人或者其他组织的法定代表人、负责人超越权限订立的合同,除相对人知道或者应当知道其超越权限的以外,该代表行为有效。"在本案中，没有证据显示，被告以公示的方式告知原告，冯某的经理具体权限，所以，该协议对天华公司发生法律效力。至于天华公司承担还款责任后，如何向冯某追偿，那是天华公司内部的事。

3. 我们判断本案中的借款是冯某的个人行为，还是职务行为？不能以是否冯某单独决定来认定，更应当看借款资金的去向和用途，冯某所筹措的资金，大部分用于了天华公司的工程及偿还为工程筹措的借款，借款的受益人是天华公司。综合上述两方面的因素，可以认定本案中的借款方是天华公司，而非冯某个人。

三、本案被告的抗辩意见

1. 借款合同是冯某个人与赵某所签订，借条也是冯某个人向赵某所出具，从形式上看，是赵某与冯某两个个人发生了借贷关系。

2. 虽然在《承诺书》中出现了合同专用章，但冯某在刻制、使用该印章时未经过天华公司的授权或者相关领导的同意，合同专用章也未在工商机关备案。以上事实可以得出的结论是，合同专用章的来源不合法，该枚印章不能代表天华公司的行为，仅仅是冯某的个人行为，应由其个人承担相应的法律责任。合同专用章虽未被刑事判决书认定为伪造印章罪或合同诈骗罪，但显然属于民事意义上的欺诈无疑，如果以刑事判决书的定罪标准来认定民事意义上的责任承担与否，属于适用法律错误。

3. 既然冯某的刑事判决书认定冯某的行为属于"越权行为"，而"越权行为"与职务行为恰恰是法律后果截然相反的两个行为，法院以冯某的借款行为系"职务行为"为由判决天华公司承担责任岂非前后矛盾？

4. 即便是按照刑事判决书认定冯某刻制合同专用章的行为"属于因天华公司内部管理不善，被告人冯某超越该公司赋予的权限的越权行为"，我国《民法通则》第66条规定，"没有代理权、超越代理权或者代理权终止后的行为，只有经过被代理人的追认，被代理人才承担民事责任。未经追认的行为，由行为人承担民事责任。本人知道他人以本人名义实施民事行为而不作否认表示的，视为同意"。根据该条规定，被告冯某未向天华公司及分公司汇报，就私自刻制、使用合同专用章，且出具的《承诺书》在天华公司及分公司明确表示不予认可的情况下，该借款协议不应当对天华公司不发生法律效力。

5. 《承诺书》的内容表达更趋近于提供担保的意思表示，如果是由天华公司借款，为何又会以其自己的名义出具具有担保内容的材料，不符常理。综合以上几点，本案借款人认定为冯某个人，并由冯某承担还款责任更符合法律规定。

四、法院裁判

法院经审理后判决：（1）天华公司于本判决生效之日起10日内偿还赵某借款1550万元，并按照年利率24%支付自2011年1月10日起至本判决确定的给付之日止的利息；（2）天华公司于本判决生效之日起10日内支付赵某律师代理费16万元。

案例24

婚姻存续期间，个人债务与夫妻共同债务如何认定？

原告：王某

被告一：孙某

被告二：张某（张某与孙某之前系夫妻关系）

◆ **案情简介**

2013年6月9日，被告孙某向原告王某借款45万元，分别出具了5张借条，借条未约定还款期限，其中两张借条约定月利率2%，另3张因王某与孙某是同事，根据交易习惯和口头约定月利率为2%，但在借条上并未写明。后原告多次向被告索要借款本金及利息，被告一直推脱未付，原告王某于2018年4月1日向法院起诉，立案后申请追加被告孙某妻子张某为共同被告，并查封了被告名下房屋。原告的诉讼请求：(1) 被告孙某、张某偿还借款45万元及利息；(2) 被告孙某、张某共同偿还借款本金，并承担2018年4月1日至判决确定给付之日的利息损失，利息计算至借款本金还清之日止。

法院查明：被告孙某与被告张某系再婚，于2008年11月5日登记结婚。

一、案件争议焦点

1. 借贷双方对利息约定不明，如何认定？
2. 被告张某对被告孙某本案债务是否承担连带责任？

二、对原告请求权分析

1. 根据被告向原告出具的5张借条，合计金额为45万元，可以认定原告与被告之间存在借贷关系，该借贷协议是双方当事人真实的意思表示，协议内容不违反法律法规的强制性规定，合法有效。该协议应当成为认定双方权利义务及民事责任的依据。

2. 本案中，双方当事人对于 45 万本金没有异议，但对其中 3 张借条的借贷利息约定不明，出借人主张利息时，按照下列顺序和标准进行处理：

第一，按照《合同法》第 61 条规定，可以根据合同有关条款或者交易习惯确定。《合同法》第 61 条规定：合同生效后，当事人就质量、价款或者报酬、履行地点等内容没有约定或者约定不明确的，可以协议补充；不能达成补充协议的，按照合同有关条款或者交易习惯确定。

在借贷双方无法就利息约定通过补充协议予以明确的情况下，首先应通过整体解释补充，即按照合同有关条款内容补充欠缺的有关利息条款。之所以首选通过合同整体解释补充欠缺条款，主要是因为，合同条款是当事人双方协商一致的产物，更能体现当事人的真实本意，非金融机构法人与其他组织之间多以书面形式订立合同，表达和传递当事人合同意图所使用的语言文字，在合同的整个内容中是有组织的，可从这种有组织的排列中找出欠缺的利息条款或洞察当事人关于利率或利息的真实本意。

其次，按照合同履行地或者当事人的交易方式、交易习惯补充确定利息。根据最高人民法院《关于适用〈中华人民共和国合同法〉若干问题的解释（二）》第 7 条规定："下列情形，不违反法律、行政法规强制性规定的，人民法院可以认定为合同法所称的'交易习惯'：（一）在交易行为当地或者某一领域、某一行业通常采用并为交易对方订立合同时知道或者应当知道的做法；（二）当事人双方经常使用的习惯做法。对于交易习惯，由提出主张的一方当事人承担举证责任。"广泛运用交易习惯确定当事人真实意思，是《合同法》的一个重要特色，而沿袭《合同法》司法解释思路确定非金融机构法人与其他组织资金融通约定不明时的利息，对于正确理解和适用法律有重要意义。但确定交易习惯的前提条件是该交易方式、交易习惯不违反法律、行政法规的强制性规定，即交易习惯必须适法，当事人也不能通过交易习惯等理由规避强制性规定的适用。

另外注意适用交易方式、交易习惯确定利息标准的三个条件限制：一是从客观条件而言，应为交易行为当地或者行业通常采用的做法；二是从主观条件而言，为交易对方知道或应当知道，以加强对不了解当地习惯或者缺乏业内经验的相对人的保护；三是从交易习惯的时间节点来看，应为订立合同时知道或应当知道的习惯做法。

第二，依照上述标准仍然不能确定的，则应当按照《合同法》第62条有关价款或者报酬不明确的如何履行的规定进行判断。

《合同法》第62条关于合同约定不明时的履行规定："当事人就有关合同内容约定不明确，依照本法第61条的规定仍不能确定的，适用下列规定：……（二）价款或者报酬不明确的，按照订立合同时履行地的市场价格履行；依法应当执行政府定价或者政府指导价的，按照规定履行。"即就利息约定不明时，可以以订立民间借贷合同时合同履行地的商业银行同期同类贷款利率计息。

综上，对于借贷双方的利息约定不明时，出借人请求支付利息的，应当结合借款合同的内容、并根据当地或者当事人的交易方式、交易习惯、市场利率等因素综合确定。本《关于审理民间借贷案件适用法律若干问题的规定》在制定过程中，考虑合同履行地商业银行同期同类贷款利率种类较多，计算复杂，试图将对于利息约定不明情形统一裁判标准，确定统一年利率计算利息，后考虑一方面既应考虑利率问题统一规定，另一方面仍需尊重当事人借款合同内容及交易方式、交易习惯的差异，不作统一规定。

本案中通过庭审调查以及原告提交的相应证据，被告因资金周转困难需要用钱特向原告借款，先后分5次向原告共借款本金45万元人民币，并对利息作相应约定。在之后的时间里，被告一直是按照借款每月2分的利息标准在向原告支付利息，但是从2015年9月开始至今被告既未给原告支付借款利息又未给原告偿还借款本金，经多次催要无果，实属无奈，原告才向人民法院依法提起民事诉讼。尽管被告一再声称已经向原告偿还借款，但是被告并未出示任何证据予以证实，被告出示的还款记录仅能够证实给原告支付的款项，但是通过该证据恰恰能够证实被告给原告支付的款项是属于还款的利息，并非是偿还的借还本金。

原被告双方在3张借条中并没有利息、利率的明确约定，但原被告双方有利率、利息口头约定。即借贷双方对利息没有书面证据证明或者约定不明确情况下，出借人主张有利息约定，借款人抗辩没有利息约定，应根据《合同法》的实体规定及《民事诉讼法》的程序规定，按照高度盖然性原则对利息约定事实进行查明。

我国《合同法》第197条规定，借款合同采用书面形式，但自然人之间借款另有约定的除外。即根据我国法律规定，对民间借贷，原则上要求以书面形式订立，作为借款合同重要内容的利息应该有书面记载，考虑到自然人之间的私人借款，不少是数额较少、时间较短的临时性借用，并且出借人与借款人之间存在比较熟悉的关系，不一定都采取书面的形式，可以由出借人与借款人以其他形式加以约定。对于口头利息的约定，一方面，根据我国《合同法》第 36 条规定，法律、行政法规规定或者当事人约定采用书面形式订立合同，当事人未采用书面形式但一方已经履行主要义务，对方接受的，该合同成立；另一方面，《合同法》第 197 条规定，并非效力性强制性规定，应视作带有指引性质的管理性规定，即在民间借贷合同中，如借贷双方对于利息有口头约定的，法律也认可其合法性。

原、被告双方用实际支付利息的行为对借款本金的利息作出了双方一致的合意，体现了原被告双方的真实本意，从被告支付费用的固定时间和固定金额均可看出是偿还的利息，并且在起诉之前原告仍与被告通话要以被告的房产偿还原告的借款，同时在原告提出被告尚未清偿借款时并未反驳自己已经清偿完原告所有的借款。所以，按照一般借贷关系及原被告之间的交易习惯，也可以确认原被告之间约定了借款利息以及并未偿还过借款本金。

所以，从现有的证据和案件事实来看，可以证明被告至今仍然拖欠原告的 45 万元借还本金未偿还，并拖欠 2015 年 9 月 2 日至今的借款利息，借款利息应当按照月息 2% 的利率计算。

2. 本案债务，被告张某应承担连带责任。其一，被告孙某与被告张某系夫妻关系，本案借贷关系发生在夫妻关系存续期间；其二，借贷当时，孙某并没有声明此债务为个人债务，且孙某从事经营活动，其收入是家庭经济的主要来源；其三，我国《婚姻法》第 17 条第 1 款第（二）项关于生产、经营的收益属于夫妻共同财产规定，以及《婚姻法司法解释（二）》第 24 条规定，债权人就婚姻关系存续期间夫妻一方以个人名义所负债务主张权利的，应当按夫妻共同债务处理。所以，被告张某应当对孙某债务承担责任。

三、本案被告孙某的抗辩意见

本案被告抗辩的思路主要是原告请求支付 3 张借条利息的请求不成立。理由是：

合同是明确当事人之间权利义务的法定依据，本案中，被告一共给原告打过5个借条，每一个借条都是一个独立的法律关系，在其中的3张借条中，明确了借款金额，其意思表示是明确的、完整的，原告也是同意的，不存在任何隐瞒和欺骗。我国《合同法》允许民间借贷约定高于银行同期贷款利息，也认可无息的借贷。既然，在3张借条中，没有约定利息，被告当然就不承担支付利息的义务。原告所谓口头约定月息2%的说法缺乏证据，也不属实。

四、本案被告张某的抗辩权分析

本案中被告张某的抗辩思路同样是原告的请求张某承担连带责任的主张不成立。理由是：

1. 被告张某和被告孙某原系再婚关系，双方于2008年登记结婚，均在机关事业单位工作，有稳定的收入。婚后两人生活居住在男方父母家，日常生活开销均由男方父母承担。张某的工资收入主要用于个人用品和前夫所生子女的生活费负担，在经济上保持相对的独立性。被告张某也向法庭提交了本人工资流水资料，证明婚后经济独立，每月有固定收入的事实。

本案中，孙某在多家银行办理信用卡大额透支，又以资金周转为由，以个人名义向孙某等人借取大额债务，累积债务超过200万元。张某完全不知情，直到2016年5月起，债权人陆续向孙某及其父母追债，张某和孙某父母才知道孙某在外欠下大量债务。张某追问孙某，孙某始终隐瞒事实，双方于2016年5月28日协议离婚。

2. 判断是否夫妻共同债务，并不是以是否婚姻关系存续期间发生债务这一个标准。实践中，认定夫妻共同债务有两个识别标准：一是夫妻有无共同举债的合意；二是夫妻是否分享了债务所带来的利益，只要具备上述两个要件之一，就可认定为夫妻共同债务。但排除债务承担，原告作为债权人需举证证明债务用于夫妻共同生活，这是被告张某抗辩的重点和难点。

在原告出示的借条上"财产共有人"签字栏为空白。这一事实证实了被告张某没有与丈夫孙某共同向他人借款的意思表示。原告未能举证证明该借款用于夫妻共同生活。借条证据恰好符合了《婚姻法司法解释（二）》第24条中"但书"条款，即"夫妻一方能够证明债权人与债务人明确约定为个人债务的除外"。

3. 法院受理案件后，《最高人民法院关于审理涉及夫妻债务纠纷案件适用法律有关问题的解释》颁布生效。该《解释》第3条明确规定："夫妻一方在婚姻关系存续期间以个人名义超出家庭日常生活需要所负的债务，债权人以属于夫妻共同债务为由主张权利的，人民法院不予支持，但债权人能够证明该债务用于夫妻共同生活、共同生产经营或者基于夫妻双方共同意思表示的除外。"本案中，原告王某未能对45万债务属于夫妻共同生产生活所负债务进行有效举证，所以，原告要求张某对孙某45万元债务承担连带责任的主张，缺乏证据，亦缺乏法律依据，法院应当不予支持。

新司法解释通过合理分配举证证明责任，有效平衡了债权人和债务人配偶一方的利益保护。在夫妻一方具名举债的情况下，尤其是大额债务，债权人主张该债务属于夫妻共同债务的，应当承担举证证明责任，否则由其承担举证不能的法律后果，因此在民间借贷过程中债权人要加强事前风险防范，在形成债务尤其是大额债务时，要对债务性质加强识别，避免不必要的损失。

五、法院裁判结论

经审理判决：（1）被告孙某应当偿还借款本金45万元并按照月利率2%支付借款利息；（2）被告张某不承担责任。

案例25

购买车辆不能办理审验手续，买卖合同如何定性？

原告：S公司
被告：N公司

◆ 案情简介

被告N公司于2013年3月购买原告公司生产的液压挂车，按买卖合同的约定，被告N公司已经向原告支付了首期货款50万（合同总价为185万），原告S公司依约定将被告购买的液压挂车运至被告公司所在地，被告在向所在地的税务机关以及车辆管理部门办理车辆购置税以及车管所办理车辆登记手续时，发现原告公司生产的液压挂车并没有在国家公告的目录中，无法办理车辆登记手续。被告协商退货无果，故一直没有向原告支付剩余货款。2013年8月10日原告向法院起诉，要求：被告N公司支付原告S公司所欠货款135万元。

一、案件争议焦点

1. 双方签订的合同如何定性？
2. 被告N公司是否应当支付原告S公司剩余货款？

二、本案原告请求权分析

1. 本案双方当事人关于购买液压挂车的协议，双方当事人均已签字盖章，系双方当事人真实的意思表示，内容不违反法律法规的强制性规定，符合《合同法》关于合同生效的条件，合同合法有效。该协议应当成为认定双方当事人权利义务的依据。

2. 本案合同签订后，原告已经将合同标的物交付给了被告，履行了全部义务，被告已经验收，并支付了部分货款，但仍欠付货款135万元。被告应当依据双方的约定履行支付剩余货款的义务。

3. 本案涉案车辆交付后，所有权已经转移，关于被告车辆无法办理相关手续的事，是属于被告使用财产中产生的问题，属于附随义务，原告可以协助被告办理车辆审验手续，但不能因此而否定购销买卖合同的成立和生效。即便如此，被告作为车辆使用人，在选择购买车辆和签订合同前，应当对产品的用途和相关手续要求以及法律规范有清楚的了解和认知，在整个合同签订和履行过程中，被告从未提出任何异议，所以，造成不能办理相关手续的结果，被告同样存在主观过错。由此而产生的损失，被告也应当承当相应的责任。

三、本案被告的抗辩意见

1. 本案双方当事人签订合同无效。根据工信部联产业〔2010〕453号《关于进一步加速道理机动车辆生产一致性监督管理和注册登记工作的通知》的规定："各地公安机关交通管理部门要按照《机动车运行安全技术条件》（GB7258）、《道路车辆外廓尺寸、轴荷及质量限值》（GB1589）、《机动车登记规定》（公安部令第102号）及《机动车查验工作规程》（GA801-2008）等规定查验车辆，审核机动车所有人提交的有关资料，办理机动车注册登记。审核机动车所有人提交的有关资料，应包括核查和比对《公告》信息、随车配发的机动车整车出厂合格证、机动车外部彩色相片和车辆识别代号拓印膜。对符合要求的，要收存相关资料，按规定办理机动车注册登记。对未按规定列入《公告》或超过《公告》有效期出厂、或车辆技术参数不符合有关国家标准、或车辆技术参数和相片与《公告》不一致、或车辆识别代号拓印膜和实际车辆不一致的产品，不予办理注册登记"，该项规定属于政府的强制性规定。我国《合同法》第52条明确规定："有下列情形之一的，合同无效：……（五）违反法律、行政法规的强制性规定。"所以，本案双方签订的液压挂车购销合同无效。

2. 本案中，被告不但不应当支付剩余货款，而且原告应当退还被告已经交付的首付款50万。我国《合同法》第58条规定："合同无效或者被撤销后，因该合同取得的财产，应当予以返还；不能返还或者没有必要返还的，应当折价补偿。有过错的一方应当赔偿对方因此所受到的损失，双方都有过错的，应当各自承担相应的责任。"依据该法律规定，被告有权停止支付剩余货款，并负责退还原告交付的液压挂车，原告应当退还被告已经交付的首付款。

3. 倘若法官认定本案合同有效，那么，由于被告购买原告的车辆不能办理审验手续，必然导致车辆无法上路使用，实质上，就是被告签订合同的目的不能实现，我国《合同法》第94条规定："有下列情形之一的，当事人可以解除合同：（一）因不可抗力致使不能实现合同目的；……（四）当事人一方迟延履行债务或者有其他违约行为致使不能实现合同目的；……"该条法律规定的本意在于，确认当事人在不能实现合同目的的情况下，可以依法解除合同，至于不能实现合同目的的原因，不限于法条列举的情形。本案中原告的欺诈行为就属于"其他违约行为"，所以，被告方有权请求依法解除本案购销合同。其次，依据我国《合同法》第97条规定："合同解除后，尚未履行的，终止履行；已经履行的，根据履行情况和合同性质，当事人可以要求恢复原状、采取其他补救措施，并有权要求赔偿损失。"本案中，被告为实现债权所产生的运输费、诉讼费以及律师费都是原告的行为所导致的，应当由原告全额予以承担。

4. 本案中，被告应当提起反诉，要求原告承担被告的损失。理由是：原告作为专门从事车辆生产和销售的企业，应当对自己产品的用途、性能以及国家标准包括国家相关法律、政策非常熟悉，但在合同商议、签订以及履行过程中，根本没有以任何方式提醒被告关于《公告》目录的事情，刻意隐瞒事实，属于民法上的欺诈行为。由于原告的欺诈行为，导致被告购买的车辆不能办理审验手续，更无法上路使用，合同目的完全不能实现，不仅如此，被告退还车辆会产生一定的费用，以及原告起诉被告，被告不得不聘请律师应诉，该两项费用都是原告的欺诈行为所导致的。我国《合同法》第58条明确规定："合同无效或者被撤销后，……有过错的一方应当赔偿对方因此所受到的损失。"所以，原告应当承担返还合同标的物的费用和被告应诉的律师费。

四、法院裁判结论

经审理判决：（1）本案双方签订的《买卖合同》无效；（2）原告退还被告已经交付的首付款50万，原告交付给被告的车辆，有原告负责运回，费用由原告承担。（3）本案诉讼费由原告承担。

案例26

当事人要求依法解除合同，能否再主张违约方支付违约金？

原告：李某
被告：张某

◆ 案情简介

2016年4月20日，经某房屋中介公司介绍，李某与张某签订了《房屋买卖合同》一份，双方在合同中约定：张某自愿将坐落于上海西路亲水苑的一套面积为98平方米的房屋出售给李某，房屋总价款为42万元，买卖合同生效之日李某向张某支付房款12万元，余款30万元在房屋办理权属登记之日付清。张某承诺所出售的房屋的权属明晰，无其他任何产权纠纷，确保该房屋权属的真实性。若双方有一方违约，则需向守约方支付违约金15 000元。合同签订当日，原告向被告支付了12万购房款。但被告迟迟不能办理房屋权属变更手续，经查，涉案房屋于2015年1月5日在某商业银行办理了贷款30万元的抵押（还款期限为2017年1月5日），且被告也承认到期无法归还30万贷款，某商业银行有可能申请拍卖涉案房屋。2017年2月20日，李某诉至法院，请求：（1）请求判令解除李某与张某签订的房屋买卖合同；（2）请求判令被告返还房款12万元；（3）请求判令张某向李某支付违约金15 000元。

一、案件争议焦点

被告张某是否应当支付违约金15 000元？

二、原告请求权分析

1. 《房屋买卖合同》有效。2016年双方当事人签订的《房屋买卖合同》，系双方当事人真实的意思表示，内容没有违反法律、法规的强制性规定，故该合同有效，并应当成为裁判双方当事人义务和责任的依据。

2. 本案中，被告在《房屋买卖合同》中，承诺"所出售的房屋的权属明晰，无其他任何产权纠纷"，但实际上，被告在2015年就将出售的房屋抵押给某商业银行，而且在短时间内不能解除抵押，致使被告不能完全履行交付出售房屋并转移所有权的义务，被告的行为构成根本违约，应当承担违约责任。

3. 由于被告的违约行为，导致原告不能实现合同目的，原告有权依法解除双方的"房屋买卖合同"，《合同法》第94条规定："有下列情形之一的，当事人可以解除合同：……（四）当事人一方迟延履行债务或者有其他违约行为致使不能实现合同目的；……"本案中，房屋买卖的根本目的在于获得房屋产权，而被告的违约行为恰恰使原告获得房屋所有权的目的落空。故，原告有权依法解除双方当事人签订的"房屋买卖合同"。又根据《合同法》第97条规定："合同解除后，尚未履行的，终止履行；已经履行的，根据履行情况和合同性质，当事人可以要求恢复原状、采取其他补救措施，并有权要求赔偿损失。"本案中，被告还应当退还原告已经支付的购房款12万元。

4、原告有权请求被告支付15 000元违约，依据最高人民法院《关于审理买卖合同纠纷案件适用法律问题的解释》第26条规定："买卖合同因违约而解除后，守约方主张继续适用违约金条款的，人民法院应予支持；……"本案中，双方当事人在"房屋买卖合同"，明确约定：一方违约，须向守约方支付15 000元。所以，本案被告应当承担15 000元的违约责任。

三、本案被告的抗辩意见

原告主张15 000元的违约金过高，要求法院予以调整。理由是：最高人民法院《关于审理买卖合同纠纷案件适用法律问题的解释》第26条规定："买卖合同因违约而解除后，守约方主张继续适用违约金条款的，人民法院应予支持；但约定的违约金过分高于造成的损失的，人民法院可以参照合同法

第一百一十四条第二款的规定处理。"《合同法》第 114 条第 2 款规定:"约定的违约金低于造成的损失的,当事人可以请求人民法院或者仲裁机构予以增加;约定的违约金过分高于造成的损失的,当事人可以请求人民法院或者仲裁机构予以适当减少。"同样,根据最高人民法院的司法解释:违约金高于实际损失的 30%,可以认定为"过分高于造成的实际损失"。本案中,原告的实际损失就是被告占用 12 万元 10 个月所产生的银行利息,按照 2016 年银行同期贷款的平均利率 6%/年计算,原告的实际损失为:120 000 元×6%÷365 天×300 天=5917.8 元,该损失的上限应为 5917.8 元×1.3=7693.2 元。而原告主张的 15 000 元违约金远远高于 7693.2 元的上限,故,法院应当根据被告的请求予以调整。

四、法院裁判结论

法院判决:被告返还原告购房款 12 万元,并支付违约金 7693.2 元。

案例27

合伙人之间如何清算盈余？

原告：刘某

被告：王某

◆ 案情简介

2012年5月17日，原、被告为乙方与案外人为甲方，签订一份转让合同，合同载明："一、甲方同意将现运营的天象公司所属白银至天水的客运经营权及车辆宁A223××及宁A114××同时转让给乙方；二、双方商定转让费为贰佰壹拾万元整（2 100 000.00元），包括转让所产生的相关费用；三、交车日期双方约定在2012年6月1日；四、乙方交付甲方转让定金壹拾万元整（100 000.00元），余额于交车日在乙方认可所有转让手续后，付给甲方贰佰万元整（2 000 000.00元），注：交车时乙方先付给甲方壹佰捌拾万元整。"

后原、被告购置一辆新车宁A334××，总价款为780 000元，以宁A114××号车辆折价200 000元，需另付580 000元，以上共计2 680 000元。2012年5月17日协议签订当天，原告支付定金21 000元，被告支付定金79 000元，共计100 000元。2012年6月1日，原、被告共支付转让费1 800 000元，原告出资850 000元，被告出资950 000元，被告出资950 000元中有其向案外人王某甲借款480 000元（该笔借款原告系担保人）。2012年6月11日，被告向吴某支付转让费100 000元，2012年6月17日，被告向高某支付转让费20 000元。剩余660 000元中，2012年7月1日，原、被告共同贷款280 000元（2012年7月1日至2014年7月1日）用于支付转让费，该贷款及利息2012年7月1日至2013年7月1日每月从两车盈利中扣除相应金额，至2013年7月1日至2014年7月1日期间下剩140 000元，均从被告经营的宁A334×

· 094 ·

案例 27
合伙人之间如何清算盈余？

×号车辆盈利中扣除。其余 380 000 元车款中 338 780 元是原告持共同返款银行卡期间原告支付给原车主，另外 41229 元车款由天象公司从 2012 年 6、7、8 月份盈利中扣除。至此，2 680 000 元车款及转让费全部支付完毕。2012 年 12 月 21 日，原告持银行卡期间将经营收益 100 000 元汇款至被告账户，2013 年 2 月 2 日，原告向被告转款 30 000 元，共计 130 000 元，被告称该款其用于车辆经营。2013 年 5 月 30 日，原告替被告向王某甲偿还借款 130 000 元。2015 年 5 月 25 日，原、被告签订一份转让协议，协议约定："双方当事人王某、刘某于 2012 年 6 月 1 日共同购买白银至天水的大巴两台（宁 A334××、宁 A223××），于 2013 年 7 月 1 日在产权明晰的情况下双方分开经营，甲方负责宁 A334××的经营，乙方负责宁 A223××的经营。"

现由于刘某没有精力经营，决定放弃宁 A223××的经营权，双方协商如下："王某为甲方，刘某为乙方。一、甲方以伍拾万元现金和兴盛花园的两套公寓（4544、4543）置换乙方宁 A223××的经营权；二、车辆自 2015 年 6 月 1 日开始由甲方经营"。后被告又将两车经营权转让给他人。

2015 年 6 月 10 日，原告以合伙经营期间收益未核算为由诉至本院，请求：判令被告支付原告在合伙经营期间（2012 年 6 月 1 日至 2015 年 6 月 1 日）宁 A223××号、宁 A334××号车辆所得利润 420 000 元及出售宁 A223××号、宁 A334××号车辆原告应分得的补偿款 482 520 元，合计 902 520 元。

经法院查明，2012 年 6 月 1 日至 2013 年 7 月 1 日，两辆车未分开经营，两辆车只有一张返款卡（宁 A114××号车辆由原、被告于 2012 年 6 月经营一个月）。原告收取两车 7~11 月份收益共计 797 502.23 元，被告收取两车 2012 年 6 月、12 月、2013 年 1 月~6 月收益共计 770 301.72 元。2013 年 7 月 1 日至 2015 年 5 月 24 日，双方分开经营，原告负责宁 A223××号车的经营，被告负责宁 A334××号车的经营，两车各有一张返款卡，经营收益各有自取，原告收取该期间收益 982 949.86 元，被告收取该期间收益 1 309 576.65 元。庭审中，原、被告认可涉案车辆归天象汽车运输有限责任公司客运六分公司所有，原、被告只有经营权。

一、案件争议焦点

1. 原告刘某与被告王某之间的合伙经营结束时间如何认定？
2. 原告刘某与被告王某合伙经营期间出资、债务、收益、支出如何

· 095 ·

计算?

二、原告请求权分析

所谓合伙是指民事主体以资金、技术、劳务等共同出资、共同经营、共担风险的协议。《民法通则》第35条对合伙债务规定如下：合伙的债务，由合伙人按照出资比例或者协议的约定，以各自的财产承担清偿责任。合伙人对合伙的债务承担连带清偿责任，法律另有规定的除外。偿还合伙债务超过自己应当承担数额的合伙人，有权向其他合伙人追偿。合伙人在合伙协议中应当明确合伙人、合伙人出资形式及份额、合伙财产的构成、合伙财产的管理、合伙债务的承担以及合伙终止时的清算程序等。但实践中，当事人订立的合伙协议，内容比较简单，尤其是对于合伙人的份额，是合伙人享有权利、承担义务的依据，如果当事人没有约定合伙人的份额，一般以合伙人出资的比例计算，并按照合伙人的出资比例，计算合伙人应当获得的盈余和承担的债务。

1. 原、被告共同出资，合伙经营，合伙协议系双方当事人的真实意思表示，协议内容不违反法律的强制性规定，合伙协议成立并生效。关于合伙人的份额，双方没有约定，应按出资比例分享收益，承担债务。

2. 关于出资经双方核对，原告共出资1 011 000元，被告共出资1 289 000元，共计2 300 000元，原、被告出资比例分别为43.96%、56.04%。

3. 关于债务：(1) 原、被告合伙后，有380 000元新车购车款未支付，应视为合伙债务，其中，原告在其持卡期间共计支付车款338 780元，被告应按其出资比例承担189 852元（338 780元×56.04%），原告应按其出资比例承担148 928元，剩余41 220元从两车盈利中扣除，该41 220元债务，视为双方共同偿还。(2) 原、被告出资时共同贷款280 000元，其中140 000元，从两车盈利中扣除，视为双方共同偿还。下剩140 000元，均从被告经营的宁A334××号车辆盈利中扣除，原告应按出资比例补偿被告61 544元。(140 000元×43.96%)。

4. 关于收益：经双方当事人核对，原告共计收取收益1 780 452.09元；被告共计收取收益2 079 878.37元。

5. 关于支出：经双方当事人核算，原告合伙经营期间总支出为775 350元，被告合伙经营期间总支出为1 491 600元，被告另支出油费57 010元。

6. 关于盈利：以收益减去支出，原告持卡期间盈利为 1 005 102.09 元（1 780 452.09 元 - 775 350 元），被告持卡期间盈利为 531 268.37 元（2 079 878.37元 - 1 491 600 元 - 57 010 元），原、被告总盈利 1 536 370.46 元。

清算结果：(1) 按照出资比例，原告应分得 675 388.45 元（1 536 370.46 元×43.96%），被告应分得 860 982.01 元，原告实际收取盈利 1 005 102.09 元，多收取 329 713.64 元，该笔多收取的盈利原告应补偿被告。(2) 贷款 140 000 元，均从被告经营的宁 A334×× 号车盈利中扣除，原告应补偿被告 61 544元。(3) 原告在其持卡期间用车辆收益偿还 338 780 元债务，被告应按其比例承担 189 852.31 元，故被告应当补偿原告 189 852.31 元。(4) 2012 年 12 月 21 日，原告向被告转款 100 000 元，2013 年 2 月 2 日，原告向被告转款 30 000 元，共计 130 000 元，被告称该转款用于车辆支出，因该期间支出已计入被告个人支出，故被告应向原告补偿 130 000 元。原告替被告向案外人偿还借款 130 000 元，被告同意诉讼中将该款从原告应付被告款项中扣除。

故原告应向被告支付 391 357.64 元（329 713.64 元+61 544 元），被告应向原告支付 449 852.31 元（189 852.31 元+130 000 元+130 000 元）双方相抵后，被告应付原告利润 58 494.67 元。

因车辆所有权归客运公司，原、被告只有经营权，原、被告签订转让协议后，两车经营权均归被告所有，原告无权分割被告转让车辆所得，故对原告要求被告支付出售宁 A223×× 号、宁 A334×× 号车辆补偿款 482 520 元的诉讼请求不予支持。

三、本案被告王某的抗辩意见

原、被告在共同经营期间，账目混乱，法庭应对双方的账目进行清算，确定出资比例和经营收益，分开经营后，是自负盈亏，此期间的费用不应混淆计算，自原告将车辆经营权转给被告后，其实双方就是对各自的收益进行了结算，并且就经营期间的债权债务以及购买原告所管理车辆的经营权进行了核算，并支付了对价，只是协议上没有表述清楚。合伙经营期限应该截止于 2015 年 5 月 31 日，原告无权分割此后被告对两辆车进行转让的费用。

四、法院裁判

被告王某向原告刘某支付利润 58 494.67 元；驳回原告的其他诉讼请求。

案例28

出租违章建筑，是否有权请求承租人承担违约责任？

原告： 马某，个体业主

被告： 李某，个体业主

◆ 案情简介

2013年4月，马某在其房屋旁边自建了100平方米的彩钢板房并出租给李某，双方约定：(1) 马某将彩钢板房出租给李某，租期2年，自2013年5月1日~2015年5月1日；(2) 租金每月200元，于2013年5月1日前交付第一年的租金，2014年5月1日前交付第二年的租金；(3) 任何一方违约，将支付租金总额30%的违约金；(4) 本合同自双方签字后生效。双方签字后，马某将彩钢板房的钥匙交给李某，李某支付了第1年租金2400元。2014年5月1日后，李某未再支付租金，马某多次催要，李某总是推脱，2015年2月1日，马某起诉到法院，要求：(1) 李某立即迁出并交还涉案房屋；(2) 支付自2014年5月1日起到实际迁出之日止的租金及使用费，其中租金1800元。(3) 支付违约金1440元（200元×24个月×30%）。

李某则辩称，涉案出租房屋未取得建设工程规划许可证，是违章建筑，甲不得出租，不具备租金和违约金请求权，也没有权利要求被告迁出。

经法院查明，马某自建的彩钢板房确实没有取得建设工程规划许可证，当地城管部门已经责令马某限期拆除。

一、本案焦点

1. 双方签订的租赁合同是否有效？
2. 如果合同无效，那么，李某实际租用彩钢板房1年零9个月，是否应当向马某支付租金或使用费？

二、本案法律关系

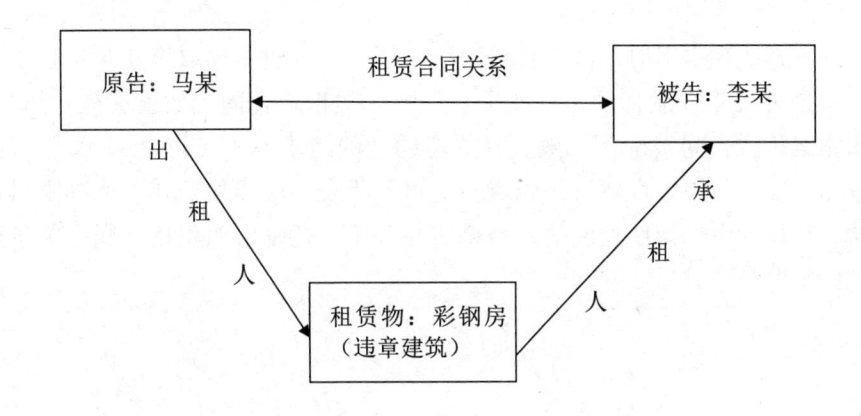

```
   原告：马某  ←——租赁合同关系——→  被告：李某
        出                                    承
        租                                    租
        人  ↘                              ↙  人
              租赁物：彩钢房
              （违章建筑）
```

三、原告马某请求权分析

原告马某请求权的基础是：租赁合同有效和被告租用涉案房屋1年零9个月的事实。为此，原告应当提交的证据包括：第一，涉案房屋属于自建房屋证明；第二，租赁合同原件和被告实际租用涉案房屋的事实。原告阐述的理由应当强调：租赁合同的有效性。重点阐述，即使双方当事人的合同被认定无效，但原告要求被告交还涉案房屋，支付实际租用涉案房屋使用费是具有法律依据的。

四、被告抗辩权分析

本案被告的抗辩理由是：原告请求权不成立。被告论证原告请求权的基础：租赁合同无效，那么，原告请求违约金和支付租金等请求就缺乏合法的依据。这一思路是比较适当的。其法律依据，是房屋等不动产建筑，必须取得建筑工程规划许可证方能施工建设，原告在没有取得规划许可证的情况下，擅自建设房屋违反了行政法律的强制性规定，因此，双方签订的房屋租赁合同应当无效。依据我国《合同法》第58条：合同无效或者被撤销后，因该合同取得的财产，应当予以返还；不能返还或者没有必要返还的，应当折价补偿。有过错的一方应当赔偿对方因此所受到的损失。双方都有过错的，应当

· 099 ·

各自承担相应的责任。所以，被告应当交还涉案房屋，那么，原告也同样应当返还被告已经交付的租金。

五、法官意见

法官在梳理本案时，应当重点说明：第一，自建房要取得建筑工程规划许可证是否属于强制性规定，如果是，则本案租赁合同无效就无效；第二，如果本案租赁合同被确认无效。有关违约金的请求不予支持是毫无疑问的，但承租人实际使用违章建筑是否应当支付使用费？应当按照什么标准支付使用费？法律理由如何阐述？是基于事实和公平？还是参照租赁合同中关于租金的约定？

案例29

不具备购房人资格，经济适用房转让协议是否有效？

原告：周某

被告：李某

◆ 案情简介

2015年12月11日，NJ公司1#楼项目部经理与被告李某签订了一份"顶房协议"。协议约定：由1#楼项目部负责人成某将NJ开发公司新悦小区9#楼4单元503室（经济适用房），面积为93.07平方米的住房一套，作价24万元交付给被告李某，作为李某承包本公司安装工程的工程款。该协议经NJ公司的法定代表人签字认可后并以实施。后因被告李某因工程资金短缺，于2016年5月19日与原告自愿签订一份"顶账房转售协议"，约定将该涉案房屋以22万元的价格转售给原告，协议第1条约定：原告在合同签订时给付被告10万元，剩余款项在被告向原告交付房门钥匙时一次性付清。被告在接受付款后，不得再向他人出售该房屋，如果有此行为，被告应支付原告房屋总价的5%的违约金。协议签订后，原告在签订合同的当天（2007年5月19日）交付了购房款10万元。2008年8月10日，原告路过该房屋时，才得知该房已于2007年7月31日由被告以24万元的价格转售给了许某。许某一次性付清房款并已经在装修房屋。原告要求被告履行协议，但被告却不愿意继续履行协议，被告的行为已经构成了一房二卖的违法行为。为保护原告的合法权益，原告于2008年12月20日向法院提起诉讼。要求：（1）依法确认原告与被告签订的《顶账房转售协议》有效，并继续履行该协议，按时交付所购房屋；（2）判令被告向原告支付违约金11 000元；（3）如果合同无法履行或履行不能，判令双方解除合同，返还已交付的房款10万元，并支付利息9864元

（100 000元×8%利率÷360天×450天）；并支付违约金11 000元；（4）本案诉讼费用由被告承担。

法院查明，当地政府公布的《经济适用房管理办法》规定：购买经济适用住房实行申请、审批和公示制度。本案中的原告周某、被告李某均没有获得《经济适用房准购证》，而许某持有《经济适用房准购证》。另外，截至开庭时间，涉案房屋所属建设项目，具备交付条件，但因开发商所欠银行贷款没有还清，不具备办理房产证的条件。

一、本案焦点

不具备经济适用房购买人的条件，所签订的经济适用房转让协议是否有效？

二、本案法律关系

2006年12月11日	NJ公司与李某约定：将涉案范围作价24万顶账给被告李某。
2007年5月19日	李某与周某约定，将涉案范围以22万转卖给周某。
2007年7月31日	李某与许某约定，将涉案房屋以24万元转让给许某并交付房屋。

三、原告请求权分析

本案原告周某请求权的基础应当是：涉案房屋转让协议成立并有效。为此，原告应当提交的证据包括：房屋转让协议一份和支付10万购房款的凭证。在理由方面，原告应当强调，双方当事人具有完全民事行为能力，涉案房屋转让协议系双方的真实意思表示，所谓经济适用房的购买实行申请、审批和公示制度，仅仅是获得房屋产权的特定形式，不属于行政法规的强制性规定，所以，涉案房屋买卖协议有效，被告应当按照协议约定，履行义务并承担违约责任。

四、被告抗辩权分析

作为被告，李某抗辩的思路应当是：原告的请求权不成立。理由方面，应当阐明经济适用房的买方主体必须符合地方政府的相关规定，没有《经济适用房准购证》的，就不具备购买涉案房屋的主体资格。这一点，原告应当清楚，故双方关于涉案房屋买卖的协议属于无效合同。对于无效合同的订立，原告也有过错，被告只负责退还 6 万元购房款，其余请求应当驳回。

五、律师分析

法官在梳理办案时，应当考虑到，经济适用房是我国政府为解决特殊群体的居住问题所采取的一种特殊政策，各地政府对于经济适用房的购买人都有明确的条件限制，且应当公示，接受群众的监督，此种限制性规定应当属于对购买人权利资格的限制，不符合条件者是不具备签订经济适用房买卖协议的主体资格，所以，本案中原告与被告的顶账房买卖协议应当是无效的，法官应当按照无效合同的规定，责令被告返还原告已经支付的 6 万元，因协议无效，违约金是不应当支持的，但被告占用原告 6 万元资金 1 年零 3 个月的利息损失，应当参照银行同期贷款利率，予以赔偿。

案例30

拾得遗失物再次丢失，赔偿责任如何认定？

原告：吴某

被告1：李某

被告2：李小某（21岁，系被告李某之子）

◆ 案情简介

2014年9月29日早上6时许李某在西街路口看见一只金毛猎犬无人照料，便主动挑逗该狗，与狗熟悉后用其三轮车将该狗带回家。李某之子李小某当天早上7点半带着该狗到单位上班，中午回家吃了午饭后又将该狗带到西街路口向他人询问狗的主人，因无人认领，在13时许将该狗释放，现该狗不知所向。原告吴某系该狗的主人，在多方寻找无果后，向当地公安局派出所报案。

经法院查明：2013年8月28日，吴某以13 000元的价格购得金毛猎犬一只，并长期对其加以训练培训。2014年9月29日5时40分，该金毛猎犬从家中走出后未见归来。吴某寻找无果后立即前往当地公安局派出所报案，经派出所监控调查发现，该犬于当日5点55分许在距离吴某住所几百米的西街路口被李某抱上三轮车带走。该犬被李某带走时，无狗牌和狗圈。公安人员立即对李某进行谈话，李某之子李小某在派出所谈话中承认其父亲将狗领回家的事实。但声称自己已将金毛猎犬放走，去向不明。

2014年10月20日原告吴某向法院起诉，请求：(1) 李某、李小某共同赔偿原告损失24 000元；(2) 被告承担本案诉讼费。

一、案件争议焦点

拾得遗失物再度丢失，拾得人是否存在过错？

二、原告请求权分析

李某将该猎犬带回家，其行为应认定为拾得遗失物。按照《物权法》第109条的规定，拾得遗失物，应当返还权利人。拾得人应当及时通知权利人领取，或者送公安机关等有关部门。《物权法》第111条规定，拾得人在遗失物送交有关部门前，应当妥善保管遗失物。因故意或者重大过失致使遗失物毁损、灭失的，应当承担民事责任。

本案中，李某作为拾得人，未尽到上述义务，应当承担相应的民事责任。虽然李小某未实施将猎犬擅自带回家的行为，但基于后续保管的事实，李小某同样负有上述义务。根据李小某的陈述，从其开始保管猎犬到最后将猎犬带到路口释放，以及中途往返家中的前后时间跨度来看，在无法通知权利人的情况下，应当及时移送公安机关处理，故李小某存在故意或者重大过失。李小某与李某构成共同侵权，应当承担连带赔偿责任。

三、本案被告的抗辩意见

造成原告猎犬丢失，主要过错责任不在被告，应当承担次要责任。理由是：本案李某将猎犬挑逗到三轮车上并在路口观望十来分钟，但猎犬主人仍未出现，可以认定该猎犬系遗失物。从因果关系而言，即使李某未将猎犬带回家，吴某也未必能够寻回；同理，即使李小某已将该猎犬在原地点释放，吴某也未必能够寻回。李某、李小某的侵权行为与猎犬丢失之间不存在必然的因果关系，而是偶然的因果关系，原告未尽到妥善的看管义务是猎犬丢失的主要原因，李某和李小某的侵权行为是次要原因。另外，猎犬平时会跟随陌生人也是原因之一。所以，即使被告有过错，也不应当承担主要过错责任。

四、法院裁判结论

经审理判决：（1）李某、李小某共同赔偿吴某经济损失3000元；（2）驳回吴某的其他诉讼请求。

案例31

本案是请求解除租赁合同？还是应当请求返还原物？

原告：马某

被告一：杨某

被告二：曹某

◆ **案情简介**

原告诉称，2009年1月6日，原告的丈夫丁某生前（已去世）与被告杨某签定了《宅院租用协议书》一份，双方约定：丁将位于平吉堡奶牛场内平房及院子一套出租给乙用于养殖，使用期两年，每年使用费3600元，每年10月份以前交清。使用期间水电费由使用方交付。使用期间，院内设施如有损坏，由使用方负责维修并承担费用。如果有违约，房主丁有权收回使用权，另做处理。杨某付清租金后，该宅院可以转让给杨某，价格为3万元。2009年1月15日，杨某向丁某支付了1000元，然后再没有付款。

合同签订后，丁某和妻子马某到北京带孙子。2011年8月28日，原告丈夫丁某在北京突发心梗去世。因被告杨某未履行协议约定，2011年9月1日，原告找到要求被告杨某要求返还房屋，并支付宅院租金。这时，才知道，被告杨某已经将该宅院卖给被告曹某，宅院实际由曹某使用。当天，原告诉至法院，请求依法判令：(1) 被告杨某、曹某返还丁某名下位于平吉堡奶牛场宅院一套；(2) 被告杨某支付拖欠的宅院租金6200元（7200元-1000元）；另支付实际租用涉案宅院8个月（2011年1月6日~2011年9月6日）的使用费2400元（3600元÷12个月×8个月）元；(3) 本案诉讼费由被告承担。

为此，原告提交如下证据：

1.《宅院租用协议书》一份。证明原告的丈夫丁某与被告杨某签订的是

案例 31
本案是请求解除租赁合同？还是应当请求返还原物？

租用宅院合同协议。

2. 结婚证（复印件）一份。证明原告与丁系夫妻关系的事实。

3. 房产证一份（复印件）。证明涉案房屋登记在原告的丈夫丁某名下，共有人为原告。

4. 死亡医学证明书一份（复印件）。证明原告的丈夫丁某已经死亡，原告为本案的适格主体。

被告杨某、曹某对原告所举的证据，质证如下：

被告杨某对原告所举的证据 2.3.4 无异议；对证据 1 的真实性无异议，对其证明问题有异议，认为双方签订的是房屋所有权转让协议，故原来的租用意思已经作废。被告曹某对上述证据均无异议。

被告杨某辩称，原告的陈述与事实不符。首先，被告与原告的丈夫丁某最终签订的是房屋所有权转让协议而非租赁协议，双方在房屋所有权协议中约定，房屋价款为 3 万元，且原告的丈夫丁某据此协议，于 2009 年 1 月 15 日已收取被告支付的购房款 1000 元，并出具了收款收据，现被告尚欠原告房款 29000 元。

原告及其丈夫丁某与被告系同事关系且有着多年交情，原告当时也同意将该房屋卖给被告，其并非不知情。故原告要求返还房屋是对该房屋作价买卖转让事实的否认和房屋转让协议的反悔。原告从北京回来后于 9 月 1 日向被告索要房款，被告同意给付剩余的房款并不存在的拒付房款的事实。最后，被告自从住进该房屋后，投入了大量经济和精力进行了维修和改造，故请求驳回原告要求返还房屋的诉讼请求。

被告杨某为支持其辩解，向本院提交了如下证据：

宅院所有权协议书及收条一份。证明原告之夫丁某通过该份所有权协议书将房屋所有权转让给被告杨某的事实（与原告马某提交的合同一致）。

原告对该组证据的真实性无异议，但对其证明问题有异议，认为该协议书只能证明房屋归被告杨某租用而不是归其所有。被告曹某对该组证据无异议。

被告曹某辩称，我并不知道原告和被告杨某之间的事情，当时经人介绍我在被告杨某处买的住房，双方约定：杨某将宅院转让给曹某。价格为 5.2 万元。现房款已经付清，我也已经入住。因被告杨某称房产证已丢失，至今没有办过户手续。

被告曹某为支持其辩解，向本院提交如下证据：

协议书一份。证明被告曹某与被告杨某之间通过签订房屋买卖协议书，将涉案房屋转让给被告曹某的事实。

原告对该证据不予认可，认可因被告杨某是无权处分人，在隐瞒原告的情况下将涉案房屋转让给被告曹某是不合法的。被告杨某对该证据无异议。

法院查明：涉案房屋的房产证（平吉堡奶牛场房产所有证编号00992）记载产权人为丁某，属于原告与丁某婚姻期间的共有财产。该房产证中后附有管理规定，其中第3条中说明：本场范围内的房产、需要转移、变更时，须经场房管部门办理转移、变更手续。并只限于在本场职工范围内进行，不准卖给无户人员。本案曹某不属于平吉堡奶牛场职工，至今，涉案房屋未办理变更登记手续。

一、本案焦点

丁某与杨某所签协议是宅院租赁合同还是买卖合同？

二、本案法律关系

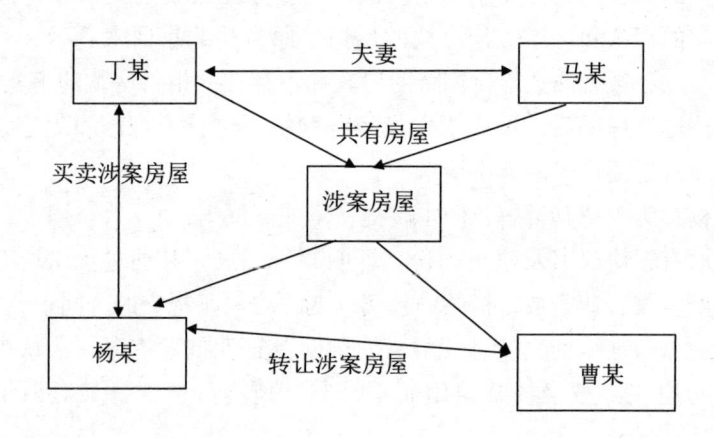

```
   丁某 ←—— 夫妻 ——→ 马某
     ↘              ↙
       共有房屋
         ↓
       涉案房屋
       ↗      ↘
买卖涉案房屋        
     ↓              ↓
   杨某 —— 转让涉案房屋 —→ 曹某
```

三、原告请求权分析

原告马某的请求权应当是请求解除租赁合同，继而返还房屋。理由是，第一，返还原物请求权是针对非法占有人，本案中，协议中有关房屋转让的约定是附条件的，即"在杨某付清两年的房屋租金后，如果杨某需要，可以转让给杨某，房价3万"，而本案中，房屋转让的条件没有成就，所以，有关房屋买卖的约定不生效。而杨某也并非房屋的买受人。但有关房屋租赁的约定是有效的。是原告的丈夫丁某将涉案房屋交付给杨某使用的，杨某对房屋的占有是由合同依据的，不存在非法占有。所以，原告请求杨某返还原物，与请求权的基础不合逻辑；第二，基于原告丈夫与杨某的房屋租赁协议，杨某存在违约的事实，一是没有按照约定交纳房屋租金，二是擅自将涉案房屋转让他人。依据《合同法》第224条和第227条的规定，出租人均有权解除合同。合同解除后，被告杨某返还租赁物是必然的义务。至于杨某与曹某的纠纷属于另一个法律关系。

四、被告抗辩权分析

1. 本案被告杨某抗辩的思路不应当否定租赁合同，应当是：论证原告请求返还涉案房屋的权利不成立。其一，合同中约定被告付清租金后，房屋将转让给被告，并没有约定租期届满后原告可以收回房屋；其二，被告愿意付清租金，并愿意支付宅院的价格3万元，原告应当办理宅院过户手续；其三，被告应当支付的租金是合同中约定的两年租金6200元（7200元－1000元）。按照合同约定，租期届满后是原告应当及时办理过户手续，现在是原告反悔，双方发生争议，不应当推定为继续租用宅院，所以，原告主张8个月的宅院使用费没有依据。

2. 本案中曹某的抗辩理由应当是：曹某占有涉案房屋具有法律依据，曹某与杨某的房屋买卖合同是双方当事人真实的意思表示，内容合法，合同有效。曹某基于有效合同占有、使用房屋是合法行为。不应当承担任何法律责任。

案例32

是否预先在本金中扣除利息，如何认定？

原告： 张景高（化名）

被告： 高树明（化名）

◆ 案情简介

2013年5月30日，原告诉至法院，称被告在2012年曾3次向原告借款55万，至今未还，要求被告支付借款55万，并支付逾期还款利息20 625元（550 000元×9%利率÷360天×150天）。

被告高树明称，实际上，第一次借钱拿到了4万元，利息为20%，已从本金中扣除，同样，第二次实际拿到的借款是16万，第三次实际借钱24万。

原告提供证据如下：

证据1：借条一张
借　条 今向张景高借钱5万元。年底前还清。 高树明　2012年3月5日
证据2：借条一张
借　条 今向张景高借钱20万元。年底前还清。 高树明　2012年4月19日
证据3：借条一张
借　条 今向张景高借钱30万元。年底前还清。 高树明

庭审中，原告称所有借款都是交付现金，除借条外，没有提供其他现金

支取的凭证，第三次借款大概是在 2012 年 5 月，具体日期记不清了。被告称，原告早年炒股，有一定的积蓄，在担任公司经理之外，还是专门从事个人放贷，利息很高，但从来都不在借条中写明利息，所以被告确实无法提交有关证据，第三次借款是在 2012 年 5 月，具体日期记不得了。

一、本案焦点

仅有三张借条，无其他证据，借款数额及利息能否认定。

二、本案法律关系

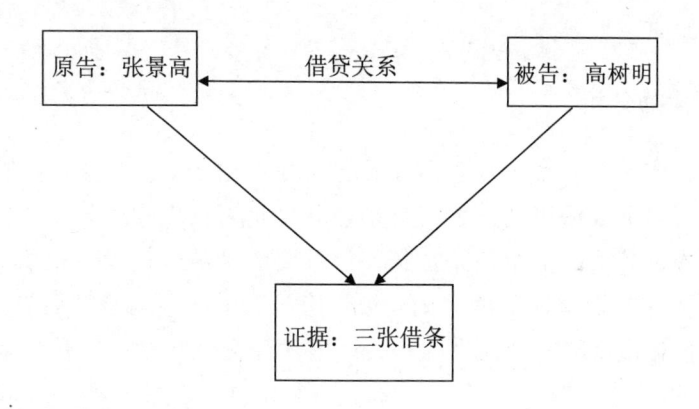

```
原告：张景高  ←— 借贷关系 —→  被告：高树明
         ↘                    ↙
              证据：三张借条
```

三、原告请求权分析

本案原告请求权的基础是：第一，三份借贷合同都有债务人的亲笔签字确认，是双方当事人的真实意思，成立并有效；第二，债务人债务期限届满没有履行还款义务；第三，在借款合同中，因双方当事人系朋友关系，故没有约定利息，但根据我国《合同法》第 207 条的规定："借款人未按照约定的期限返还借款的，应当按照约定或者国家有关规定支付逾期利息。"故被告应当支付逾期还款的利息。

四、被告抗辩权分析

本案被告的抗辩思路应当是：最主要的是要提供有利的证据，能够形成一个证据链，证明原告实际交付给被告借款金额的客观事实。虽然法院不能仅凭三张借条判断借款金额，但被告也必须提供相关的证据。在不能提供有效证据的情况下，抗辩的思路只能是：原告的请求权不成立。原告与被告属于一般的熟人，几十万的借款不要利息，也不要求担保，不符合常理，事实就是高利息预先从本金中扣除的做法，原告可以凭借借条上的数额获得利益，所以，才敢签订无担保，无利息约定的借款合同。依据是我国《合同法》第200条规定："借款的利息不得预先在本金中扣除。利息预先在本金中扣除的，应当按照实际借款数额返还借款并计算利息。"本案原告就是在本金中预先扣除了20%的利息，被告3次借款的实际数额是44万元；其次，对于逾期还款的利率，鉴于原告在本金中预先扣除利息行为违法，是明知故犯，所以，利息的请求不应当支持。

五、律师分析

法官在梳理本案中，关键的问题是三张借条的认定问题，本案中，借款关系是双方当事人认可的，争议就是在利息是否预先在本金中扣除的问题，原告没有提供其他的资金往来证据，但重要的是被告也没有提供任何证据，按照"谁主张，谁举证"的原则，被告应当对举证不利承担后果。考虑到，原告也不能提供借款资金往来的相关证据，有关利息的主张不予支持，也是合乎公平的。

案例33
借条的真实性如何甄别？

原告：G化工公司
被告：江某

◆ **案情简介**

2013年3月4日，被告江某为资金周转与原告G化工公司签订借款合同一份，约定被告向原告借款150万元，月息2分，借款期限24个月。合同签订后，原告依约向被告江某的账户转款150万元。借款期限届满后，原告多次催要借款无果，2016年5月3日，原告G化工公司以江某为被告向人民法院提起诉讼。请求：（1）被告向原告清偿借款本金150万元，利息114万元（自2013年3月4日至2016年5月3日，请求计算至本金还清之日）；（2）本案诉讼费由被告承担。

一、案件争议焦点

原、被告是否存在借贷关系。

二、原告请求权分析

相较于说理，打官司更重视以确凿的证据证明待证事实。我国法院一贯坚持"以事实为依据，以法律为准绳"的审判原则，所以，律师的法律知识储备固然重要，但对于每份证据的真实性、合法性和关联性以及各证据之间逻辑关系的掌控也同等重要。特别是在民间借贷案件中，只有形成合理合法的证据链，才能完成原告的举证责任，使其诉讼请求得以被支持。

我国法律虽然认可民间借贷行为，也允许民间借贷的利息高于银行同期贷款利率，但事实上，近几年社会上出现的各种不规范的民间借贷形式，乱象丛生，甚至人为的设置陷阱，例如目前较为常见的"套路贷"。"套路贷"的"借款"是犯罪嫌疑人侵吞被害人财产的借口，所以"套路贷"是以"借款"为名行非法占有被害人财物之实，其特征为：一是制造民间借贷假象，对外以"小额贷款公司"名义招揽生意，与被害人签订借款合同，制造民间借贷假象，并以"违约金""保证金"等各种名目骗取被害人签订"虚高借款合同""阴阳合同"及房产抵押合同等明显不利于被害人的合同；二是制造银行流水痕迹，刻意造成被害人已经取得合同所借全部款项的假象；三是单方面肆意认定被害人违约，并要求被害人立即偿还"虚高借款"；四是恶意垒高借款金额。在被害人无力支付的情况下，被告人介绍其他假冒的"小额贷款公司"或个人，或者"扮演"其他公司与被害人签订新的"虚高借款合同"予以"平账"，进一步垒高借款金额；五是软硬兼施"索债"，或者提起虚假诉讼，通过胜诉判决实现侵占被害人或其近亲属财产的目的。"套路贷"在本质上属于违法甚至是犯罪行为，高利贷虽然一定程度上体现了双方的意思自治，但根据最高人民法院《关于审理民间借贷案件适用法律若干问题的规定》，借贷双方约定的利率超过年利率36%（已自愿偿还的），超过部分的利息约定无效，因此高利贷本金及法定利息受法律保护，超过法定的高额利息部分不受法律保护。如果利用合法的外衣来掩盖非法的目的（获取高额利息甚至侵占他人财产），就其行为实质来看，轻则在民事案件中被认定为无效，重则可能构成刑事犯罪。又如2018年2月汕头市公安局所立案侦查的一起涉嫌强迫交易罪、敲诈勒索罪、诈骗罪案件，4名犯罪嫌疑人经事前通谋，纠集其他犯罪嫌疑人等多人，组成"套路贷"犯罪团伙，通过各种途径向社会招揽客户，以"虚增债务""制造流水走账""转单平账"等方式作案，通过各种"套路"制造违约陷阱，以被害人违约为名收取高额滞纳金、手续费，从而恶意垒高借款金额。其中，一名被害人最初借款仅10万余元，经犯罪嫌疑人使用多种违法犯罪手段不断垒高借款金额，被害人在出售自住房屋抵债后，仍被迫签订一张22万元的"虚高借款合同"，最终被迫还款总计140多万元。因此，在民间借贷案件中，不仅要甄别借款行为是否真实发生，还要就借款的本金与利息做严格区分，在法律规定的范围内合理的主张债权。

在本案审理过程中原告出示了"借款担保合同"一份，欲证明原告为出借人、被告为借款方，借款金额为150万元，双方存在借贷关系。

三、本案被告江某的抗辩意见

而被告江某辩称，其未向原告提出过借款，也没有和原告签订任何借款合同，原告在诉状中所陈述的150万元借款，是被告江某在2013年3月4日向原告的前任法定代表人李某个人所借。当时被告与李某个人签订了借款合同，合同约定借款期限为8个月，利息为月息2分。合同签订后，被告江某收到了李某支付的150万元，后被告一直按照李某的指示向其账户还款，截至2013年12月底，该笔借款的本息已经全部清偿完毕。李某和原告也再未向被告主张过权益，故原告的诉请没有事实和法律依据。

案件审理过程中被告提供的证据包括：（1）银行交易（转款）凭证9张（用于证实被告向李某还款的事实）；（2）手机短信信息6条（用于证实被告一直与李某联系要求返还已还清借款的借款手续）；（3）企业变更信息查询表（用于证实李某自原告公司2011年成立至2013年7月1日一直担任原告公司的法定代表人）。同时申请法庭对该"借款担保合同"是否存在拼凑、换页、变造进行鉴定。

法院经委托某司法鉴定中心进行鉴定，鉴定书的鉴定意见为：签约日期"2013年3月4日"、签约地点"银川市××区"、借款人"江某"、出借人"G化工公司"的《借款担保合同》第1页与第2、3、4页不是一次性编辑排版、一次性输出形成；合同中第1页所有填写字迹和第3页上"壹佰伍拾万正"填写字迹以及第4页"2013.3.4"日期数字书写字迹是同一人书写，而非同一时间书写，但"壹佰伍拾万正"填写字迹和"2013.2.4"（实际应为"2013.3.4"）日期数字书写字迹是同一支笔、一次性书写形成，不能确定第3页上"江某"书写字迹和第4页上"江某"书写字迹、电话号码"158×××××××"数字是否一次性书写形成，所有字迹均无条件确定具体书写时间；且第1页左页边下方空白部位无装订孔痕迹，第2、3、4页相对部位有装订孔痕迹。

基于以上事实，被告江某主张：

1. 原告提交的主要证据《借款担保合同》经过司法鉴定结论：第1页和第2、3、4页不是一次性编辑排版、一次性输出形成；第1页填写字迹和第3、4页除被告以外填写的字迹不是同一支笔、同一时间书写；第1页纸张色度、装订痕迹有无特征不同。以上结论均表明，该合同的第一页被他人更换过,因此合同系变造所形成,故合同第 1 页中记载的内容非原、被告双方真实意思表示而形成,对借款合同的真实性应予否定,不能认定案件事实的依据。如此一来,原告没有其他证据可以证实其与被告存在借贷关系,因此原告的主张缺乏证据予以证实。

2. 李某作为案件关键性人物,其与原告之间存在特殊身份关系,即系原告公司的前任法定代表人,因此其具备控制原告公司财务、钱款的能力和条件,被告只是通过李某个人借款,至于其款项从何而来,被告无法知晓。只要被告收到借款,借款合同即成立,但借款合同的主体,即被告借款的意思表示发出的对象是李某个人,而李某也从未表明其向被告出借款项是代表公司所为,因此无法证实被告向李某借款等同于向原告公司借款。

3. 被告在庭审中提交了充分的证据可以证实,被告在向李某借款后,早已全部偿还了借款本金,即被告欠款的事实早已不存在。如果再次判决江某承担还款责任,将会产生错判从而给被告造成重复还款的重大损失。

四、法院裁判结论

法院经审理后认为,基于鉴定机构的鉴定意见,《借款担保合同》的真实性及内容的客观性存疑。且案外人李某与被告存在多笔借贷往来,其系原告前法定代表人,其通过原告的账户向被告账户打款的可能性较大,原告仅以其向被告江某账户转款 150 万元的转款凭证主张其与二被告之间存在借贷关系,因上述原因的存在,原告仍应就借贷关系的成立承担举证证明责任,故原告提交的证据不能证明原、被告之间存在借贷关系,原告要求被告偿还借款本金 150 万元并支付利息 114 万元的诉请证据不充分,法院不予支持,从而驳回了原告的诉讼请求。

案例34

未签劳动合同，拖欠工资应当由谁支付？

原告：徐某

被告一：郑某

被告二：希望劳务有限公司

◆ 案情简介

2016年4月5日，原告徐某经被告郑某介绍到被告希望劳务有限公司承建的某小区4、5号楼从事照看工地大门工作。口头约定月工资2000元，工作时间为一年。2016年11月5日，同在工地工作的同事安全员简某找借口无故将原告徐某辞退。截至原告徐某离职时，共工作7个月，但仅支付了2个月的工资，剩余5个月的工资久拖未付，原告徐某多次索要工资未果。于2016年12月5日，原告向法院起诉，请求：(1) 被告郑某、被告希望劳务有限公司共同支付原告劳务费10 000元；(2) 案件诉讼费由两被告承担。

一、案件争议焦点

郑某和希望劳务有限公司是否应当共同对拖欠原告的工资承担清偿责任？

二、对原告诉讼代理的思路和方案

1. 律师会见当事人，了解到以下情况：一是得知原告徐某被开除主要原因是该工地的安全员简某声称发现原告徐某有私自出卖工地财物，所以予以辞退，并决定罚款现金5000元，而简某仅仅是一个工地安全员，根本无权作出此处理决定；二是该工地工程是由被告希望劳务有限公司承建的，被告郑某是该工地的负责人；三是因原告徐某是被工地安全员简某以私自出卖工

· 117 ·

财物为由开除的,并罚款现金 5000 元,故双方之间没有协商处理的余地。

2. 律师收集了相关证据。一是找到工地安全员简某,要求其出具书面的证明;二是寻找工地工友作证人,证人刘某齐、苏某江做了证言,以证实原告徐某的工资和工作情况;三是收集被告郑某给原告徐某发放两个月 4000 元工资的录音证据。

3. 确立申诉主体和诉讼策略。首先,律师找到了劳动监察大队,向当地劳动仲裁部门提起了劳动仲裁申请。该仲裁委作出不予受理案件通知书。主要理由是:劳动仲裁申请书中的申请人年龄 65 岁,超过劳动人事争议仲裁案件受理范围,故对原告的仲裁请求不予受理。

在调解无效的情况下,原告律师向某区人民法院立案庭申请立案,该院立案受理。

4. 原告律师提出的请求权基础:(1)原告与被告郑某之间的事实上的劳务关系成立,有被告郑某自认与原告徐某达成的口头协议及向原告徐某付工资的事实为证。我国《劳动合同法》第 7 条规定:"用人单位自用工之日起即与劳动者建立劳动关系。"第 10 条规定:"建立劳动关系,应当订立书面劳动合同。已建立劳动关系,未同时订立书面劳动合同的,应当自用工之日起一个月内订立书面劳动合同。用人单位与劳动者在用工前订立劳动合同的,劳动关系自用工之日起建立。"可见,是否成立劳动关系,主要依据是以双方存在用工的事实为,并非以签订劳动合同为依据。(2)原告在被告郑某负责的工地上,实际劳动 7 个月,被告只支付了两个月的工资 4000 元,欠 5 个月的工资,共计 10 000 元。

三、本案被告郑某的抗辩意见分析

1. 原告私自变卖工地财物,被公司安全员给予 5000 元的罚款,与原告的工资折抵,所以,被告不欠原告的工资。

这一抗辩意见是不会得到法院的认可,理由是:其一,郑某始终没有提供原告私自变卖工地财物的证据,所谓的安全员简某也没有出庭作证;其二,所谓"原告私自变卖工地财物"的行为与被告欠付原告工资的行为完全是两回事,二者之间没有关联性。更重要的是:被告郑某和安全员均没有对公民进行罚款的权力。

2. 原告已经超过 60 岁,不具备建立劳动合同的条件,希望劳务公司没有与原告协议任何用工的问题,完全是郑某临时聘请原告承担工地看门的任务,并基于此给予一定的劳务费。被告与原告之间不属于劳务法律关系,这一点劳务仲裁委也是认可的。

这一意见,法官有可能部分支持,因为,被告郑某聘用原告完成一定的工作任务,并承诺支付每月2000元的报酬,就是事实上的一种劳务合同关系。这与劳动仲裁委员会是否受理仲裁是两回事。不能因为劳动仲裁委不予受理,就否认原告为被告郑某提供劳务7个月,郑某欠原告5个月的劳动报酬的事实。

四、法院的裁判意见

经审理,法院最终认定:(1) 因原告徐某与被告希望劳务有限公司之间不存在合同关系,故原告徐某要求被告希望劳务有限公司承担连带付款责任的诉讼主张无事实及法律依据,根据合同相对性原则,对原告徐某的该项诉讼请求不予支持;(2) 对被告郑某提出"原告私自变卖工地财物,被工地罚款5000元"的抗辩,因被告郑某未提交任何司法机关对原告徐某存在私自变卖工地财物的行为进行定性的证据,且被告郑某欠付原告徐某的工资与原告徐某是否存在私自变卖工地财物的行为无关,故被告郑某的该项抗辩理由,不予采信。被告郑某于本判决生效之日起5日内支付原告徐某劳务费10 000元,如果未按本判决指定的期间履行给付金钱义务,应当依照《中华人民共和国民事诉讼法》第253条之规定,加倍支付迟延履行期间的债务利息。

案例35

无因管理行为是否适当？应当如何认定？

原告：程某

被告：王某

反诉原告：王某

反诉被告：程某

◆ 案情简介

程某与王某是邻居，程某在楼顶层的平台上摆放了20盆君子兰花，浇完花以后就去上班。2016年7月8日下午，王某上楼顶收拾晾晒的衣服时突然刮起大风，眼看着就要下大雨，王某发现程某养的花毫无遮蔽，于是动手将花盆搬下楼，在搬运第三盆花时，因不慎摔了一跤，扭伤了自己的脚，同时将程某一盆名贵的兰花摔坏。程某回家后，发现兰花已被摔坏，非常恼怒，认为王某擅自搬动其花盆，由此造成损失，应当负责赔偿。王某认为，其出于好心帮助程某，不应赔偿。程某遂提起诉讼，要求王某承担损害赔偿责任。王某也提起反诉，请求程某支付其因治疗脚扭伤而花费的医疗费。

一、本案争议焦点

王某的行为是否构成无因管理？王某在管理中是否存在管理不当的行为？

二、律师分析

1. 王某是否应当承担兰花毁损的侵权责任要看其行为是否构成无因管理。所谓无因管理是指没有法定义务或者约定义务，为避免他人权益受到损

案例 35
无因管理行为是否适当？应当如何认定？

失，自愿管理他人事务或者为他人提供服务的行为。无因管理的构成要件有三：①为他人管理事务；②有为他人谋利益的意思（指管理人知道管理的系他人事物，并欲使管理的利益归于本人）；③管理人没有法定或者约定义务。我国《民法通则》第93条规定："没有法定的或者约定的义务，为避免他人利益受损失进行管理或者服务的，有权要求受益人偿付由此而支付的必要费用。"管理人只有两种情况下承担一定的赔偿责任，一是违反本人的管理要求或社会常识，使管理效果不利于本人，管理人存在过错；二是管理人因故意或重大过失造成本人损失的。

2. 本案中，原告程某请求权的基础在于：被告王某管理行为明显不当，存在重大过错。比如，第一，当时的情形，王某完全可以电话联系程某，询问处理办法。而王某则擅自做主；第二，在当时的场地，存在可以遮雨的工具，王某完全可以用塑料布将兰花遮盖好，并用几块砖头将塑料布四周固定，以前，程某也是这样处理的；第三，兰花名贵，王某是知晓的，在搬运过程中，应当谨慎小心，而王某仅仅搬运了两盆花就摔倒了，其余在楼顶平台的花依旧遭受风雨袭击，并没有为程某避免多大的损失，王某的行为明显属于管理不当，对于损害的发生存在重大过错。

3. 本案王某反诉请求权的基础在于：

（1）王某实施了管理他人事务的行为。管理事务包含的范围是很广泛的，包括处理、管理、保存、改良及提供各种服务和帮助等，只要是有利于避免他人损失，或有利于他人的行为，都属于管理他人事务的行为，当然，管理人在管理事务中必须明确认识到：他所管理的事务是他人的事务，而非自己的事务，否则，不成立无因管理。从本案来看，被告王某发现原告程某养的花将遭雨淋，遂动手将其搬下楼，被告王某的行为显然是一种为原告程某提供帮助的行为，且王某明确意识到他是在为原告程某提供帮助，所以，可以认定王某是在为他人管理事务。

（2）王某具有为他人利益进行管理的意思。为他人谋利益的意思，简称为管理意思，这是构成无因管理的主观要件，此处所说的利益，既包括通过管理人的行为使本人取得一定利益，也包括因管理人的行为使本人避免一定损失。所谓具有为他人利益管理的意思，就是指管理人意识到他是在为他人利益进行管理或服务，从管理或服务中最终所产生的利益，将属于他人，而非属于自己。当然，管理人通过事务的管理，而使管理人与本人都得到了利

· 121 ·

益，则可以就他人受益部分成立无因管理。从本案来看，被告王某担心原告程某花遭受雨淋，不是为了故意毁损花盆或者将其窃为己有，也不是为了通过搬运行为而向原告程某索赔，尽管被告王某在搬运第三盆花时扭伤了脚，摔坏了一盆名贵的花，且无法继续搬运其他花盆，造成其避免的损失小于其不慎造成的损失，亦不能否认被告王某具有为他人管理的意思。不过，在确定是为他人谋利益的意思时，需要讨论如下几个问题：是否就应单纯以结果为标准来衡量管理人是否具有为他人利益进行管理的意思？从本案来看，王某主观上希望帮助原告程某，但客观上造成了对原告程某的损害，在此情况下，能否说被告王某的行为是有利于本人的？律师认为，不能完全以客观上是否有利于本人为标准来确定管理人是否具有为他人利益而管理的意思，因为，一方面，为他人利益而管理的意思是一种主观动机，而他人最终是否受利益则是一种客观结果，尽管两者具有密切联系，但客观结果并不能完全决定主观动机。从本案来说，尽管王某摔坏了花盆，但不能据此否认其搬运花盆的动机是旨在帮助本人，即使从客观效果来看，被告王某所从事的管理行为毕竟在一定程度上避免了原告程某可能遭受的损失，尽管其避免的损失小于其给原告程某造成的损失，总体上分析，王某的行为还是符合本人的管理要求，因花盆比较重，王某在搬运花盆过程中，因不慎摔倒的过程中，损坏一盆兰花，也不属于故意和重大过失，仍有大量兰花被风雨袭击更不是王某的行为造成的，王某的本意是帮助程某减少损失，至少保住了两盆兰花完好无损，王某的行为不存在不当管理。

（3）王某无法定和约定义务，构成无因管理。王某在无因管理中摔倒受伤，不得不卧床休息，由此产生的医疗费和误工工资，属于无因管理中产生的必要费用，程某应当承担该项费用，所以，还有权要求原告程某相关的支付医药费和误工工资。

三、法院裁判

判决程某支付其因治疗脚扭花费的医疗费。

案例36

如何理解执行异议之诉与确权之诉的关系？

原告：姚某
被告：魏某
第三人：吴某

◆ 案情简介

涉案房屋原登记在原告姚某名下，后于 2005 年以买受方式登记于吴某名下，但一直由姚某居住、使用至今。2005 年，姚某与吴某商定，以房屋买卖形式将姚某名下的涉案房屋出售至吴某名下，由吴某向银行申请住房抵押贷款。于是，在 2005 年 5 月 17 日，双方签订了房屋买卖协议，姚某以 18 万元价款将房屋出售给吴某；2005 年 5 月 26 日，双方办理了过户手续，该房产登记至吴某名下。其后，吴某持房屋买卖协议以该房屋为抵押向银行申请住房抵押贷款 12 万元。依姚某自述，吴某未将 12 万元贷款足额给付姚某，亦未支付购房价款。2005 年 5 月 29 日、2007 年 6 月 28 日，吴某分别向姚某出具书面承诺，言明涉案房产权利仍归姚某所有，吴某系帮其贷款，建设银行 12 万元贷款由吴某承担。

2009 年 6 月 16 日，姚某向法院起诉，请求确认姚某与吴某签订的房屋买卖合同无效、吴某立即办理房屋过户手续等。法院依据上述事实认为：姚某与吴某之间的房屋买卖行为属于双方串通套取银行住房贷款的行为，此行为不仅违背诚实信用原则，同时也损害了国家关于住房贷款的宏观政策，破坏了国家住房贷款的金融秩序，依法应属于无效合同，姚某与吴某对合同无效应承担同等责任。因诉争房产设置了抵押权，且房产登记在吴某名下已 4 年之久，在无证据证实涉案房产已具备能够过户回转的事实下，对姚某主张要求吴某办理房屋过户之诉请不予支持。最终该院对该案判决如下：(1) 姚某与吴某 2005 年 5 月 17 日签订的房屋买卖协议无效；(2) 驳回姚某其他诉讼请求。该判决作出后，姚某、吴某均未上诉，该判决业已生效。

2014 年 3 月 18 日，姚某代吴某提前偿还了银行的住房贷款，现房屋抵押权业已涤除。

另查明，2008 年 2 月 21 日，吴某向魏某借款 39 万元，借款期限为一个月。借款期满后，吴某未能还款，魏某遂诉至法院，经审理判令吴某偿还魏某借款 39 万元及相应利息等。该判决生效后，吴某未按判决履行还款义务，魏某遂于 2009 年 12 月 23 日向法院申请强制执行。执行过程中，法院查实涉案房屋登记在吴某名下，遂于 2010 年 3 月 15 日轮候查封了该房产，并一直续封至今。现法院的轮候查封已变为首轮查封。

2014 年 11 月 10 日，姚某就涉案房屋向法院提出执行异议，法院驳回了姚某的异议请求。2014 年 12 月 18 日，姚某不服该执行裁定，提起本次诉讼，请求：(1) 原告姚某与被告吴某 2005 年 5 月 17 日签订的房屋买卖协议无效；(2) 被告魏某赔偿原告姚某的损失；(3) 本案诉讼费用由被告承担。

一、本案争议焦点

1. 原告对涉案执行标的是否享有物权的实体权利；
2. 法院是否应停止执行行为。

二、原告请求权的分析

(一) 案外人执行异议之诉的受理条件及其与确权之诉的关系

根据最高人民法院《关于适用〈中华人民共和国民事诉讼法〉的解释》第 305 条的规定，案外人提起执行异议之诉除了要满足民诉法规定的起诉的基本条件外，还需具备案外人的执行异议申请已被驳回、案外人的诉讼请求明确排除对执行标的的执行且与原裁判无关、自执行异议裁定送达之日起 15 日内提起这 3 个条件。本案中，姚某作为案外人根据法院的生效判决主张自己才是涉案房屋的所有人，要求停止对涉案房屋的执行，且其向法院提出的执行异议已被驳回，并在 15 日内向法院提起了案外人执行异议之诉，故而法院受理了该诉讼。

但姚某在提出案外人执行异议申请之前，另提起了确权之诉，请求法院确认涉案房屋归姚某所有。这就涉及如何理解两种诉讼之间的关系。对此，最高人民法院显然注意到了这个问题，并认为："案外人在提起执行异议之诉且同时对执行标的提起确权之诉后，又就相同执行标的向其他法院提起确权之诉的，受理确权之诉的人民法院应当将案件移送执行法院一并审理，执行异议之诉已经作出裁判的，则应当驳回起诉。"本案的情况又稍有不同，即姚某是在提起案外人执行异议申请之前就向法院提起了确权之诉，此种情形下，中止审理执行异议之诉亦不失为一种有效的避免方法。

（二）案外人作为执行标的的原所有人在合同无效后主张权利的依据

《合同法》第58条规定了合同无效后，因该合同取得的财产应当返还，但却没有明确原所有人主张返还的依据。本案中，法院已经认定姚某和吴某之间的房屋买卖合同无效，只是考虑到当时涉案房屋尚存在银行贷款未还清、抵押等情况，故驳回了姚某要求办理过户的诉讼请求。但从该判决生效之日起，姚某已是涉案房屋的所有人，无疑其对吴某享有的返还请求权系物权请求权，魏某对吴某所享有的债权请求权不能与之对抗。

魏某在上诉中认为涉案房屋自2005年5月即登记在吴某名下，魏某是因为吴某名下有房产才向其出借借款，故判决损害了魏某基于物权登记公示效力而形成的信赖利益。产生上述问题的根本原因在于我们对公示公信原则的适用范围及其功能目的缺乏深入反思，也与对于既判力理论存有误解有关。从功能和目的上讲，公示公信原则只适用于交易领域中的物权保护问题，其目的在于保护信赖由登记或占有等表征方式所公示的物权状态的交易相对人，以维护交易安全并提高交易效率，而不适用于不存在物权交易且不存在信赖利益损失的案外人执行异议之诉领域。从法价值层面看，公示公信原则只体现了形式正义的侧面，其本身只具有相对的合理性，不能以其作为处理案件的唯一准绳。

（三）执行标的权属明确后能否停止执行？

一般情形下，只要明确了执行标的不属于被申请人所有，则应停止执行，迨无争议。本案中的特殊情形是，申请人魏某对执行标的申请了保全，并以此抗辩应优先受偿。那么，在我国现行法律体系下，保全是否具有类似于抵押这样的优先受偿效力呢？从我国民事诉讼法及相关司法解释关于财产保全的现行规定看，其制度功能主要体现为：一是为金钱请求权的债权判决的执行提供保障,尽可能避免执行难;二是对争议法律关系现状的维护,限制债务人对诉争财产的不当处分,以避免债权人遭受不法损害。但民事诉讼法及相关司法解释并未赋予保全申请人对保全财产实体法上任何优先权,仅为民事诉讼中的程序性事件。基于此,法院对魏某的抗辩意见应当不予采信,判决停止对涉案房屋的执行。

三、法院裁决

(1)确认涉案房产的所有权人为原告姚某;(2)停止对位于涉案房屋的执行。(3)对于要求魏某赔偿原告姚某的损失的主张法院未支持。

案例37

违约金低于实际损失，如何确定赔偿数额？

原告：王某
被告一：徐某
被告二：刘某
被告三：贾某
被告四：方某

◆ 案情简介

原告称被告徐某是从事煤炭倒卖生意的，在2011年1月向原告借款125万元，双方约定利息为月息5%，借款期限为4个月，逾期不还，将按照未还本金数额承担2%的违约金。被告刘某提供担保。但两被告至今未还，多次催要无果。2012年1月20日原告向法院起诉。要求：(1)责令被告徐某偿还借款本金125万元，并支付利息25万元（1 250 000元×5%×4个月）；(2)被告应当承担违约金2.5万元（1 250 000×2%）；(3)责令被告支付逾期还款期间的利息50万元，（利息自2011年5月20日暂计算到2012年1月20日共计8个月；即1 250 000×5%×8）；(4)本案诉讼费由被告承担。

原告提交证据1： （借条一份）	借　条 今借到王某人民币（大写）：壹佰贰拾伍万元（小写1 250 000元）。借款期限—从2011年1月20日至2011年5月20日止。借款月利息5%，如果逾期不还，应继续支付利息外，还应按未还金额2%支付违约金。刘某同意为徐某做担保人。 　　　　　　　　　　　　　　　　借款人：徐某 　　　　　　　　　　　　　　　　代笔人：贾某 　　　　　　　　　　　　　　　　2011年1月20日

· 127 ·

续表

原告提交证据 2：（担保书一份）	担保书 徐某借王某 125 万元，我自愿用我所有资产做担保对借款承担连带责任，担保期为 2 年，担保范围：包括本金、利息、违约金及出借人实际债权支付的费用。 担保人：刘某 证明人：方某 2011 年 1 月 20 日

被告徐某称：利息太高，原告是地头蛇，我是在被逼无奈的情况下向原告出具的借条，该借条意思表示不真实，应当无效。

被告刘某称：担保法规定的担保期限是 6 个月，本案担保期限已经届满，我不应当承担担保责任。

被告贾称：我仅仅是为王某和徐某代谢合同，不承担任何合同义务，也不应当是本案被告。

被告方某称：当时王某让刘某做担保人，我只是证明担保合同的签订，并不是担保合同当事人，不应当成为被告。

但四名被告未提供其他证明。

一、本案焦点

1. 本案中关于利息的约定是否合法有效？
2. 刘某承担担保责任的期限应当如何认定？
3. 贾某、方某是否应当成为被告？

二、本案法律关系

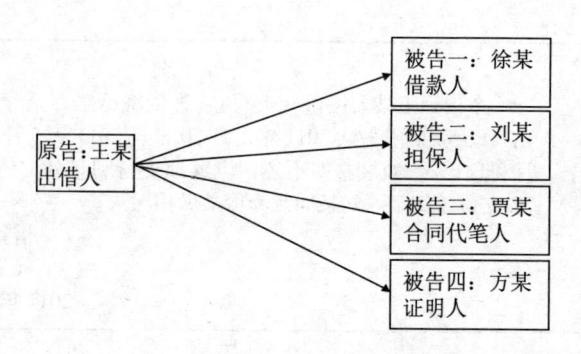

```
                            ┌─────────────┐
                       ────▶│被告一：徐某  │
                      /     │借款人        │
                     /      └─────────────┘
                    /       ┌─────────────┐
┌─────────┐       /────────▶│被告二：刘某  │
│原告:王某 │──────<          │担保人        │
│出借人    │       \────────▶└─────────────┘
└─────────┘        \        ┌─────────────┐
                    \       │被告三：贾某  │
                     \─────▶│合同代笔人    │
                      \     └─────────────┘
                       \    ┌─────────────┐
                        ───▶│被告四：方某  │
                            │证明人        │
                            └─────────────┘
```

三、本案原告王某请求权的基础

第一,借款合同及担保合同都是当事人真实的意思表示,民间借贷的利息也是当地同行的标准,合同合法有效。我国《合同法》第 205 条规定:"借款人应当按照约定的期限支付利息。对支付利息的期限没有约定或者约定不明确,依照本法第六十一条的规定仍不能确定,借款期间不满一年的,应当在返还借款时一并支付;借款期间一年以上的,应当在每届满一年时支付,剩余期间不满一年的,应当在返还借款时一并支付。"本案被告应当依法履行还款和支付利息的义务。

第二,担保合同的期限 2 年也是当事人真实的意思表示,我国《担保法》第 18 条规定:"当事人在保证合同中约定保证人与债务人对债务承担连带责任的,为连带责任保证。"第 26 条规定:"连带责任保证的保证人与债权人未约定保证期间的,债权人有权自主债务履行期届满之日起 6 个月内要求保证人承担保证责任。"就是说,保证期限是在当事人没有约定的情况下,才是 6 个月的期限。本案中,刘某在担保合同中明确约定,承担连带保证责任,并约定保证期限为 2 年,所以,刘某应当承担保证责任。

第三,我国《合同法》第 209 条规定:"借款人可以在还款期限届满之前向贷款人申请展期。贷款人同意的,可以展期。"本案中,徐某在 2011 年 5 月 20 日到期后,没有归还贷款,原告也没有催要,可以推定为双方的借款合同展期,所以,徐某及担保人还应当向原告支付 2011 年 5 月 20 日至 2012 年 1 月 20 日的借款利息。

第四,我国《合同法》第 207 条规定:"借款人未按照约定的期限返还借款的,应当按照约定或者国家有关规定支付逾期利息。"第 114 条规定:"约定的违约金低于造成的损失的,当事人可以请求人民法院或者仲裁机构予以增加;约定的违约金过分高于造成的损失的,当事人可以请求人民法院或者仲裁机构予以适当减少。"本案中,双方当事人约定"按照未归还借款数额的 2% 支付违约金"即 2.5 万元的违约金,低于被告违约给原告造成的实际损失,被告的实际损失就是原告占用借款的利息损失,依据双方当事人的约定,借款利息为月息 5‰,被告实际违约 8 个月,那么,被告造成原告的实际损失为:$1\,250\,000 \times 5‰ \times 8 = 500\,000$ 元,减去违约金部分 2.5 万元,被告还应当支付原告实际损失 475 000 元。

四、本案被告徐某抗辩意见

1. 本案中双方关于利息的约定无效。被告提交了 2011 年度银行贷款基准利率的证据，证明原告涉嫌放高利贷，违反法律的规定，有关利息的约定应当无效。我国《合同法》第 211 条规定："自然人之间的借款合同对支付利息没有约定或者约定不明确的，视为不支付利息。自然人之间的借款合同约定支付利息的，借款的利率不得违反国家有关限制借款利率的规定。"本案中，双方约定的借款利率是月息 5%，相当于年息 60%，而在 2011 年我国银行 6 个月以内的贷款基准利率是年利率 5.8%。所谓高利贷，一般认定为超过银行同期贷款利率的 4 倍。就是说，本案当事人之间的借款利率最高不能超过年利率 24%。所以，本案关于利率的约定违反国家行政法规的强制性规定，应当无效。应当视为借款利息无约定，不支付利息。

2. 本案中借款合同已经就逾期还款的违约行为应当承担的责任做了明确的规定，即"按照未还款数额的 2% 支付违约金"。那么，原告就被告逾期还款期间再次计算利息，要求支付，属于重复计算，法院不应当支持。

五、法院裁判

（1）被告偿还原告本金 125 万；（2）被告支付原告违约金 2.5 万；（3）被告还应当支付逾期还款给原告造成的实际损失 25 000 元 [1 250 000 元×6%（银行同期平均贷款年利率）÷12 个月×8 个月=50 000 元−已经支付的违约金 2.5 万元=25 000 元]。

案例38
股权转让显失公平如何认定？

申请人：甲公司
被申请人：乙公司

◆ 案情简介

2006年9月，甲公司准备转让其全部股份，乙公司有意向购买，甲公司的股权经过丙资产评估机构估价为1800万至1850万之间，2006年11月1日甲公司与乙公司签订协议，协议规定：（1）甲公司股权100%转让给乙公司。（2）股权转让金额1780万元。（3）乙公司在协议签订时首付980万元，以后每年支付200万，于2010年11月30日支付完毕。（4）甲方在乙方交付首付款后10日内负责办理股权转让各项手续并在银川市工商管理局备案。（5）如乙方违约，将承担每天万分之三的违约金。

经双方对账，截至2010年11月30日，乙方共向甲方支付1310万股权转让款。甲公司已经办理完股权转让的各项手续及工商管理备案。现乙公司欠甲公司470万元一直未付，甲方多次催款无果。2012年7月1日，甲方向仲裁机构提前仲裁申请，要求：（1）乙方支付股权转让欠款470万元；（2）乙方支付违约金240万元；（3）仲裁费用3.6万由乙方支付。

乙方辩称：协议签订前，乙方对甲公司的经营状况和市场行情并不是太清楚，自从接管甲公司后，公司经济效益一路下滑，而且公司的市值也不像评估的那么高，股权转让协议显示公平，2006年甲公司的股权市值为900万，1780万的估价过高，显示公平，要求甲方按照900万的合理价格转让股权，甲方退回乙方多交付的410万元。

经查，甲公司的股权评估是由甲乙双方共同选定的丙中介机构进行评估后所做的结论。

一、本案焦点

本案中显失公平是否成立？

二、本案法律关系

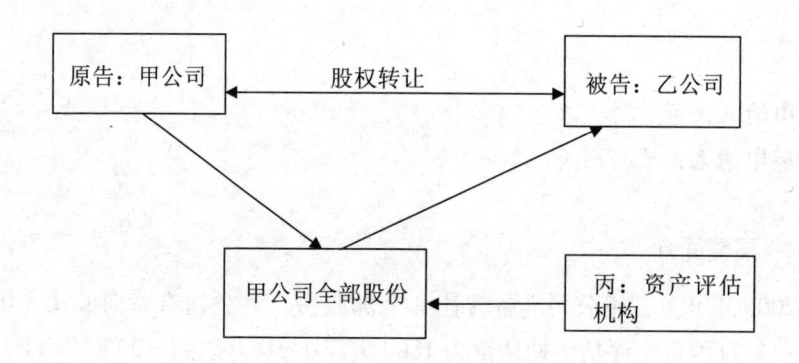

```
原告：甲公司  ←—— 股权转让 ——→  被告：乙公司
        ↘                          ↗
           甲公司全部股份  ←——  丙：资产评估机构
```

三、申请人的请求权基础

第一，股权转让协议系双方真实的意思表示，协议合法有效；第二，申请人已经履行的约定义务；第三，有关股权的股价是由双方共同选择的中介机构进行评估的结论，被申请人所谓显失公平缺乏事实依据。

四、被告的抗辩思路

作为本案被告，其抗辩的思路应当考虑是否存在不履行义务的合法依据方面。而协议显失公平的主张，是应当走请求法院撤销的路径，而且是在知道权利被侵害一年内行使权利，被告既没有显失公平的事实证据，又没有提出撤销之诉，仅仅是因为公司效益一路下滑，根据自己的估计甲公司的股份市值应当是900万元，显然理由不能成立。

案例39
买卖合同中履行顺序如何认定？

原告：王三（化名）
被告：刘四（化名）

◆ **案情简介**

2007年4月20日，张丽与王三签订房屋买卖协议，约定，张丽将其名下的房屋（中兴花园A室）以13万的价格转让给王三，王三首付9万元后，剩余的按揭贷款由王三向银行支付，付清贷款后，张丽将其名下的房屋过户到王三名下。协议签订后，王三得知张丽已经与其丈夫刘四协议离婚，双方约定房屋归刘四所有，该房屋由刘四掌管，刘四的妹妹刘小娟是王三的妻子（2011年与王三协议离婚），2007年4月底，刘四将该房屋交付给王三夫妇，2009年11月4日，王三又与刘四签订房屋买卖合同，约定刘四将其名下房屋：永宁县中兴花园A室转让给王三，房屋总价款13万元，刘四负责将房屋产权过户到王三名下，王三支付房款。当日，王三向刘四支付了8万元，2009年12月10日，中兴花园A室产权人由张丽变更为刘四。2012年2月20日，原告向该县人民法院起诉，要求被告履行合同义务，将原告购买的中兴花园A室的房屋产权过户到原告名下。

经法院调取证据查明：第一，被告系原告前妻刘小娟的哥哥；第二，2007年至2009年期间，某县工行支行的张丽按揭贷款的还款凭证复印件20张。其中王三还款5次，共计11 000元；张丽的母亲黄小芳还款1次，共计1900元；刘四还款2次，共计4500元；张丽还款12次，共计31 400元。第三，2007年4月，刘四将中兴花园A室交给王三居住。

1. 本案原告为支持其诉讼请求，提交一下证据：

证据1：房屋买卖合同 　　张丽将其名下房屋：中兴花园A室转让给王三，房屋总价款13万元。王三支付首付款9万元，剩余的房屋按揭贷款由王三向银行支付，王三还清按揭贷款后，王丽将房屋产权过户到王三名下。 　　　　　　　　　买方：王三　　卖方：张丽 　　　　　　　　　2007年4月20日
证据2：房屋买卖合同 　　刘四将其名下房屋：中兴花园A室转让给王三，房屋总价款13万元，刘四负责将房屋产权过户到王三名下，王三支付房款。 　　　　　　　　　买方：王三　　卖方：刘四 　　　　　　　　　2009年11月4日
证据3：房屋产权登记复印件 　　2009年12月10日，永宁县中兴花园A室房屋产权人由张丽变更为刘四。
证据4：中国建设银行转账凭条 付款方户名：王三 时间：2007年4月20日 付款卡号…… 收款方户名：刘四 收款方卡号…… 转账金额：80 000元。
证据5：离婚协议书 　　王三与刘小娟同意解除婚姻关系，儿子王大龙由王三抚养，所住房屋：中兴花园A室归王三所有。 　　　　　　　　　协议人：王三　刘小娟 　　　　　　　　　2011年8月11日

2. 本案被告刘四辩称：本人只收到原告支付的房款80 000元，原告还差5万元没有支付。为此，刘四提供以下证据：

证据1：房屋买卖合同 　　刘四将其名下房屋：永宁县中兴花园A室转让给王三，房屋总价款13万元，刘四负责将房屋产权过户到王三名下，王三支付房屋价款。 　　　　　　　　　买方：王三　卖方：刘四 　　　　　　　　　2009年11月4日

案例 39
买卖合同中履行顺序如何认定？

续表

证据2：离婚协议书
张丽同意与刘四解除婚姻关系，儿子刘小龙归刘四抚养，房屋：永宁县中兴花园A室归刘四所有；存款8万元归张丽所有。 　　　　　　协议人：张丽　刘四 　　　　　　2006年7月11日
证据3：房屋产权登记复印件
2009年12月10日，中兴花园A室房屋产权人由张丽变更为刘四。

一、本案焦点

王三的购房款是否付清？刘四是否存在先履行抗辩权？

二、本案的法律关系

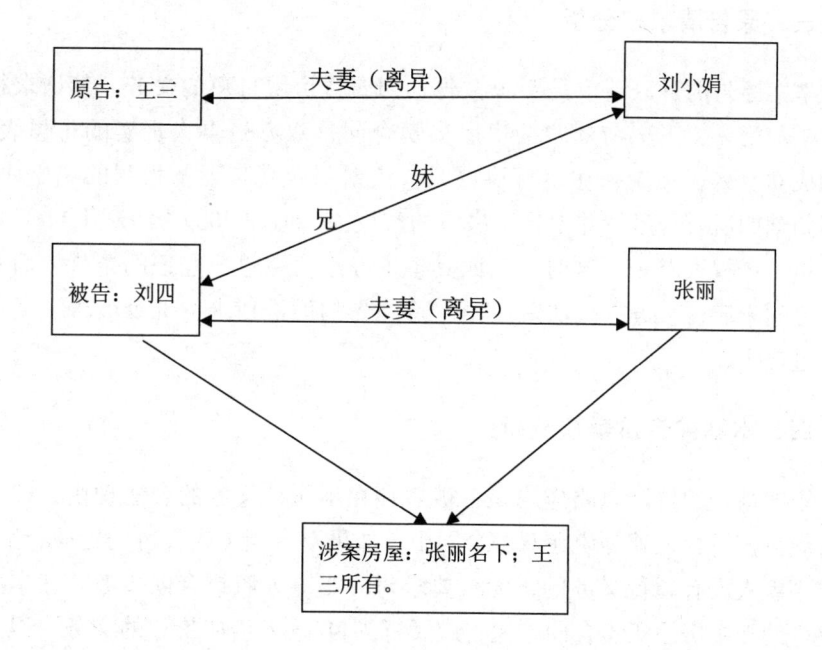

```
原告：王三 ──夫妻（离异）── 刘小娟
                             │妹
                         兄  │
被告：刘四 ──夫妻（离异）── 张丽
         ↘               ↙
      涉案房屋：张丽名下；王三所有。
```

时间	法律事实
2006年7月14日	张丽与刘四协议离婚，双方约定：张丽名下的涉案房屋归刘四所有。

· 135 ·

续表

时间	法律事实
2007年4月20日	张丽将涉案房屋出卖给王三。售房价13万。
2007年4月	张丽将涉案房屋移交给王三居住,但未办理过户手续。
2009年11月4日	刘四将涉案房屋出卖给王三。售房价13万。
2009年11月4日	王三向刘四支付购房款83000元。
2009年12月11日	涉案房屋产权人由张丽变更为刘四。
2007~2009年期间	王三向银行支付涉案房屋按揭贷款5次,合计11 000元。 张丽母亲黄小芳支付涉案房屋按揭贷款1次:1900元; 刘四支付涉案房屋按揭贷款4500元; 张丽支付涉案房屋按揭贷款12次,合计31 400元。
2011年8月11日	王三与刘小娟协议离婚,约定:涉案房屋归王三所有。

三、原告请求权分析

本案原告的诉讼请求是要求被告刘四履行房屋过户的义务。其请求权的基础是:第一,王三与刘四的房屋买卖合同是双方当事人真实的意思表示,合同成立有效。第二,在签订协议时,依据刘四其与妻子张丽的离婚协议,房屋归刘四所有,虽然并不是该房屋的产权人,但在2009年12月11日,刘四获得了产权人登记,这时,刘四具备了办理房屋过户登记的条件,而刘四本人之间未履行义务,故法院应当支持原告的诉讼请求,责令被告涉案房屋办理过户手续。

四、本案被告抗辩权分析

本案被告的抗辩思路应当是:被告存在不履行义务的合法理由,即存在同时履行抗辩权,就是说在双务合同中,如果双方当事人没有约定履行顺序,一方当事人没有履行义务的,无权要求对方当事人履行合同义务。在本案双方签订的涉案房屋买卖合同,原告应履行支付13万房屋价款的义务,但原告只支付了8万元的房屋价款,尚欠5万元,原告没有履行义务,无权要求被告履行义务。

案例40
委托事项违法，合同效力如何认定

原告：李跃（化名）
被告：翟英（化名，48岁）
被告：韩瑞（化名，21岁）

◆ **案情简介**

原告称两被告系韩勇的妻子和女儿，韩勇2010年4月上旬因交通事故死亡。韩勇生前称与某军校的领导是战友，并接受原告的请托，为原告的弟弟办理上军校名额为由，先后收取原告现金8万元（2009年6月4日当面交给韩勇6万元，2009年7月20日向韩勇的银行卡存入现金2万元），然而，韩勇总是称事情比较复杂，要找多个关系，但很快就办成了。2010年4月，韩勇遇交通事故死亡，原告的弟弟上军校的事也不可能了。故请求法院判令：（1）被告翟英返还现金8万元；（2）被告韩瑞负连带责任；（3）被告承担本案诉讼费用。

被告辩称：自己与韩勇已经离婚，收钱办事的事情我不知情，与我无关，不承担还款义务。

经法庭查明：死者韩勇在2006年后对外声称与翟英复婚并生活在一起，韩勇死后，也是由翟英母女在办理后事，接收韩勇的遗产。但民政局的记录显示，翟英与韩勇未办理复婚手续。

1. 原告提交证据目录

证据 1
证据名称：收条
证明内容：今收到李跃交来办学生现金陆万元。韩勇，2007 年 6 月 4 日。
证明目的：原告与韩勇胜存在委托关系。符合证据三性。
证据来源：原告提供。
证据 2
证据名称：交通银行存款凭据（2007 年 7 月 20 日）
证明内容：户名：韩勇；账户/卡号××××××××××××，现金存款 20 000 元。

2. 被告提交证据目录

证据 1：
证据名称：交通事故责任认定书
证明内容：韩勇于 2011 年 4 月 12 日在交通事故中死亡。
证明目的：与原告的法律关系已经不存在。
证据 2：
证据名称：离婚证
证明内容：被告翟英与韩勇已经于 1995 年 1 月 19 日离婚。
证明目的：原告所诉债务与被告无关。

一、本案焦点

韩勇接受请托和 8 万元费用的行为性质如何界定？

二、本案的法律关系

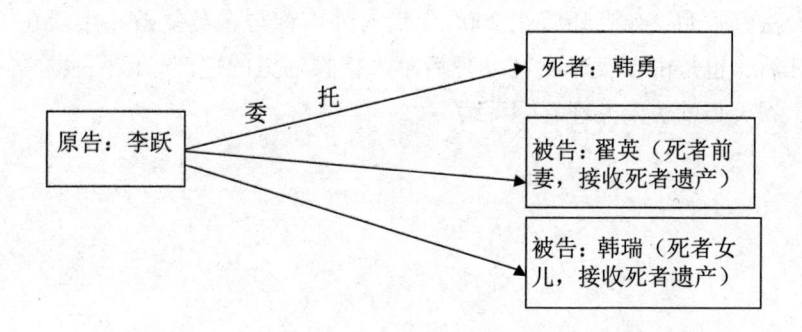

原告：李跃 —委托→ 死者：韩勇
         → 被告：翟英（死者前妻，接收死者遗产）
         → 被告：韩瑞（死者女儿，接收死者遗产）

三、原告请求权分析

本案原告的请求是返还财产。请求权的基础应当是不当得利。所谓不当得利是指没有法律依据，一方获得利益而他发受到损失，依据法律规定，获利一方应当返还不当得利。原告与韩勇之间委托合同关系是双方真实的意思表示，符合合同成立的条件，但因所委托的事项是违法的，合同无效，那么，韩勇继续占有的 8 万元就没有了法律依据，故依据《民法通则》的规定，应当返还不当得利。

四、被告抗辩权分析

1. 本案被告翟英的抗辩思路应当是：被告与死者韩勇已经在 1995 年离婚，不是法律上的夫妻关系，没有义务承担韩勇的债务。

2. 本案被告韩瑞的抗辩思路应当是：其父亲韩勇与原告的关系应当是一种委托代理关系，在完成代理事项的过程中所产生的费用应当由被代理人，也就是本案原告承担，代理人没有完成委托事项，是因意外事故死亡，不是代理人的过错，相应的损失也应当由被代理人承担，况且，上军校是国家机关依照相关规定严格按照程序选拔的，托关系走后门实际上是违法的，这一点原告心知肚明，所以，即使花了钱办不成事，原告也应当承担一切后果。

案例41

未经债权人同意，债务和抵押物一并转移是否有效？

原告：中国建设银行 H 支行
被告：张某

◆ 案情简介

原告诉称，原告与被告张某于 2000 年 1 月 27 日签订一份《中国建设银行（个人住房贷款）借款合同》，合同约定，被告张某向原告借款 18 万元，借款月利率 3.8‰，每月归还本息 2184 元，借款期限为 10 年，若违约将支付欠款金额每日 2‰的违约金。张某以其购买的银川市望湖小区 1-2-101 住宅一套为上述借款提供抵押担保，并办理了房产抵押登记手续。借款合同签订后，原告按约向被告张某支付了借款 18 万元，但被告张某仅偿还了部分借款后，自 2008 年 1 月 27 日起未按月支付本息。经原告多次催要，被告仍未能按时履行还款义务，2010 年 2 月 28 日，原告诉至法院，请求依法判令：(1) 被告偿还原告借款本息 52 416 元（2184×24 个月），支付违约金 7862.4 元（52 416元×2‰×750 天，自 2008 年 1 月 27 日~2010 年 2 月 27 日，共计 25 个月 750 天）；(2) 原告对被告提供的抵押物：位于银川市望湖小区 1-2-101 的房屋享有抵押权，并依法处置抵押物；(3) 本案诉讼费由被告承担。

原告提交以下证据：

证据一

借款申请书、工资证明、贷款保证函、公有住房买卖协议书、证明：1. 被告向原告借款是其真实意思表示，是夫妻共同借款；2. 被告借款的理由是用于购买位于银川市望湖小区 1-2-101 室，目的是交纳房款。

案例 41
未经债权人同意，债务和抵押物一并转移是否有效？

续表

证据二 　　中国建设银行（个人住房贷款）借款合同、中国建设银行（个人住房贷款）抵押合同、房屋产权按揭贷款监证书、公证书，证明：1. 原、被告主体适格；2. 原告、被告于 2000 年 1 月 27 日签订一份《中国建设银行（个人住房贷款）借款合同》，合同约定了借款金额、期限、利率等内容；3. 被告以其享有处分权的位于银川市望湖小区 1-2-101 室为上述借款及利息、违约金、赔偿金、实现借款债权和抵押债权的费用提供抵押担保，并办理了房产抵押登记手续。
证据三 　　婚姻档案证明、结婚登记申请书，证明：1. 原、被告在签订借款合同时，被告张某和刘某系夫妻关系；2. 刘某代理被告支取借款的行为属于夫妻代理，视为被告取款。
证据四 　　中国建设银行贷款转存款凭证、支款单、中国建设银行进账单、中国建设银行储蓄存款凭条、中国建设银行定活储蓄存单，证明：1. 原告于 2000 年 1 月 28 日将支付给被告的借款划拨到建设银行专柜账户 212-130；2. 被告 2000 年 1 月 28 日在建设银行支款单上加盖印章，同意原告将支付给其的借款通过专柜账户 212-130 转账给被告；3. 被告于 2000 年 1 月 28 日当天将支付给被告的借款从建设银行专柜 212-130 转账至被告个人账户 2951-200253901，被告持有建设银行 180 000 元定活储蓄存单；4. 被告的妻子刘某 2000 年 1 月 31 日持有定活储蓄存单代被告支取借款 180 000 元。
证据五 　　中国建设银行张某贷款和还款明细，证明：原告截至 2010 年 2 月 28 日份仍有借款本息 52 416 元未清偿。

被告张某辩称，其妻刘某于 2006 年 4 月 5 日因病死亡，在处理刘某的遗产时，涉案房屋给了刘某的父母，剩下的银行贷款也是由刘某的父母向银行清偿。刘某的其他遗产归张某。之后，涉案房屋一直由刘某的父母居住，自己已经再婚，欠款的事我不清楚，应该由刘某的父母支付。

被告张某提交如下证据。

证据一 　　户籍注销复印件，证明：张某的妻子刘某于 2006 年 4 月 5 日死亡。
证据二 　　刘建设证明：证明涉案房屋经作为刘某的遗产的一部分由刘某父母：刘建设夫妇继承。因房产证是由开发商移交给银行，所以一直在银行抵押，故未办理过户手续。刘建设自 2006 年 5 月~2008 年 1 月共计 20 个月向银行缴纳本息 43 680 元（2184 元×20 个月）。2008 年 1 月，刘建设也被诊断为癌症晚期，经济困难，故未再支付欠款。

原告称：被告转移抵押物和债务一事，原告不知情，该行为无效。

一、本案的焦点

债务转移未经债权人同意是否有效？

二、本案的法律关系

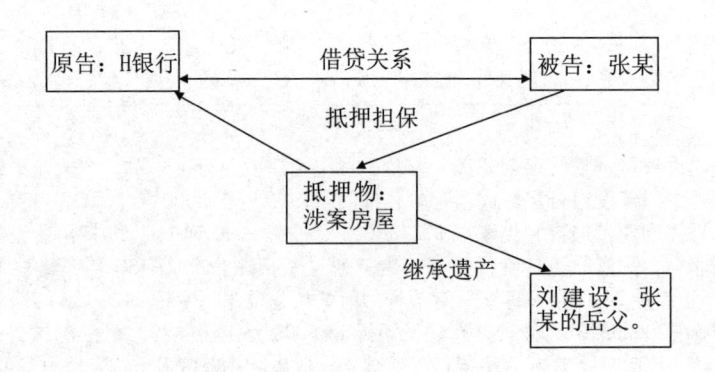

```
原告：H银行  ←──借贷关系──→  被告：张某
       ↘                      ↙
         抵押担保
              ↓
         抵押物：
         涉案房屋
              ↓ 继承遗产
         刘建设：张
         某的岳父。
```

三、原告抗辩权分析

本案原告请求被告履行合同义务。其请求权的基础是：第一，贷款合同、抵押合同是原告与被告双方的真实意思表示，合法有效。被告应当履行合同义务；第二，本案贷款合同和抵押合同都是张某与刘某婚姻期间发生的，贷款用于购买共同居住用房，也就是涉案抵押房屋，属于共同债务，在刘某因病死亡后，张某将贷款合同义务和抵押物一并转移给刘某的父母，没有征得债权人，即原告的同意，故张某与刘某父母的遗产分割协议对原告不发生法律效力，被告张某仍应当履行合同义务并支付违约金。

四、被告抗辩权分析

本案中被告张某的抗辩思路应当是：涉案房屋是作为刘某的遗产部分由刘建设夫妇继承，刘建设承担剩余房屋贷款的清偿义务，这是刘建设夫妇的真实意思，事实上，刘建设夫妇已经履行了20个月的还款义务，剩余的52 146元欠款也应当由刘某的父母支付，如果原告要行使抵押权，本人没有意见。

案例42

是机动车交通责任？还是产品质量责任？

原告：太平洋财险 N 分公司
被告一：李唐汽车贸易公司
被告二：美利物流公司
被告三：马建（化名）

◆ 案情简介

2010 年 11 月 16 日，被告马建与托运人胜通物流有限公司签订《货物运输协议》一份，约定被告马建为托运人运输货物 1144 件，其中包括轮式装载机 2 台、洁具 38 件、纸尿裤 1104 件，运费总计 20 158 元，货物于 2010 年 11 月 15 日出发，托方要求在 11 月 21 日前安全到达终点。同日，托运人胜通物流有限公司为其托运货物向原告太平洋财险 N 分公司投保国内水路、陆路货物运输保险，起运地为泉州，运输工具为宁 E12345，起运日期为 2010 年 11 月 16 日，目的地为乌鲁木齐，保险金额为 60 万元，保险费为 180 元。2010 年 11 月 17 日 6 时 30 分，被告马建驾驶东风牌宁 E12345 牵引车及宁 A0011 挂车行驶至沪渝高速公路沪渝向 786 千米处发生火灾，烧毁挂车及车上货物，货物财产损失 66.87 万元。经浠水县公安消防大队火灾事故认定书认定，起火部位为挂车右后侧内侧轮胎处，起火原因为挂车右后侧内侧轮胎摩擦过热起火。灾害成因为发现起火时轮胎已烧着，救援人员使用灭火器未能扑灭，当天风速较大，火迅速蔓延至车上易燃货物，消防队离事故发生地点较远，造成货物及车辆烧毁。湖北省公安厅交警总队高速公路管理支队五大队出具证明一份，载明 2010 年 11 月 17 日 6 月 30 日，当事人马建（驾驶证号×××××）驾驶宁 E12345（宁 A0011 挂）重型半挂牵引车行驶至沪渝高速公路沪渝向786千米处时发生火灾，造成宁E12345（宁A0011挂）车及车上所载货物烧毁的事故。2011年5月12日，原告根据保险单向托运人胜通物流有限公司赔款451 288.43元，托运人胜通物流有限公司向原告出具代位书一份，承认原告有权代表其行使对本案的一切权益。上述理赔款原告多次向被告催要，但被告未予支付，故原告诉至法院，请求判令：（1）三被告赔偿原告保险赔偿金451 288.43元及利息54 824.13元（从2011年5月12日起按银行同期贷款利率暂计算至2013年5月3日）；（2）案件受理费由三被告负担。

法院另查明，2008年3月18日，被告马建与美利物流有限公司签订《分期付款买卖合同》一份，约定被告马建购买美利物流有限公司东风牌DFL4汽车（牵引车，车牌号为宁E12345，车架号为3972013254）一辆，车辆总价为49万元，首付款10万元，剩余欠款39万元。同时约定，2008年4月15日至2009年3月15日，每月还款13 000元。2009年4月15日至付清时，每月还款1万元。被告马建在合同履行期间只有使用权、占有权、收益权，没有处分权，美利物流有限公司保留所有权。截至起诉时，宁E12345牵引车登记在美利物流有限公司李唐分公司名下。2009年10月15日，被告马建与被告李唐汽车贸易有限公司签订"购车合同"一份，约定被告马建购买被告李唐汽车贸易有限公司宁A0011挂车（车架号为L0198GT39700003780）一辆，车辆总价86 000元，首付款26 000元，剩余欠款6万元在自购车之日起20个月内还清，平均每月还3000元。被告马建在合同履行期间只有使用权、占有权、收益权，没有处分权，被告李唐汽车贸易有限公司保留所有权。截至起诉，宁A0011挂车登记在被告李唐汽车贸易有限公司名下。

一、本案焦点

所有权保留情况下，发生损失应当由谁承担赔偿责任？

二、本案法律关系

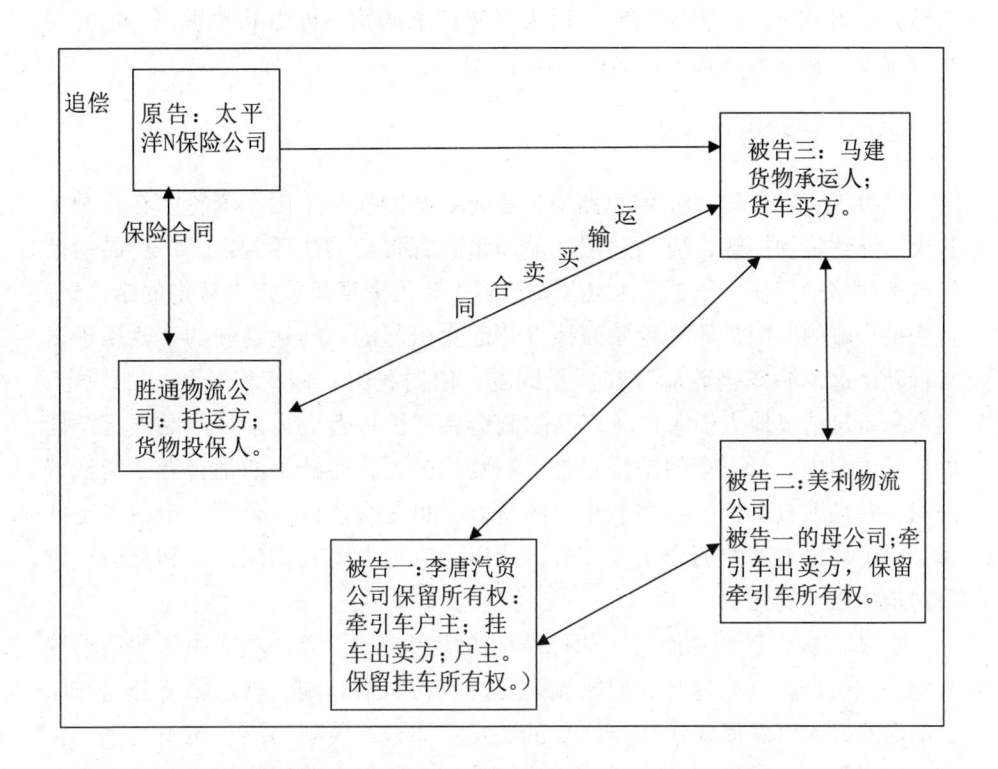

```
追偿  原告：太平                      被告三：马建
      洋N保险公司                     货物承运人；
                                      货车买方。
      保险合同          运
                       输
                    同 合 卖 买
                    合  买
      胜通物流公
      司：托运方；
      货物投保人。
                                    被告二：美利物流
                                    公司
                                    被告一的母公司；牵
                                    引车出卖方，保留
                                    牵引车所有权。
              被告一：李唐汽贸
              公司保留所有权；
              牵引车户主；挂
              车出卖方；户主。
              保留挂车所有权。）
```

三、原告请求权分析

本案原告的请求是请求侵权人履行赔偿义务。其请求权的基础是：第一，本案中，胜通物流公司与被告马建存在货物运输合同关系，该合同系双方当事人真实的意思表示，且内容合法，因此该合同有效，对双方具有约束力。依据合同，被告马建负有将货物安全运送到目的地的义务，但被告马建因运输过程中车辆发生火灾导致运输货物损毁。所以，被告马建没有完成约定义务，构成违约。被告马建应当依据合同承担胜通物流公司货物损失的赔偿责任；第二，鉴于受害人胜通物流公司与原告签订了货物运输保险合同，依据该合同，原告履行了向受害人胜通物流公司赔偿损失的义务。而胜通物流公司同意将损害追偿权让与原告，故原告有权向被告请求追偿。（评议：但是原

· 145 ·

告如果基于合同，追究承运人马建的违约责任，那么，原告将美利物流公司和李唐汽贸公司作为被告，是缺乏依据的，美利物流公司和李唐汽贸公司都不是合同当事人，原告应当向承运人马建请求赔偿，再由马建举证，追究美利物流公司和李唐汽贸公司的产品质量责任。)

四、被告抗辩权分析

1. 作为被告马建的抗辩思路应当是：本案的损失是因车辆轮胎在行驶中起火，导致货物损毁，应当适用产品质量致害责任的法律规定，由产品的销售者承担赔偿责任。根据浠水县公安消防大队火灾事故认定书认定的结论看，货物被烧毁的原因是车辆轮胎摩擦发热起火引起的，马建驾驶的车辆属于正常行驶，这说明车辆轮胎存在质量问题，依据我国《侵权责任法》的规定，因产品质量造成他人损害的，产品的制造者和销售者应当承担产品损害赔偿责任，本案中，牵引车的销售者是美利物流公司，而挂车的销售者李唐汽贸公司，并且涉案车辆的户主、车辆的所有者也是李唐汽贸公司，牵引车与挂车是一个运输工具的两个组成部分，所以，应当由美利物流公司和李唐汽贸公司承担赔偿责任。

2. 本案被告美利物流公司的抗辩理由应当是：首先，本案原告的请求权基础是三份合同（马建与胜通物流公司的货物运输合同、胜通物流公司与原告的保险合同以及债权让与协议）的约定。那么，美利物流公司不是上述合同中的当事人，承担违约责任缺乏法律依据。所以，美利物流公司作为本案被告不适格；其次，即使依据本案马建与美利物流公司的车辆买卖合同，约定，在买方马建没有付清车辆价款前，卖方依法所有权保留，但车辆在使用过程中产生的致害责任由买方承担。所以，本案的赔偿责任人是马建，而不是本公司；第三，即使原告依据《侵权责任法》主张赔偿，根据浠水县公安消防大队火灾事故认定书认定的结论，火灾是由挂车的轮胎摩擦起火引发的，并没有认定牵引车存在质量缺陷，与牵引车无关，本案的损失，与牵引车的产品质量不存在因果关系，故不应当承担赔偿责任。

3. 本案被告李唐汽贸公司的抗辩理由应当是：首先，本案原告的请求权基础是三份合同（马建与胜通物流公司的货物运输合同、胜通物流公司与原告的保险合同以及债权让与协议）的约定。那么，美利物流公司不是上述合同中的当事人，承担违约责任缺乏法律依据。所以，美利物流公司作为本案

案例 42　是机动车交通责任？还是产品质量责任？

被告不适格；其次，李唐公司与马建签订的是所有权保留买卖协议，按照约定，在买方马建未付清价款前，卖方保留所有权，但挂车在使用过程中产生的致害责任应当由买方承担，故本案的侵权赔偿责任人是马建，而不应当是本公司；最后，即使原告基于《侵权责任法》主张赔偿，本案是机动车在行驶过程中起火产生的财产损失，应当适用机动车交通事故责任的规定，由车辆驾驶人承担赔偿责任。浠水县公安消防大队火灾事故认定书认定结论仅仅是认定火灾是由挂车轮胎摩擦起火引起的，并没有认定挂车的轮胎存在质量问题，所以，被告马建，以要求本公司作为产品销售者承担产品质量责任缺乏证据。

案例43
保险金被他人代领或者冒领，应当由谁负责？

申请人：甲
被申请人：乙保险分公司（负责人：高某，该公司经理）
第三人：丙环保设备制造有限公司（法定代表人：刘某，该公司董事长）

◆ 案情简介

2012年5月28日，第三人以申请人为包括被保险人在内的99名工作人员购买了团体意外伤害、意外伤害医疗保险，受益人、保修金请求权人为申请人本人，保险期间为2012年5月29日0时起至2013年5月28日24时止。保险合同另对争议解决等事项作了约定。2013年3月9日，申请人被第三人派遣到新疆阜康市的工地工作。2013年4月7日下午14时许，申请人从高空坠落摔伤，造成左侧股骨干骨折。先后被送往新疆医科大学第一附属医院、中国人民解放军第二十三医院、乌鲁木齐南湖医院、宁夏医科大学总医院、宁夏张氏回医正骨医院住院治疗。经多次治疗后仍留下残疾，2015年7月28日经治疗出院后，在与丙协商解决工伤赔偿过程中，申请人得知有丙为申请人在内的99人购买了商业保险的事实，2015年8月3日，申请人找到被申请人要求支付保险赔偿金。但是被申请人告知申请人并提供资料显示保险赔偿金已向申请人给付。申请人坚持其从未领取过保险赔偿金，且相关索赔资料中非申请人签名，于是，2015年8月6日，申请人先向平罗县公安局报案，2015年9月6日，公安机关向申请人送达了不予立案的通知，申请人不服，多次要求公安机关继续侦查，均无果，2016年10月5日，申请人以公安机关为被告，向当地法院提起行政诉讼，2017年2月28日，法院裁定申请人败诉。2017年4月28日，申请人根据丙与被申请人签订的《人身保险合同》中

案例 43
保险金被他人代领或者冒领，应当由谁负责？

仲裁条款的约定，向某仲裁机构提请仲裁申请，请求：(1) 依法裁决被申请人向申请人支付保险赔偿金 32 095.69 元。(2) 本案仲裁费用由被申请人承担。

被申请人辩称：(1) 申请人的仲裁请求没有事实和法律依据，2012 年 5 月 28 日，经被申请人与第三人协商就被保险人含申请人甲等 99 人达成团体意外伤害保险，本案事故发生后，被申请人已经于 2013 年 11 月 7 日、2014 年 5 月 22 日分别向名下申请人甲邮政储蓄银行平罗支行的账户共计支付赔偿款 21 209.88 元及 10 885.81 元，相关赔付已经全部履行完毕；(2) 本案事发于 2013 年 4 月 7 日，因此本案已经超出仲裁时效的相关规定，有关申请人主张的赔付不应当得到法律的支持，综上请求法庭依法驳回申请人的仲裁请求。

第三人辩称：(1) 第三人认为追加其作为本案第三人参加诉讼缺乏法律依据，第三人与申请人之间不存在任何仲裁协议，同时，依据本会仲裁规则确定的内容，仲裁庭无权对于仲裁协议以外的第三人以追加的方式要求参加仲裁；(2) 请求仲裁庭向第三人明确本案中第三人的身份是有独立请求权还是无独立请求权，以便第三人针对与本仲裁的证据及事实理由发表代理意见；(3) 申请人的仲裁请求与第三人无关，申请人也未要求第三人承担任何责任，因此，本案仲裁结果不应当与第三人有利益关系。

申请人为支持其请求提交了如下证据：

证据一
    1-1. 团体意外伤害保险单（抄件）1 份；
    1-2. 团体意外伤害保险被保险人及受益人名单。拟证明：1. 丙环保设备制造有限公司为申请人在被申请人处投保了团体意外伤害保险的事实；2. 申请人是上述团体意外保险公司中所约定的被保险人和受益人。

证据二
    2-1. 中国人民保险股份有限公司意外健康险赔款/费用计算书；
    2-2. 分险别赔款计算公式；
    2-3. 领款人登记信息表 2 份。拟证明申请人受到意外伤害，在保险期间和保险范围内，经被申请人核算，应向申请人赔款 21 209.88 元和 10 885.81 元，共计 32 095.69 元的事实。

续表

证据三	3-1. 平罗县公安局不予立案通知书1份； 3-2. 平罗县人民法院民事裁定书1份，拟证明：1. 申请人在得知存在保险赔偿的情况下积极向被申请人提出索赔，在被申请人拒绝赔付后积极向平罗县公安局进行报案，在平罗县公安局作出不予立案的通知后，积极向平罗县人民法院提起诉讼的事实；2. 申请人依法在诉讼时效内主张了自己的权利，申请人的主张没有超过诉讼时效。不予立案通知书，申请人在向法院诉讼时，已经作为没有超过诉讼时效的证据向平罗县人民法院进行提交，该证据在平罗县法院审理过程中，被申请人已经进行过质证，平罗县人民法院对该证据予以采信，对申请人的诉讼在诉讼时效内予以认可。
证据四	平罗县公安局出具的询问笔录1份，拟证明：1. 被申请人没有依法及依照公司规章制度向申请人支付保险赔偿的事实；2. 申请人在知道被申请人违法支付保险赔偿款后立即向平罗县公安局进行报案，申请人提出仲裁在仲裁时效之内的事实。
证据五	中国邮政储蓄银行收款凭单1份（复印件）。拟证明保险理赔款系他人领取，申请人并没有领取过保险理赔款。
证据六	中国人民财产保险股份有限公司团体意外伤害保险条款（2009年版）1份（打印件），拟证明被申请人没有依照保险条款的规定向申请人支付保险赔偿金的事实。

经质证，被申请人对证据一、二的真实性，合法性，关联性无异议，对证明目的有异议，证据一的质证理由是申请人仅为该保险的被保险人，其中投保人为第三人；证据二的质证理由是被申请人已经于2013年11月7日向申请人名下的邮政储蓄银行平罗支行的账户为×××支付21 209.88元，并于2014年5月22日向上述账号×××的银行卡支付10 885.81元，相关赔付已经全部履行完毕。被申请人对证据三的真实性、合法性予以认可，对关联性及证明目的不认可，理由是通过上述证据并不能证实申请人在诉讼时效内向被申请人主张过权利且在申请人向平罗县人民法院提起诉讼时其已经超过了诉讼时效，通过该裁定书也无法证实平罗县人民法院对上述证据予以采信，对申请人没有超过诉讼时效的事实予以认定。被申请人对证据四的真实性、合法性无异议，对关联性及证明目的均有异议，理由是通过该证据恰能够证实被申请人已经将赔偿款支付至申请人名下的银行账户，相关赔付已经全部履行完毕，

至于赔偿款由谁领取属于申请人与第三人之间的纠纷，与被申请人无关。被申请人对证据五的真实性、合法性无异议，对关联性和证明目的有异议。结合被申请人提供的证据，被申请人将保险理赔款支付给申请人的银行卡号与该份证据中显示的名为王某的银行卡号并不一致，并且被申请人支付的2013年11月的理赔款21 209.88元，该份证据中的交易金额为21 228.96元，金额也不相符，因此该证据不能证实被申请人已支付的理赔款由他人代为领取，如果说本案存在申请人的银行卡信息泄露，由他人支取银行存款，也系另一案由，系申请人与取款人之间的不当得利纠纷，与本案无关。被申请人对证据六的真实性需要与公司进行核实是否为2009年版保险条款，该份证据可以证实保险金的诉讼时效期间为2年，自申请人知道保险事故发生之日起计算。对证明目的不认可，被申请人已经根据保险条款及申请人提交的给付申请书、银行卡信息、身份证复印件等可以证实被保险人的信息向申请人提供的银行账号内分两次支付了保险赔偿金。

经质证，第三人对申请人提交的证据一的真实性，合法性，关联性、证明目的无异议。但是通过被保险人提交的申请书可以证实申请人并不是涉案保险的受益人，其身份只是被保险人。

对证据二的真实性，合法性，关联性、证明目的无异议。对证据三的真实性，合法性，关联性无异议，对证明目的有异议。该组证据与第三人无关，无法达到申请人的证明目的。对证据四的真实性，合法性，关联性、证明目的的有异议。因在申请人与第三人工伤保险待遇纠纷案件中，对于理赔的保险金已经做出明确的认定。对证据五的质证意见称同被申请人，与第三人无关。对证据六无法确定其真实性，请仲裁庭依法核对该证据的真实性、合法性，同时该证据与第三人没有关联性，第三人也无法确定申请人的证明目的。

被申请人提交了如下证据：

证据一

1-1. 保险金给付申请书；

1-2. 保险赔款支付委托书、承诺书；

1-3 银行转款凭证各2份（均为复印件），拟证明经第三人申请，被申请人已经于2013年11月7日向申请人名下的邮政储蓄银行平罗支行的账户为×××支付21 209.88元，并于2014年5月22日向账号为×××的银行卡支付10 885.81元，相关赔付已经全部履行完毕。

续表

证据二	2009年版《中国人民财产保险股份有限公司团体意外伤害保险条款》1份（打印件），拟证明被申请人根据保险条款约定，依据申请人提供的保险金给付申请书、身份证明、银行卡信息及投保人、第三人所列明的理赔事由，依据合同规定向申请人支付保险理赔金。
证据三	附加意外伤害医疗保险条款（2009年版）1份（打印件），拟证明保险金的诉讼时效期间为2年，自申请人知道保险事故发生之日起计算，申请人本次事故发生在2013年4月7日，即申请人申请给付赔偿金的诉讼时效最晚为2015年4月6日，申请人本次申请仲裁已过仲裁时效。被申请人已经根据保险条款及申请人提交的给付申请书、银行卡信息、身份证复印件等可以证实被保险人的信息向申请人提供的银行账号内分两次支付了保险赔偿金。

经质证，申请人对证据一的真实性、合法性、关联性均有异议，理由是该证据系复印件，真实性无法核实，上述证据申请人的签名均不是申请人本人所签；在其中一份保险给付申请书中，应当是申请人签字的地方，没有申请人的签字而是加盖了投保人的公章，保险赔款支付委托书中委托人没有签字，该组证据恰恰能够说明被申请人没有按照规定向申请人支付赔偿款，被申请人在具体工作中存在明显的违法、违规行为。

对证据二的真实性、合法性、关联性有异议，该条款不是2009版的，和申请人持有2009版的条款内容不一致。对证据三的真实性、合法性、关联性无异议，对证明目的不认可。该份证据达不到被申请人的证明目的，关于申请人申请仲裁是否超过仲裁时效的问题，申请人提交的证据已经证实。

经质证，第三人对被申请人提交的证据一的真实性、合法性、关联性及证明目的无异议。但通过申请人与被申请人提交的证据一可以证实对于涉案的保险金理赔是由申请人与被申请人直接对接，涉案的保险金理赔与第三人无关。对证据二的真实性请仲裁庭按照2009版团体意外伤害保险条款予以认定。对证据三，因第三人对该保险条款内容并不知情，无法确定其真实性，请仲裁庭依法对该证据的真实性、合法性予以确认，同时该证据与第三人无关，第三人也无法确定被申请人的证明目的。

案例 43
保险金被他人代领或者冒领，应当由谁负责？

一、本案的焦点

（1）第三人与被申请人签订的《保险合同》为包括申请人在内的99人投保的团体意外保险和意外伤害医疗保险是否有效；（2）申请人是否有权获得32 095.69元的保险金；（3）申请人向被申请人要求支付保险金的仲裁时效是否已超过法定的期限；（4）被申请人是否已履行了向申请人给付保险金的合同义务？

二、本案法律关系

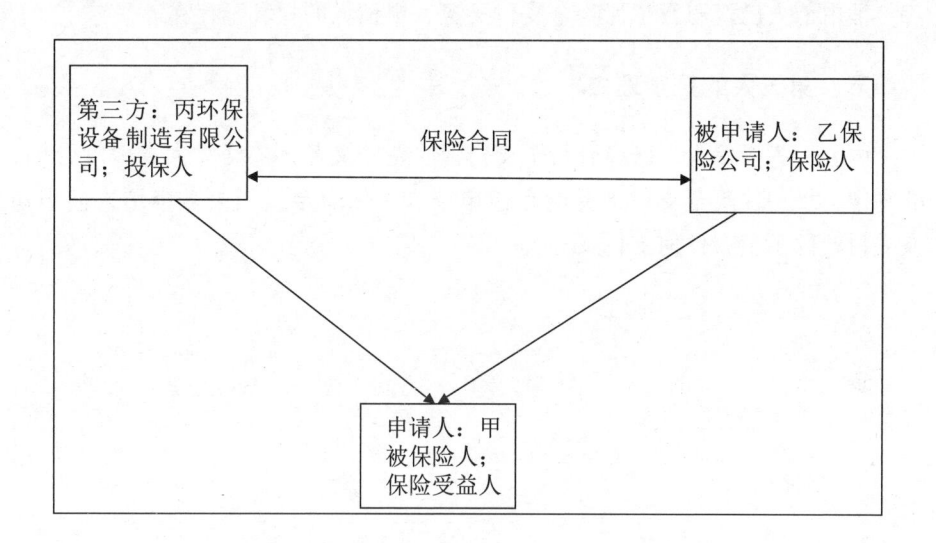

```
第三方：丙环保              被申请人：乙保
设备制造有限公      保险合同      险公司；保险人
司；投保人
              ↓        ↓
            申请人：甲
            被保险人；
            保险受益人
```

三、申请人的请求

被申请人应当依据《人身保险合同》的约定，向申请人支付保险金。其请求权的基础应当是：第一，丙与被申请人签订的《人身保险合同》系双方当事人真实的意思表示，内容合法，符合我国《合同法》关于合同有效的规定。本案的纠纷应当依据上述有效合同的约定，确定当事人的权利和义务。第二，依据《人身保险合同》的约定，申请人是被保险人和受益人，有权获得合同约定的保险金。申请人在工作中受伤，符合该合同约定的支付保险金的条件。第三，申请人是2015年7月28日知道自己是被保险人和受益人的情况，2015 年 8 月 3 日向被申请人主张权利，得知保险金被代领或者冒领的情况，2015 年 8 月 6 日向当地公安机关报案，请求公安机关查照代领或者冒领保险金的人员。以及此后与公安机关的诉讼纠纷，事实说明申请人一直在主张权利，符合我国《民法通则》关于诉讼时效中断的规定。2017 年 2 月 28 日，法院裁定申请人败诉。申请人对于被申请人的诉讼期限应当从 2017 年 2 月 29 日起重新计算，所以，申请人在 2017 年 4 月向仲裁机构提起仲裁申请，仍在诉讼时效期间内。

四、被申请人行使抗辩权的理由

被申请人已经履行了保险金支付义务，申请人的权利不存在。

五、第三人的抗辩理由

丙公司为投保人，已经履行了交付保险费的义务，依据《人身保险合同》的约定，承担保险金支付义务的是被申请人，保险金应当由被申请人向申请人支付，丙不负有任何支付义务。

案例44
加工承揽合同与委托合同如何甄别？

申请人：甲公司
被申请人：乙公司

◆ **案情简介**

　　2015年4月18日，申请人与被申请人签订了《硅铁矿热炉改接至穆和变工程系统接入可行性研究工作委托合同》。后申请人按照委托合同编制了工程可行性研究报告文件，并按照合同约定向被申请人提交了工作文件。合同约定，咨询费13万元，在合同生效后3天内一次性付清。如被申请人逾期支付合同价款，应就逾期部分向申请人支付按照中国人民银行同期贷款基准利率计算的逾期付款违约金。合同签订后，申请人如期完成了《研究报告》并向被申请人提交的《研究报告》，但截至申请人申请仲裁时，被申请人未向申请人支付咨询费13万元，给申请人造成经济损失。2016年7月22日，申请人以被申请人违反合同约定，不按照合同约定的期限支付咨询费为由，申请人依据双方签订的《硅铁矿热炉改接至穆和变工程系统接入可行性研究工作委托合同》中的仲裁约定，向仲裁机构提起仲裁申请。

　　申请人提出如下仲裁请求：（1）依法裁决被申请人向申请人支付咨询费13万元，并承担逾期付款违约金9343.75元（自2015年4月22日至2016年7月22日，按年利率5.75%计算，2016年7月22日之后的违约金按中国人民银行规定的同期贷款基准利率年利率计算至款项付清止），以上合计139 343.75元；（2）本案仲裁费用由被申请人承担。

　　被申请人称：本案是委托合同，是本公司前任总经理签订的合同。现发现申请人提交的研究报告不符合要求，因被申请方总经理和办公室主任离任，交接工作没有完成，待公司组织专家对研究报告验收合格后再支付报酬，不存在违约责任问题。为此，被申请人提交了公司人事变动的文件。

一、本案焦点

第一，本案是委托合同？还是加工承揽合同？第二，本案违约是否构成？

二、本案法律关系

所谓委托合同，是一方当事人委托另一方当事人，以委托人的名义或者以被委托人自己的名义同第三人进行民事行为，由此而产生的法律后果由委托人承担的协议。而加工承担合同是指承揽人按照定作人的要求完成工作，交付工作成果，定作人给付报酬的合同。本案中，双方签订的合同名称中虽然写明委托合同，但从合同的内容看，是乙公司按照甲公司的要求就硅铁矿热炉改接至穆和变工程系统接入进行可行性研究工作并提交研究报告，为此，甲公司支付相应的报酬。从双方约定的合同内容看，本案法律关系属于加工承揽合同关系。

三、申请人的请求

被申请人向申请人支付合同约定的报酬。其请求权的基础应当是：第一，双方当事人签订的《硅铁矿热炉改接至穆和变工程系统接入可行性研究工作委托合同》符合《合同法》关于合同成立、有效的规定。第二，申请人按照合同约定，向被申请人提交的工作成果：即硅铁矿热炉改接至穆和变工程系统接入可行性研究报告，履行了合同义务。第三，被申请人应当在签订合同三天内即2015年4月22日向申请人支付约定的报酬13万，但被申请人至今未付一分。实际违约450天（360天+90天自2015年4月22日至2016年7月22日），应当依法承担违约责任。5.75%是2015年至2016年银行同期贷款基准利率的平均值。第三，本案中合同中只约定了研究报告交付的时间和支付报酬的时间，并没有约定验收的问题，所以，被申请人主张另行组织专家验收的问题缺乏合同依据。即使，被申请人需要就研究报告进行验收，那么，被申请人在接到申请人提交的研究报告后，在长达一年多的时间内没有提出任何异议，应当视为申请人提交的工作成果符合要求，至于被申请人内部人事变动的问题,属于被申请方内部管理问题,不应对申请人产生影响。

四、被申请人的抗辩理由

即使本案属于加工承揽合同。那么根据我国《合同法》第261条的规定:"承揽人完成工作的,应当向定作人交付工作成果,并提交必要的技术资料和有关质量证明。定作人应当验收该工作成果。"和第262条的规定:"承揽人交付的工作成果不符合质量要求的,定作人可以要求承揽人承担修理、重作、减少报酬、赔偿损失等违约责任。"申请人有义务提交研究报告的质量证明,但本案中申请人只提交了研究报告,在长达一年多的时间内,也没有催告被申请方验收的问题,也存在违约行为。被申请人决定组织专家验收,然后依据验收结论支付申请人相应的报酬是合情合理的。

案例45
合伙解散后税务如何分担？

申请人：甲

被申请人：乙

◆ 案情简介

光明文体办公用品店成立日期为2014年4月16日，企业类型为个体工商户，经营者为申请人甲，系甲与乙共同投资建立。经营场所位于平罗县阳光花园1-1-101，经营范围及方式为办公用品、文化、体育用品、计算机耗材、小饰品零售。申请人与被申请人于2016年2月1日就申请人退出与被申请人合伙经营的光明文体办公用品店，该店交由被申请人独立经营相关事宜，签订《解散合伙协议书》一份。协议书第1条约定：合伙截至2016年2月1日为止的债权债务经申请人与被申请人核算完毕，截至2016年2月1日，被申请人支付申请人退出费共计人民币15万元，其中投资成本7万元，经营期间工资费用8万元；第4条约定：在2015年11月3日之前该店经营的所有债权债务及现店内所有设备均归被申请人所有。11月3号之后，光明文体办公用品店所产生的债权债务谁进货谁负责；第5条约定：申请人应于2016年2月1日负责将光明文体办公用品店工商营业执照注销，即日将公章、发票等相关手续交归被申请人。在工商局及税务局办理手续费与申请人无关，一切均由被申请人承担。2016年2月1日，申请人向工商行政管理局递交了《个体工商户注销登记申请书》，申请注销光明文体办公用品店，工商行政管理局于当日予以核准注销。

2016年4月20日平罗县国家税务局黄渠桥税务所出具纳税证明，证明光明文体办公用品店为平罗县国税局黄渠桥税务所管辖个体工商户纳税人，自

案例 45
合伙解散后税务如何分担？

2015年6月缴纳定额税至2015年9月，每月核定应纳税额1869元。2016年5月20日平罗县国家税务局向光明文体办公用品店出具了平罗罚告〔2016〕××号税务行政处罚事项告知书，处罚事实依据为2015年10月1日至2015年10月31日增值税未按期进行申报；2015年11月1日至2015年11月30日增值税未按期进行申报；2015年12月1日至2015年12月31日增值税未按期进行申报，根据《税收征收管理法》第62条规定，光明文体办公用品店需在5个工作日内补缴税款6053.69元，拟罚款2100元。2016年5月24日申请人向平罗县国家税务局缴纳了税款6053.69元、罚款2100元，同日平罗县国家税务局向平罗县光明文体办公用品店出具平国税通〔2016〕×××号税务事项通知书，通知内容为光明文体办公用品店于2016年5月24日申请的非正常户解除事项，经审核符合受理条件，准予受理。申请人认为被申请人未按照《解散合伙协议书》约定履行纳税义务的行为，损害了申请人合法权益，违反了双方所签订的《解散合伙协议书》的有关约定，遂依据合同中的仲裁条款向本会提请仲裁。仲裁请求为：（1）请求裁决由被申请人实际履行与申请人签订的《解散合伙协议书》，由被申请人向申请人支付因光明文体用品店在平罗县国税局的欠付税款6053.69元及罚款2100元，以上共8153.69元；（2）本案的仲裁费用由被申请人承担。

为支持申请人的仲裁请求，申请人提交下列证据：

证据一

《解散合伙协议书》1份。欲证明申请人与被申请人于2016年2月1日就光明文体办公用品店解散合伙达成一致；双方在协议第5条中约定：2016年2月1日申请人负责将光明文体办公用品店的营业执照注销，申请人在工商局、税务局办理手续费与申请人无关，一切均由被申请人承担。

证据二

2-1. 个体信息2份；

2-2. 个体工商户注销登记申请书1份。欲证明申请人与被申请人因双方投资的光明文体办公用品店发生纠纷，申请人按《解散合伙协议书》的约定于2016年2月1日注销；被申请人在签订协议后另外注册了文豪办公用品店（个体工商户）从事经营。

续表

证据三
3-1. 纳税证明 1 份； 3-2. 税务行政处罚事项告知书 1 份； 3-3. 交纳税款和罚金的小票 2 张； 3-4. 税务事项通知书各 1 份； 3-5. 完税证明 3 份。欲证明因被申请人没有按《解散合伙协议书》的约定缴纳光明文体办公用品店 2015 年 10 月份至 2015 年 12 月份的增值税款 6053.69 元，被平罗县国税局罚款 2100 元；申请人为解除经营限制而代缴税款和罚款共计 8153.69 元；按双方签订的协议，上述税款和罚金 8153.69 元应由被申请人承担。

被申请人辩称：合伙解散以前，主要是申请人在经营，关于欠缴税款的事情，我不清楚，而且欠税和罚款是在申请人移交前产生的，应当由申请人共同承担。

一、本案焦点

第一，申请人与被申请人签订的《解散合伙协议》是否有效？第二，合伙期间的税务和罚款应当由谁承担？

二、主要法律事实

2014 年 4 月 16 日	申请人、被申请人共同投资建立光明文体办公用品店。
2016 年 6 月 2 日	甲、乙签订解散合伙协议，申请人退出合伙，光明文体办公用品店由乙独立经营。
2016 年 5 月 20 日	税务部门通告光明文体办公用品店补缴 2015 年 10 月 1 日至 2015 年 12 月 31 日期间税款 6053.69 元，并罚款 2100 元。

三、申请人的请求

请求被申请人支付申请人代缴的税款和罚款，其请求权的基础应当是：第一，申请人与被申请人签订的《解散合伙协议》符合《合同法》关于合同生效条件的规定。该合同有效，并且应当成为解决双方当事人之间纠纷的依据。第二，依据上述有效合同第 5 条的规定：申请人在工商局、税务局办理手续费与申请人无关，一切均由被申请人承担。依据此约定，在税务局办理光明文体办公用品店注销登记时应当支付的欠税和罚款应当由被申请人承担。

第三，实际上，申请人缴纳了办理税务局相关手续时的欠税和罚款。申请人有权向被申请人追偿。

四、被申请人行使抗辩权的理由

第一，协议第5条约定"办理手续费"应理解为办理工商局及税务局相关审批核准业务时缴纳的经办费用，应纳税款及罚款不属于"办理手续费"范畴。第二，《解散合伙协议书》第4条约定，2015年11月3日之前的税款应由被申请人承担；但2015年11月3日之后的税款及罚款，按照《解散合伙协议书》第4条的约定：谁进货，谁承担，因双方的进货比例申请人没有提供，所以，应当由申请人和被申请人各承担一半。第三，仲裁费用460元也应当由申请人承担一半。具体税款及罚款计算如下：(1) 2015年10月1日到2015年10月31日期间的税款为2046.56元；(2) 2015年11月1日到2015年11月3日的税款为201.95元；(3) 2015年10月1日到2015年11月3日共计34天，罚款金额应为775.2元（2015年10月1日到2015年12月31日共计92天，罚款总额为2100元，平均一天为22.8元）。上述三项费用合计：3023.71元，由被申请人承担；(4) 2015年11月3日之后的税款3805.18元及罚款1324.8元，应当由申请人承担2564.99元，被申请人承担2564.99元。

案例46
如何认定已经提供了居间服务行为？

申请人：甲房屋中介服务部（经营者：高某）
被申请人：乙

◆ **案情简介**

2016年7月14日，申请人与被申请人签订《房屋居间合同》，约定：由申请人向被申请人提供城市花园1-2-201室房屋买卖的中介服务，并约定被申请人以及被申请人的配偶、直系亲属不得与房主或其他中介机构私自进行交易。如果违反约定，被申请人应支付房屋总成交价2%的中介服务费，同时支付房屋总成交价1%的违约金。合同签订后，申请人带被申请人察看了银川市城市花园1-2-201室。被申请人对该房屋的查看系其在申请人处第一次看到。被申请人第一次看完该房屋后，其妻子丙与该房屋所有权人丁在2016年7月16日签订了编号为YC-2015-01的《银川市存量房买卖合同》，且将该房屋所有权过户在被申请人妻子丙名下，该房屋的完税价值为715 045.75元。申请人认为被申请人的妻子与房主私自进行交易的行为，损害了申请人的合法权益，违反了双方所签订的《房屋居间合同》的有关约定，遂依据合同中的仲裁条款向仲裁机构提请仲裁。

仲裁请求：(1) 请求裁决被申请人支付申请人房屋成交总价2%的中介服务费17 200元，以及该房屋成交总价1%的违约金8600元，合计25 800元；(2) 本案仲裁费用由被申请人承担。

案例 46
如何认定已经提供了居间服务行为？

申请人提交如下证据：

证据一 《房屋居间合同》1份，欲证明双方签订了1份房屋居间合同，并对相关内容进行了约定。
证据二 房屋权属档案查阅单1份、银川市存量房买卖合同1份，欲证明城市花园1-2-201室房屋权属在与被申请人的居间合同签订后转移到被申请人妻子丙名下，此房屋是申请人带被申请人看完房屋后进行的私下交易，违反了双方约定的居间合同中的承诺。
证据三 录音光盘2份，欲证明：1. 房屋是在申请人与被申请人签订居间合同后，被申请人与房主进行的私自交易，在申请人处的房屋信息登记是真实的。2. 现房屋城市花园1-2-201产权人是被申请人的妻子。

被申请人辩称：签合同时申请人说是签订一份免费看房协议，没有说明是居间合同及其合同的真实内容，致使被申请人对合同内容不了解，提供的房屋房价过高，并没有站在被申请人的立场与房主谈价，没有提供实际的中介服务，不予支付中介费。对于申请人提交的证据二的真实性、合法性和关联性认可，其余证据均不认可。

被申请人没有提交任何证据。

一、本案焦点

（1）申请人与被申请人之间是否形成居间合同关系；（2）申请人是否带被申请人看房；（3）被申请人是否在签订了居间合同后与银川市城市花园1-2-201所有权人丁进行了交易。

· 163 ·

二、本案法律关系

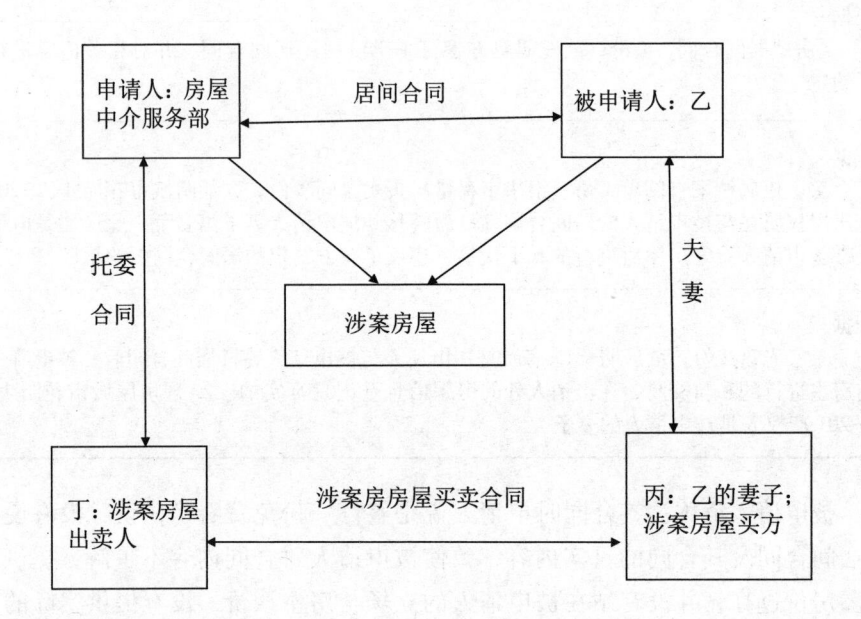

```
申请人：房屋          居间合同          被申请人：乙
中介服务部  ←──────────────────→
      ↘                              ↗     │
        ↘                          ↗       │
   托委    ↘                    ↗          │ 夫妻
   合同      ↘              ↗              │
               涉案房屋                    │
                                           │
                                           ↓
   丁：涉案房屋    涉案房房屋买卖合同    丙：乙的妻子；
   出卖人      ←──────────────────→     涉案房屋买方
```

三、申请人的请求

被申请人应当承担违约责任。其请求权的基础应当是：第一，申请人与被申请人签订的《房屋居间合同》符合《合同法》关于合同生效条件的规定。该合同对双方当事人具有约束力。第二，申请人与被申请人签订的《房屋居间合同》明确约定，由申请人提供的涉案房屋中介服务，被申请人以及被申请人的配偶、直系亲属不得与房主或其他中介机构私自进行交易。而事实上，被申请人的妻子丙，在被申请人看房后私自就涉案房屋进行了交易，违约事实存在。应当依照约定承担违约责任。

四、被申请人抗辩的理由

申请人的请求权不成立。房屋居间服务合同的内容不仅仅是提供房源信息，还包括协助签订房屋买卖合同，协助办理房屋过户手续等。本案中，申请人仅仅是带被申请人看了涉案房屋，并没有提供其他的任何居间服务。所谓的居间服务合同事实上未履行,申请人的仲裁请求缺乏事实依据。

五、关于居间合同

买方利用居间人提供的信息直接与房主交易,是否构成违约,最高人民法院曾发布一个指导案例,对此类案件的审理提供范例。例:

上海中原物业顾问有限公司诉陶某华居间合同纠纷案
（指导案例1号）
（最高人民法院审判委员会讨论通过2011年12月20日发布）

【裁判要点】房屋买卖居间合同中关于禁止买方利用中介公司提供的房源信息却绕开该中介公司与卖方签订房屋买卖合同的约定合法有效。但是,当卖方将同一房屋通过多个中介公司挂牌出售时,买方通过其他公众可以获知的正当途径获得相同房源信息的,买方有权选择报价低、服务好的中介公司促成房屋买卖合同成立,其行为并没有利用先前与之签约中介公司的房源信息,故不构成违约。

【相关法条】《中华人民共和国合同法》第424条

【基本案情】

原告上海中原物业顾问有限公司（简称中原公司）诉称:被告陶某华利用中原公司提供的上海市虹口区株洲路某号房屋销售信息,故意跳过中介,私自与卖方直接签订购房合同,违反了《房地产求购确认书》的约定,属于恶意"跳单"行为,请求法院判令陶某华按约支付中原公司违约金1.65万元。

被告陶某华辩称:涉案房屋原产权人李某某委托多家中介公司出售房屋,中原公司并非独家掌握该房源信息,也非独家代理销售。陶某华并没有利用中原公司提供的信息,不存在"跳单"违约行为。

法院经审理查明:2008年下半年,原产权人李某某到多家房屋中介公司挂牌销售涉案房屋。2008年10月22日,上海某房地产经纪有限公司带陶某华看了该房屋;11月23日,上海某房地产顾问有限公司（简称"某房地产顾问公司"）带陶某华之妻曹某某看了该房屋;11月27日,中原公司带陶某华看了该房屋,并于同日与陶某华签订了《房地产求购确认书》。该《确认书》第2.4条约定，陶某华在验看过该房地产后六个月内，陶某华或其委托人、代理人、代表人、承办人等与陶某华有关联的人，利用中原公司提供的信息、机会等条件但未通过中原公司而与第三方达成买卖交易的，陶某华应按照与出卖方就该房地产买卖达成的实际成交价的1%，向中原公司支付违约金。当时中原公司对该房屋报价165万元，而某房地产顾问公司报价145万元，并积极与卖方协商价格。11月30日，在某房地产顾问公司居间下，陶某华与卖方签订了房屋买卖合同，成交价138万元。后买卖双方办理了过户手续，陶某华向某房地产顾问公司支付佣金1.38万元。

【裁判结果】

上海市虹口区人民法院于2009年6月23日作出［2009］虹民三（民）初字第912号民事判决：被告陶某华应于判决生效之日起十日内向原告中原公司支付违约金1.38万元。宣判后，陶某华提出上诉。上海市第二中级人民法院于2009年9月4日作出［2009］沪二中民二（民）终字第1508号民事判决：一、撤销上海市虹口区人民法院［2009］虹民三（民）初字第912号民事判决；二、中原公司要求陶某华支付违约金1.65万元的诉讼请求，不予支持。

【裁判理由】

法院生效裁判认为：中原公司与陶某华签订的《房地产求购确认书》属于居间合同性质，其中第2.4条的约定，属于房屋买卖居间合同中常有的禁止"跳单"格式条款，其本意是为防止买方利用中介公司提供的房源信息却"跳"过中介公司购买房屋，从而使中介公司无法得到应得的佣金，该约定并不存在免除一方责任、加重对方责任、排除对方主要权利的情形，应认定有效。根据该条约定，衡量买方是否"跳单"违约的关键，是看买方是否利用了该中介公司提供的房源信息、机会等条件。如果买方并未利用该中介公司提供的信息、机会等条件，而是通过其他公众可以获知的正当途径获得同一房源信息，则买方有权选择报价低、服务好的中介公司促成房屋买卖合同成立，而不构成"跳单"违约。本案中，原产权人通过多家中介公司挂牌出售同一房屋，陶某华及其家人分别通过不同的中介公司了解到同一房源信息，并通过其他中介公司促成了房屋买卖合同成立。因此，陶某华并没有利用中原公司的信息、机会，故不构成违约，对中原公司的诉讼请求不予支持。

案例47
建筑工程质量是否合格如何认定？

原告：（反诉被告）甲公司
被告一：（反诉原告）乙公司
被告二：丙公司
被告三：丁公司

◆ **案情简介**

2013年8月29日（倒签日期），乙公司与甲公司订立了《乙公司中试基地土建项目总承包合同》，约定中试基地项目工程分二期建设，采EPC模式总承包。合同项下的工程为一期建设，包括三层办公楼一栋（60米×20米）、两个实验室（50米×10米）、配电室（240平方米）、采暖锅炉房、围墙、厂区9米主道路360米，其他附属道路、大门及相应的公用管网等附属设施。开工日期为2013年10月11日，交工日期为2013年12月31日共计82天。工程质量为合格。合同价款为含税总价人民币1578万元整，其中设计费采用固定价80万元包干，工程施工费采用固定价1498万元，变更增项、签证等执行宁夏银川市现行标准文件另计。

合同签订后，截至2014年3月26日，甲公司未完工。乙公司与甲有限公司于2014年3月26日签订会议纪要，将工期延至2014年5月30日全部完工。截至2014年8月18日，因甲公司自身原因，不具备继续施工能力，导致涉案工程无法完工。双方签订会议纪要解除涉案合同。2014年9月~10月，甲公司退出施工现场。

2016年3月，甲公司在银川市中级人民法院提起诉讼。请求：(1) 乙公司向甲公司支付工程款6 306 739.28元、逾期付款违约金1 892 021.78元；

(2) 丙公司、丁公司对上述债务承担连带责任；(3) 甲公司对涉案工程享有优先受偿权。

乙公司提起反诉：(1) 依法解除《乙公司中试基地土建项目总承包合同》；(2) 甲公司向乙公司支付延期交工违约金 4 023 900 元；(3) 甲公司向乙公司交付已施工工程及相关的工程资料；(4) 反诉费用由甲公司承担。

诉讼中，甲公司提出了对涉案工程增量及价款的鉴定申请，乙公司提出了对涉案工程质量鉴定的申请。

一、各方争议焦点

1. 关于实验室的宽度问题。甲公司认为，依据涉案合同约定，"两个实验室（50 米×10 米）"，但施工中两栋实验室的宽度变更为 50 米×20 米，工程量增加了一倍。乙公司辩称，甲公司提供的实验室设计图纸中记载的宽度为 50 米×19.98 米，与实际施工的宽度基本一致，施工现场项目公示牌亦记载的是 50 米×19.98 米，双方往来资料中没有实验室宽度变更的文字说明，故涉案合同关于"两个实验室（50 米×10 米）"系笔误。

2. 关于涉案工程的交付验收问题。甲公司认为，工程全部建设完毕并移交给了被告，且被告已使用了该工程。乙公司认为，因甲公司退出施工现场后一直未移交施工资料，涉案工程没有竣工验收。

3. 涉案工程的增量范围及价款。甲公司认为，涉案工程除合同约定工程量，还增加了实验室宽度等部分工程，且施工中因工程地质发生变更，导致重新设计，也增加了工程量，增加的工程量经本公司单方结算为 5 013 187.06 元。乙公司辩称，依据宁夏某工程咨询有限公司出具的司法鉴定意见书，如果 2015 年 2 月 10 日~12 日会议纪要有效，合同外增量为 193.9942 万元，未完成工程量为 71.445 万元；会议纪要无效涉案工程增量无争议部分造价为 1 764 475.93 元，争议部分造价为 213 777.55 元；分析实验室是否为笔误由法院裁定，分析实验室如果系笔误，增加造价为 648 921.34 元。双方签订的上述会议纪要因甲公司不提异议因而为有效协议，故涉案工程合同外增量为 193.9942 万元，未完成工程量为 71.445 万元。此与双方签订的会议纪要认定的工程增量及未完工程量基本一致。

4. 涉案工程是否存在质量问题。甲公司认为，工程质量存在瑕疵，但均已维修合格，即使不合格亦因交付使用而免责。乙公司认为，依据双方签订的会议纪要及宁夏某建筑科学研究院出具的建筑工程司法鉴定书。选取涉案工程中厂区围墙、精密实验演示中心、分析实验室（1、2号），变配电所中19处证据进行质量鉴定，其中15处不符合设计、规范要求，不符合相关质量验收规范，均属于施工质量问题。涉案工程至今没有验收交付，更无使用事实，甲公司人员及法院办案人员和工程造价、质量鉴定人员均去过现场，涉案工程现状即为甲公司退场时的现状。

二、本案法律关系

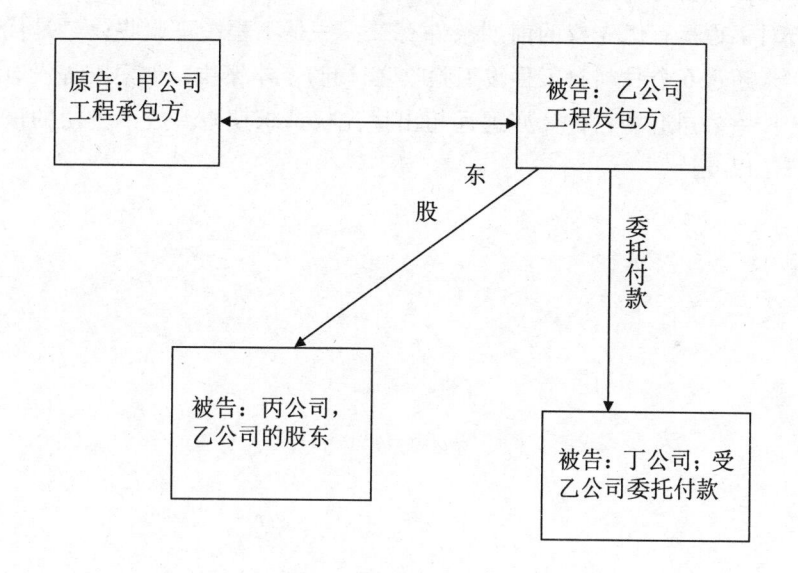

```
┌─────────────┐                    ┌─────────────┐
│ 原告：甲公司 │ ←──────────────→ │ 被告：乙公司 │
│ 工程承包方   │                    │ 工程发包方   │
└─────────────┘                    └─────────────┘
         东股                              │委托付款
              ↘                           ↓
        ┌─────────────┐           ┌─────────────┐
        │ 被告：丙公司，│           │ 被告：丁公司；受│
        │ 乙公司的股东 │           │ 乙公司委托付款│
        └─────────────┘           └─────────────┘
```

三、对甲公司请求权的分析

第一，甲公司请求乙支付工程款并承担违约金，系给付之诉。依据双方签订的合同约定，实现其请求的条件有三：一是工程按期完成；二是竣工验收交付；三是工程经结算有余款未付的事实存在。此三个条件必须同时满足，该项请求应予以支持。其法理基础是，合同为双务实践合同，双方互负债务，有先后履行之分，在先履行义务一方未履行或履行瑕疵未修复之前，后履行义务一方可以拒绝履行。本案中，甲公司没有按期完工，存在逾期交工的事实，涉案工程因存在质量问题没有竣工验收交付，故乙公司拒绝付余款的抗辩理由成立。

第二，甲公司请求丙公司及丁公司承担连带责任，其依据是丙公司系乙公司股东，其前期对涉案工程享有控制权且就工程施工与甲公司订立过施工意向书，涉案工程款亦由其支付。丙公司在施工中成为乙公司唯一股东，在前者无能力支付工程款的情况下应由其支付。本案建设施工正式合同由甲公司与乙公司订立，丁公司并非合同中的权利义务主体，其支付工程款是受乙公司委托而非合同付款义务主体。乙公司虽然系丙公司子公司，但前者系独立法人且合法存续，故丁公司与丙公司不承担连带责任。

第三，甲公司对涉案工程是否享有优先受偿权。依据相关司法解释规定，施工方对工程享有优先权的前期条件有二：一是工程竣工验收；二是优先权的提出未超过6个月（自工程竣工验收之日起）。本案中，涉案工程没有竣工验收，按甲公司退场之日算亦远远超出优先权请求期限。故甲公司的该项请求不应予以支持。

案例48
担保债务是否属于夫妻共同债务？

原告：甲

被告一：乙合作社

被告二：朱某

被告三：华某（与朱某系夫妻关系）

◆ **案情简介**

2015年2月9日，被告乙合作社向原告甲借款200万元，借条约定借款期限自2015年2月9日至2015年4月8日，未约定利息。被告朱某作为担保人在借条上签字。后因被告朱某就涉嫌受贿罪被捕，原告甲于2015年4月向法院起诉，诉讼请求：（1）被告乙合作社偿还借款200万元及利息4355.56元；（2）被告朱某、华某共同偿还借款本金，并承担2015年4月23日至判决确定给付之日的利息损失。

立案后申请追加被告朱某妻子华某为共同被告，并查封了被告华某婚前房屋。经查，被告朱某与被告华某系再婚，于2011年7月15日登记结婚。

一、案件争议焦点

被告华某对被告朱某担保债务是否承担责任？

二、本案法律关系

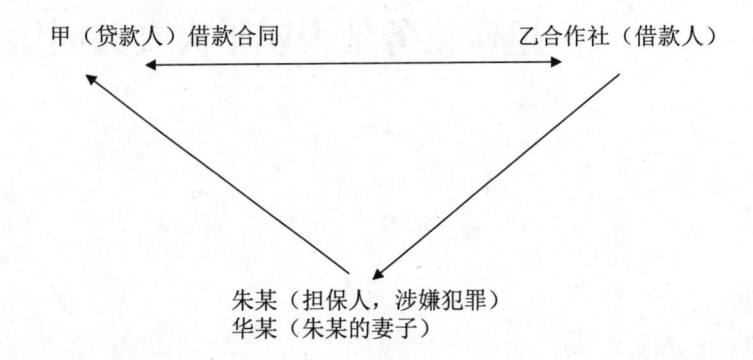

```
甲（贷款人）————借款合同————乙合作社（借款人）
         ↖                              ↙
              朱某（担保人，涉嫌犯罪）
              华某（朱某的妻子）
```

三、甲的请求权分析

第一，甲要求乙合作社归还 200 万元借款，支付违约期间的利息。这一请求权的基础：一是借款合同成立并符合《合同法》关于合同有效的规定。该合同对本案当事人均有约束力。依据该合同约定，被告乙应当承担偿还借款的义务，同时依据我国《合同法》第 207 条的规定，借款人未按照约定的期限返还借款的，应当按照约定或者国家有关规定支付逾期利息。所以，被告应当支付 2015 年 4 月 22 日以后的利息。

第二，甲请求华某承担担保人责任。原告请求的事实依据为朱某与华某系夫妻关系，存续期间朱某为他人担保。法律依据为《婚姻法》第 17 条第 1 款第（二）项关于生产、经营的收益属于夫妻共同财产规定，以及《婚姻法司法解释（二）》第 24 条规定，债权人就婚姻关系存续期间夫妻一方以个人名义所负债务主张权利的，应当按夫妻共同债务处理。但夫妻一方能够证明债权人与债务人明确约定为个人债务，或者能够证明属于《婚姻法》第 19 条第 3 款规定情形的除外。

四、被告华某的抗辩权分析

本案被告朱某为他人担保之债是否系夫妻共同债务成为焦点。实践中，认定夫妻共同债务有两个识别标准：一是夫妻有无共同举债的合意；二是夫妻是否分享了债务所带来的利益，只要具备上述两个要件之一，就可认定为夫妻共同债务。但排除债务承担，配偶需举证证明债务未用于夫妻共同生活，这是被告华某抗辩的重点和难点。

诉讼中，被告华某抓住原告出示的借条上"财产共有人"签字栏为空白这一事实，说明其没有作为共同担保人在借条上签字，不具有与丈夫朱某共同为他人借款予以担保的意思表示。该证据恰好符合了《婚姻法司法解释（二）》第24条中"但书"条款，即"夫妻一方能够证明债权人与债务人明确约定为个人债务的除外"。

诉讼期间，因被告朱某被关押，无法查阅其银行卡流水，并以此证明借款去向。据被告华某陈述，借款的时间正是乙合作社建设酒庄的时间，借款很有可能用于此。经查阅合作社会计账簿，发现账簿有该笔借款用于酒庄建设的记载，可以证明借款用途为被告乙合作社建设资金。被告华某非合作社股东，合作社因朱某涉嫌犯罪被捕，建设停滞，没有收益，故不存在收益用于夫妻共同生活的可能。

被告华某有收入来源，个人财产独立，其与被告朱某财产也相互独立。庭审中被告华某还提交了自己一直经营金大田门业的公司资料，证明婚后经济独立，每月有固定收入的事实。

据此，原告上述关于被告华某与被告朱某共同承担保证责任的请求因无充足的事实依据和法律依据，人民法院驳回其对华某的起诉是正确的。值得一提的是，该案审结后，最高人民法院公布了民一庭关于夫妻一方对外担保之债能否认定为夫妻共同债务的复函——最高人民法院民一庭关于夫妻一方对外担保之债能否认定为夫妻共同债务的复函［2015］民一他字第9号。该函同意福建高院审判委员会多数意见，即夫妻一方对外担保之债不应当适用《婚姻法司法解释（二）》第24条的规定认定为夫妻共同债务。将夫妻一方担保之债从夫妻共同债务中排除，为今后人民法院审理此类案件提供了直接的法律依据。

案例49
民间借贷与虚假债务如何甄别？

申请人：甲
被申请人一：乙
被申请人二：丙
被申请人三：丁
被申请人四：前进公司
被申请人五：环球公司

◆ **案情简介**

2015年7月14日，申请人与被申请人乙、丙签订《借款合同》一份，约定被申请人乙、丙向申请人借款1200万元用于流动资金周转，借款期限自2015年7月14日至2016年7月13日，共12个月，借款利息为月息2.4%，按月付息，借款本金的偿还为每月的20日偿还本金50万元，下余本金到期日一次偿还。若被申请人乙、丙对任何一期利息及本金不能及时归还，则各方一致视为全部借款提前到期，被申请人应当按照约定偿还全部借款及利息，并承担借款总额15%的违约金。被申请人丁、前进公司和环球公司作为保证人为该笔债务承担连带保证责任，保证范围为主债权、利息、违约金、损害赔偿金及诉讼费（仲裁费）、律师费、乙及丙的债权、资产处置过户费等甲实现权利的一切费用，保证期间为主债务全部到期后2年。合同签订后，申请人按照合同约定向被申请人乙银行账户转账1200万元，被申请人乙和丙出具收条确认。截至2016年5月，被申请人乙和丙未按约还本付息。申请人向仲裁委提出如下仲裁请求：（1）被申请人乙、丙偿还借款1200万元，支付利息288万元，暂计算至2016年6月1日，合计1488万元；（2）请求被申请人乙、丙支付自 2016 年 6 月 2 日起至实际支付之日止按照借款利率每月 2.4% 计算的逾期还款违约金（按照实际发生额计算）；（3）被申请人丁、前进公司、环球公司对上述欠款、利息违约金承担连带保证责任；（4）本案仲裁费用由被申请人承担。

被申请人丁答辩称，首先，本案是一起虚假债务，非法债务，申请人所陈述的事实和理由均不属实。本案中所涉及的 1200 万元借款是双方之前 450 万元借款所产生的高额非法利息，为了将此利息予以确定，2015 年 7 月 15 日，申请人甲与被申请人乙签订了 1200 万元的借款合同，申请人将 1200 万元汇入被申请人乙建行账户，随后又汇入第三人王某的账户，紧接着王某将入账的 1200 万元又汇入申请人的账户，这三次的汇款转账仅仅在几分钟之内完成。所以本案属于虚假的非法债务，属于以合法形式掩盖非法目的，涉案借款合同应属无效合同，同时本案当中债权债务同归于申请人，属于债权债务混同。其次，本案债权债务人串通起来骗取担保人进行担保，应属无效担保。申请人与第三人王某的行为涉嫌诈骗行为，随后会向公安机关提交报案材料，要求公安机关立案侦查。综上所述，申请人为达到骗取乙 1200 万元的非法目的，实施了相应的诈骗手段，骗取了担保人的担保，其仲裁请求依法不能成立，请求仲裁庭对其全部仲裁请求依法予以驳回。

申请人提交了下列证据：

证据一：《借款合同》1 份。拟证明 2015 年 7 月 14 日，申请人与被申请人签订《借款合同》，约定被申请人乙、丙向申请人借款 1200 万元，借款期限 12 个月，按月还本付息，利息为每月本金的 2.4%，被申请人需每月偿还本金 50 万元，剩余本金到期日一次性偿还。被申请人丁、前进公司及环球公司作为担保人在该合同上签字，为该笔借款提供连带责任保证，保证期间为主债权到期后两年，担保的范围包括主债权、利息、违约金、损害赔偿金、仲裁费、律师费及股权资产处置过户费等实现债权的一切费用。

证据二：《借据》1 份。拟证明 2015 年 7 月 15 日，被申请人乙、丙出具借据 1 份，收到借款 1200 万元，并承诺按照约定还本付息。

证据三：《银行转账凭条》1 份，《收条》1 份，拟证明 2015 年 7 月 15 日，申请人按照《借款合同》约定向被申请人乙的账户转款 1200 万元。被申请人乙、丙已收到 1200 万元借款，应按照约定偿还本金及利息。

经质证，被申请人丁对证据一的合法性及证明目的有异议，认为该借款

1200万元属于虚假债务、非法债务，被申请人不应当承担担保责任。对证据二的合法性和证明目的有异议，认为1200万元借款是申请人甲与被申请人乙前期借款450万元所滚动计算出来的高额利息。对证据三的合法性和证明目的有异议，认为1200万元在被申请人乙入账的同时被申请人监管着又汇入指定的第三人王某账户，第三人王某又将该1200万元汇入申请人的账户。

被申请人丁提交了证据《交易查询单》1份。拟证明2015年7月15日，被申请人乙在收到申请人1200万元汇款的同日将该1200万元汇入到申请人指定的第三人王某账户，本案属于虚假仲裁。

经质证，申请人对该份证据的真实性予以认可，对关联性和证明目的不予认可，认为该份证据只能显示被申请人乙将款项转给王某，被申请人乙处置自己账户内的款项是其自身的权利，与申请人没有任何关系，法律禁止推理，被申请人的证明目的是通过推理得出的。

一、本案的焦点

（1）申请人与被申请人之间的借贷合同是否成立并生效；（2）本案中关于利息的约定应当如何认定？

二、本案法律关系

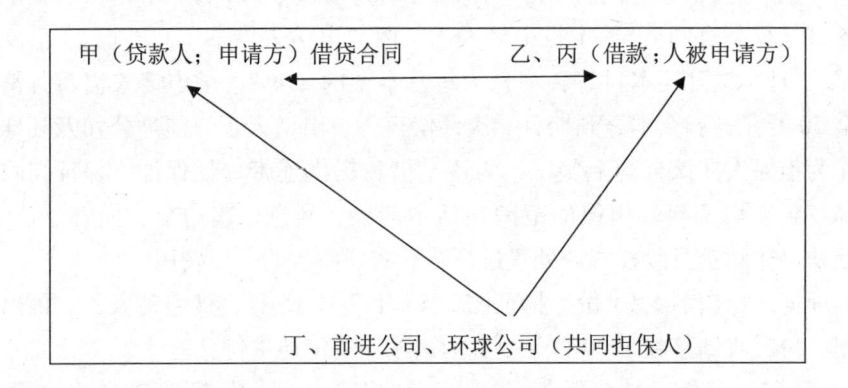

```
甲（贷款人；申请方）——借贷合同——乙、丙（借款；人被申请方）
                    ↖                    ↗
                      丁、前进公司、环球公司（共同担保人）
```

三、对本案请求权的分析

（一）关于申请人与被申请人之间借款关系的认定

申请人与被申请人乙、丙签订的《借款合同》约定月息2.4%，因违反了最高人民法院《关于审理民间借贷案件适用法律若干问题的规定》第26条关于年利率24%的规定，超过部分无效。其余部分系双方当事人的真实意思表示，内容不违反法律、行政法规的强制性规定，合法有效。申请人向被申请人乙、丙出借1200万元的事实，有双方当事人签订的《借款合同》、借据、收条和银行转账凭条证实，申请人与被申请人乙、丙已建立了合法的借款关系并已实际履行，被申请人应当按照合同约定和法律规定向申请人偿还借款本金和利息。

被申请人丁辩称申请人与被申请人乙、丙之间是虚构债务，双方之间不存在真实的借款关系，但其所提交的被申请人乙向案外人转款1200万元的银行交易查询单并不能证明其抗辩主张，其申请仲裁庭调取银行账户交易记录的请求碍于银行的相关规定仲裁庭无法调取。根据最高人民法院《关于适用〈中华人民共和国民事诉讼法〉的解释》第90条之规定，当事人对自己提出的诉讼请求所依据的事实或者反驳对方诉讼请求所依据的事实，应当提供证据加以证明，但法律另有规定的除外。在作出裁决前，当事人未能提供证据或者证据不足以证明其事实主张的，由负有举证证明责任的当事人承担不利的后果。故仲裁庭对其抗辩意见不予支持。

（二）关于本案利息及逾期付款违约金的认定及计算标准

涉案《借款合同》约定借款利息为月息2.4%，借款人按月支付利息，每月的20日偿还本金50万元，下余本金到期日一次偿还。若借款人未能按时支付本金及利息，则借款提前到期。被申请人乙与丙按约应于2015年8月20日前支付首月利息和50万元本金，而至申请人申请仲裁之日，被申请人未向仲裁庭提交如期履行合同偿还借款本息的证据，故申请人请求被申请人偿还本息的主张，仲裁庭予以支持。

根据最高人民法院《关于审理民间借贷案件适用法律若干问题的规定》第26条规定："借贷双方约定的利率未超过年利率24%，出借人请求借款人按照约定的利率支付利息的，人民法院应予支持。年利率超过36%的无效。"本案中，《借款合同》约定借款利息年利率28.8%已经超过24%，故对申请人请求的利息，仲裁庭统一按照年利率24%计算，从2015年7月15日至2016年6月1日的利息为1200万元×24%×322天÷360=257.6万元。（也有人认为：对最高人民法院《关于审理民间借贷案件适用法律若干问题的规定》第26条规定的理解，应当是：最高法院将民间借贷利率问题划分为三个区域，区别对待，即年利率不超过24%的，予以支持；年利率超过36%的约定无效，尚未支付利息的不予支持，已经支付利息的应当返还；而对于约定的年利率在24%~36%之间的，已经支付利率的可以不返还，尚未支付的，法院不予支持。"不予支持"的含义是指视为利息部分没有约定，应当按照银行同期贷款利率计算，而不是按照24%年利率计算利息。）

（三）关于保证人是否承担连带保证责任的认定

本案中，被申请人丁、前进公司和环球公司作为保证人在《借款合同》上签字确认，为被申请人乙与丙的债务承担连带保证责任，保证期限为主债务全部到期后两年，该保证系各方的真实意思表示，不存在无效的情形。被申请人乙、丙自2015年8月20日起未能按约偿还借款本息，根据《借款合同》的约定，视为合同项下主债务已经提前到期，因此，被申请人丁、前进公司和环球公司的保证期限从2015年8月20日开始计算至2017年8月19日。申请人请求上述被申请人承担保证责任也不存在超出保证期限的情形，故被申请人丁、前进公司和环球公司应承担被申请人乙、丙借款的连带清偿责任。

（四）关于仲裁费的负担

根据申请人的仲裁请求获得支持的程度，本案仲裁费用由申请人负担2%，被申请人承担98%。

五、案例

企业之间借贷，往往与其业务往来账目纠缠在一起，有时难以区分是公司债务纠纷，还是企业借贷纠纷？在这方面，最高人民法院的一个指导案例给司法实务提供一个非常好的范例。

案例 49
民间借贷与虚假债务如何甄别？

上海欧宝生物科技有限公司诉
辽宁特莱维置业发展有限公司企业借贷纠纷案

（最高人民法院审判委员会讨论通过 2016 年 9 月 19 日发布）

【裁判要点】

人民法院审理民事案件中发现存在虚假诉讼可能时，应当依职权调取相关证据，详细询问当事人，全面严格审查诉讼请求与相关证据之间是否存在矛盾，以及当事人诉讼中言行是否违背常理。经综合审查判断，当事人存在虚构事实、恶意串通、规避法律或国家政策以谋取非法利益，进行虚假民事诉讼情形的，应当依法予以制裁。

【相关法条】《中华人民共和国民事诉讼法》第 112 条

【基本案情】

上海欧宝生物科技有限公司（以下简称"欧宝公司"）诉称：欧宝公司借款给辽宁特莱维置业发展有限公司（以下简称"特莱维公司"）8650 万元，用于开发辽宁省东港市特莱维国际花园房地产项目。借期届满时，特莱维公司拒不偿还。故请求法院判令特莱维公司返还借款本金 8650 万元及利息。

特莱维公司辩称：对欧宝公司起诉的事实予以认可，借款全部投入到特莱维国际花园房地产项目，房屋滞销，暂时无力偿还借款本息。

一审申诉人谢涛述称：特莱维公司与欧宝公司，通过虚构债务的方式，恶意侵害其合法权益，请求法院查明事实，依法制裁。

法院经审理查明：2007 年 7 月至 2009 年 3 月，欧宝公司与特莱维公司先后签订 9 份《借款合同》，约定特莱维公司向欧宝公司共借款 8650 万元，约定利息为同年贷款利率的 4 倍。约定借款用途为：只限用于特莱维国际花园房地产项目。借款合同签订后，欧宝公司先后共汇款 10 笔，计 8650 万元，而特莱维公司却在收到汇款的当日或数日后立即将其中的 6 笔转出，共计转出 7050 万余元。其中 5 笔转往上海翰皇实业发展有限公司（以下简称"翰皇公司"），共计 6400 万余元。此外，欧宝公司在提起一审诉讼要求特莱维公司还款期间，仍向特莱维公司转款 3 笔，计 360 万元。

欧宝公司法定代表人为宗某光，该公司股东曲某丽持有 73.75% 的股权，姜某琪持有 2% 的股权，宗某光持有 2% 的股权。特莱维公司原法定代表人为王某新，翰皇公司持有该公司90%股权，王某持有10%的股权，2010年8月16日法定代表人变更为姜某琪。工商档案记载，该公司在变更登记时，领取执照人签字处由刘某君签字，而刘某君又是本案原一审诉讼期间欧宝公司的委托代理人，身份系欧宝公司的员工。翰皇公司2002年3月26日成立，法定代表人为王某新，前身为上海特莱维化妆品有限公司，王某新持有该公司67%的股权，曲某丽持有33%的股权，同年10月28日，曲某丽将其持有的股权转让给王某。2004年10月10日该公司更名为翰皇公司，公司登记等手续委托宗某光办理，2011年7月5日该公司注销。王某新与曲某丽系夫妻关系。

本案原一审诉讼期间，欧宝公司于2010年6月22日向辽宁省高级人民法院（以下简称"辽宁高院"）提出财产保全申请，要求查封、扣押、冻结特莱维公司5850万元的财产，王某以其所有的位于辽宁省沈阳市和平区澳门路、建筑面积均为236.4平方米的两处房产为欧宝公司担保。王某鹏以其所有的位于沈阳市皇姑区宁山中路的建筑面积为671.76平方米的房产为欧宝公司担保，沈阳沙琪化妆品有限公司（以下简称"沙琪公司"，股东为王某义和修某芳）以其所有的位于沈阳市东陵区白塔镇小羊安村建筑面积分别为212平方米、946平方米的两处厂房及使用面积为4000平方米的一块土地为欧宝公司担保。

欧宝公司与特莱维公司的《开立单位银行结算账户申请书》记载地址均为东港市新兴路×号，委托经办人均为崔某芳。再审期间谢某向辽宁高院提供上海市第一中级人民法院［2008］沪一中民三（商）终字第426号民事判决书一份，该案系张某珍、贾某克诉翰皇公司、欧宝公司特许经营合同纠纷案，判决所列翰皇公司的法定代表人为王某新，欧宝公司和翰皇公司的委托代理人均系翰皇公司员工宗某光。

二审审理中另查明：

（一）关于欧宝公司和特莱维公司之间关系的事实

工商档案表明，沈阳特莱维化妆品连锁有限责任公司（以下简称"沈阳特莱维"）成立于2000年3月15日，该公司由欧宝公司控股（持股96.67%），设立时的经办人为宗某光。公司登记的处所系向沈阳丹菲专业护肤中心承租而来，该中心负责人为王某义。2005年12月23日，特莱维公司原法定代表人王某新代表欧宝公司与案外人张某珍签订连锁加盟（特许）合同。2007年2月28日，霍某代表特莱维公司与世安建设集团有限公司（以下简称"世安公司")签订关于特莱维国际花园项目施工的《补充协议》。2010年5月,魏某丽经特莱维公司授权办理银行账户的开户,2011年9月又代表欧宝公司办理银行账户开户。两账户所留联系人均为魏某丽,联系电话均为同一号码,与欧宝公司2010年6月10日提交辽宁高院的民事起诉状中所留特莱维公司联系电话相同。

2010年9月3日,欧宝公司向辽宁高院出具《回复函》称:同意提供位于上海市青浦区苏虹公路332号的面积12 026.91平方米、价值2亿元的房产作为保全担保。欧宝公司庭审中承认,前述房产属于上海特莱维护肤品股份有限公司(以下简称"上海特莱维")所有。上海特莱维成立于2002年12月9日,法定代表人为王某新,股东有王某新、翰皇公司的股东王某、邹某,欧宝公司的股东宗某光、姜某琪、王某等人。王某同时任上海特莱维董事,宗某光任副董事长兼副总经理,王某任副总经理,霍某任董事。

2011年4月20日,欧宝公司向辽宁高院申请执行[2010]辽民二初字第15号民事判决,该院当日立案执行。同年7月12日,欧宝公司向辽宁高院提交书面申请称:"为尽快回笼资金,减少我公司损失,经与被执行人商定,我公司允许被执行人销售该项目的剩余房产,但必须由我公司指派财务人员收款,所销售的房款须存入我公司指定账户。"2011年9月6日,辽宁高院向东港市房地产管理处发出《协助执行通知书》,以相关查封房产已经给付申请执行人抵债为由,要求该处将前述房产直接过户登记到案外买受人名下。

欧宝公司申请执行后,除谢涛外,特莱维公司的其他债权人世安公司、江西临川建筑安装工程总公司、东港市前阳建筑安装工程总公司也先后以提交执行异议等形式,向辽宁高院反映欧宝公司与特莱维公司虚构债权进行虚假诉讼。

翰皇公司的清算组成员由王某新、王某、姜某琪担任,王某新为负责人;清算组在成立之日起10日内通知了所有债权人,并于2011年5月14日在《上海商报》上刊登了注销公告。2012年6月25日,王某新将翰皇公司所持特莱维公司股权中的1600万元转让于王某,200万元转让于邹某,并于2012年7月9日办理了工商变更登记。

沙琪公司的股东王某义和修某芳分别是王某新的父亲和母亲;欧宝公司的股东王阁系王某新的哥哥王某鹏之女;王某新与王某系兄妹关系。

(二) 关于欧宝公司与案涉公司之间资金往来的事实

欧宝公司尾号为8115的账户（以下简称"欧宝公司8115账户"）2006年1月4日至2011年9月29日的交易明细显示，自2006年3月8日起，欧宝公司开始与特莱维公司互有资金往来。其中，2006年3月8日欧宝公司该账户汇给特莱维公司尾号为4891账户（以下简称"特莱维公司4891账户"）300万元，备注用途为借款，2006年6月12日转给特莱维公司801万元。2007年8月16日至23日从特莱维公司账户转入欧宝公司8115账户近70笔款项，备注用途多为货款。该账户自2006年1月4日至2011年9月29日与沙琪公司、沈阳特莱维、翰皇公司、上海特莱维均有大笔资金往来，用途多为货款或借款。

欧宝公司在中国建设银行东港支行开立的账户（尾号0357）2010年8月31日至2011年11月9日的交易明细显示：该账户2010年9月15日、9月17日由欧宝公司以现金形式分别存入168万元、100万元；2010年9月30日支付东港市安邦房地产开发有限公司工程款100万元；2010年9月30日自"特莱维公司账户"（尾号0549）转入100万元，2011年8月22日、8月30日、9月9日自特莱维公司账户分别转入欧宝公司该账户71.6985万元、51.4841万元、62.3495万元，2011年11月4日特莱维公司尾号为5555账户（以下简称"特莱维公司5555账户"）以法院扣款的名义转入该账户84.556 787万元；2011年9月27日以"往来款"名义转入欧宝公司8115账户193.5万元，2011年11月9日转入欧宝公司尾号4548账户（以下简称"欧宝公司4548账户"）157.995万元。

欧宝公司设立在中国工商银行上海青浦支行的账户（尾号5617）显示，2012年7月12日该账户以"借款"名义转入特莱维公司50万元。

欧宝公司在中国建设银行沈阳马路湾支行的4548账户2013年10月7日至2015年2月7日期间的交易明细显示，自2014年1月20日起，特莱维公司以"还款"名义转入该账户的资金，大部分又以"还款"名义转入王某鹏个人账户和上海特莱维的账户。

翰皇公司建设银行上海分行尾号为4917账户（以下简称"翰皇公司4917账户"）2006年1月5日至2009年1月14日的交易明细显示，特莱维公司4891账户2008年7月7日转入翰皇公司该账户605万元，同日翰皇公司又从该账户将同等数额的款项转入特莱维公司5555账户，但自翰皇公司打入特莱维公司账户的该笔款项计入了特莱维公司的借款数额，自特莱维公司打入翰皇公司的款项未计入该公司的还款数额。该账户同时间段还分别和欧宝公司、沙琪公司以"借款""往来款"的名义进行资金转入和转出。

特莱维公司 5555 账户 2006 年 6 月 7 日至 2015 年 9 月 21 日的交易明细显示，2009 年 7 月 2 日自该账户以"转账支取"的名义汇入欧宝公司的账户（尾号 0801）600 万元；自 2011 年 11 月 4 日起至 2014 年 12 月 31 日止，该账户转入欧宝公司资金达 30 多笔，最多的为 2012 年 12 月 20 日汇入欧宝公司 4548 账户的一笔达 1800 万元。此外，该账户还有多笔大额资金在 2009 年 11 月 13 日至 2010 年 7 月 19 日期间以"借款"的名义转入沙琪公司账户。

沙琪公司在中国光大银行沈阳和平支行的账户（尾号 6312）2009 年 11 月 13 日至 2011 年 6 月 27 日的交易明细显示，特莱维公司转入沙琪公司的资金，有的以"往来款"或者"借款"的名义转回特莱维公司的其他账户。例如，2009 年 11 月 13 日自特莱维公司 5555 账户以"借款"的名义转入沙琪公司 3800 万元，2009 年 12 月 4 日又以"往来款"的名义转回特莱维公司另外设立的尾号为 8361 账户（以下简称"特莱维公司 8361 账户"）3800 万元；2010 年 2 月 3 日自特莱维公司 8361 账户以"往来款"的名义转入沙琪公司账户的 4827 万元，同月 10 日又以"借款"的名义转入特莱维公司 5555 账户 500 万元，以"汇兑"名义转入特莱维公司 4891 账户 1930 万元，2010 年 3 月 31 日沙琪公司又以"往来款"的名义转入特莱维公司 8361 账户 1000 万元，同年 4 月 12 日以系统内划款的名义转回特莱维公司 8361 账户 1806 万元。特莱维公司转入沙琪公司账户的资金有部分流入了沈阳特莱维的账户。例如，2010 年 5 月 6 日以"借款"的名义转入沈阳特莱维 1000 万元，同年 7 月 29 日以"转款"的名义转入沈阳特莱维 2272 万元。此外，欧宝公司也以"往来款"的名义转入该账户部分资金。

欧宝公司和特莱维公司均承认，欧宝公司 4548 账户和在中国建设银行东港支行的账户（尾号 0357）由王某新控制。

【裁判结果】

辽宁高院 2011 年 3 月 21 日作出 [2010] 辽民二初字第 15 号民事判决：特莱维公司于判决生效后 10 日内偿还欧宝公司借款本金 8650 万元及借款实际发生之日起至判决确定给付之日止的中国人民银行同期贷款利息。该判决发生法律效力后，因案外人谢涛提出申诉，辽宁高院于 2012 年 1 月 4 日作出 [2012] 辽立二民监字第 8 号民事裁定再审本案。辽宁高院经再审于 2015 年 5

月 20 日作出［2012］辽审二民再字第 13 号民事判决，驳回欧宝公司的诉讼请求。欧宝公司提起上诉，最高人民法院第二巡回法庭经审理于 2015 年 10 月 27 日作出［2015］民二终字第 324 号民事判决，认定本案属于虚假民事诉讼，驳回上诉，维持原判。同时作出罚款决定，对参与虚假诉讼的欧宝公司和特莱维公司各罚款 50 万元。

【裁判理由】

法院生效裁判认为：人民法院保护合法的借贷关系，同时对于恶意串通进行虚假诉讼意图损害他人合法权益的行为，应当依法制裁。本案争议的焦点问题有两个，一是欧宝公司与特莱维公司之间是否存在关联关系；二是欧宝公司和特莱维公司就争议的 8650 万元是否存在真实的借款关系。

一、欧宝公司与特莱维公司是否存在关联关系的问题

《中华人民共和国公司法》第 217 条规定，关联关系，是指公司控股股东、实际控制人、董事、监事、高级管理人员与其直接或间接控制的企业之间的关系，以及可能导致公司利益转移的其他关系。可见，公司法所称的关联公司，既包括公司股东的相互交叉，也包括公司共同由第三人直接或者间接控制，或者股东之间、公司的实际控制人之间存在直系血亲、姻亲、共同投资等可能导致利益转移的其他关系。

本案中，曲某丽为欧宝公司的控股股东，王某新是特莱维公司的原法定代表人，也是案涉合同签订时特莱维公司的控股股东翰皇公司的控股股东和法定代表人，王某新与曲某丽系夫妻关系，说明欧宝公司与特莱维公司由夫妻二人控制。欧宝公司称两人已经离婚，却未提供民政部门的离婚登记或者人民法院的生效法律文书。虽然辽宁高院受理本案诉讼后，特莱维公司的法定代表人由王某新变更为姜某琪，但王某新仍是特莱维公司的实际控制人。同时，欧宝公司股东兼法定代表人宗某光、王某等人，与特莱维公司的实际控制人王某新、法定代表人姜某琪、目前的控股股东王某共同投资设立了上海特莱维，说明欧宝公司的股东与特莱维公司的控股股东、实际控制人存在其他的共同利益关系。另外，沈阳特莱维是欧宝公司控股的公司，沙琪公司的股东是王某新的父亲和母亲。可见，欧宝公司与特莱维公司之间、前述两公司与沙琪公司、上海特莱维、沈阳特莱维之间均存在关联关系。

欧宝公司与特莱维公司及其他关联公司之间还存在人员混同的问题。首先，高管人员之间存在混同。姜某琪既是欧宝公司的股东和董事，又是特莱

维公司的法定代表人，同时还参与翰皇公司的清算。宗某光既是欧宝公司的法定代表人，又是翰皇公司的工作人员，虽然欧宝公司称宗某光自2008年5月即从翰皇公司辞职，但从上海市第一中级人民法院［2008］沪一中民三（商）终字第426号民事判决载明的事实看，该案2008年8月至12月审理期间，宗某光仍以翰皇公司工作人员的身份参与诉讼。王某1既是欧宝公司的监事，又是上海特莱维的董事，还以该公司工作人员的身份代理相关行政诉讼。王某既是特莱维公司的监事，又是上海特莱维的董事。王某新是特莱维公司原法定代表人、实际控制人，还曾先后代表欧宝公司、翰皇公司与案外第三人签订连锁加盟（特许）合同。其次，普通员工也存在混同。霍某是欧宝公司的工作人员，在本案中作为欧宝公司原一审诉讼的代理人，2007年2月23日代表特莱维公司与世安公司签订建设施工合同，又同时兼任上海特莱维的董事。崔某芳是特莱维公司的会计，2010年1月7日代特莱维公司开立银行账户，2010年8月20日本案诉讼之后又代欧宝公司开立银行账户。欧宝公司当庭自述魏某丽系特莱维公司的工作人员，2010年5月魏某丽经特莱维公司授权办理银行账户开户，2011年9月诉讼之后又经欧宝公司授权办理该公司在中国建设银行沈阳马路湾支行的开户，且该银行账户的联系人为魏某丽。刘某君是欧宝公司的工作人员，在本案原一审和执行程序中作为欧宝公司的代理人，2009年3月17日又代特莱维公司办理企业登记等相关事项。刘某以特莱维公司员工名义代理本案诉讼，又受王某新的指派代理上海特莱维的相关诉讼。

上述事实充分说明，欧宝公司、特莱维公司以及其他关联公司的人员之间并未严格区分，上述人员实际上服从王某新一人的指挥，根据不同的工作任务，随时转换为不同关联公司的工作人员。欧宝公司在上诉状中称，在2007年借款之初就派相关人员进驻特莱维公司，监督该公司对投资款的使用并协助工作，但早在欧宝公司所称的向特莱维公司转入首笔借款之前5个月，霍某即参与该公司的合同签订业务。而且从这些所谓的"派驻人员"在特莱维公司所起的作用看，上述人员参与了该公司的合同签订、财务管理到诉讼代理的全面工作，而不仅是监督工作，欧宝公司的辩解，不足为信。辽宁高院关于欧宝公司和特莱维公司系由王某新、曲某丽夫妇控制之关联公司的认定，依据充分。

二、欧宝公司和特莱维公司就争议的8650万元是否存在真实借款关系的

问题

根据最高人民法院《关于适用〈中华人民共和国民事诉讼法〉的解释》第 90 条规定，当事人对自己提出的诉讼请求所依据的事实或者反驳对方诉讼请求所依据的事实，应当提供证据加以证明；当事人未能提供证据或者证据不足以证明其事实主张的，由负有举证证明责任的当事人承担不利的后果。第 108 条规定："对负有举证证明责任的当事人提供的证据，人民法院经审查并结合相关事实，确信待证事实的存在具有高度可能性的，应当认定该事实存在。对一方当事人为反驳负有举证责任的当事人所主张的事实而提供的证据，人民法院经审查并结合相关事实，认为待证事实真伪不明的，应当认定该事实不存在。"在当事人之间存在关联关系的情况下，为防止恶意串通提起虚假诉讼，损害他人合法权益，人民法院对其是否存在真实的借款法律关系，必须严格审查。

欧宝公司提起诉讼，要求特莱维公司偿还借款 8650 万元及利息，虽然提供了借款合同及转款凭证，但其自述及提交的证据和其他在案证据之间存在无法消除的矛盾，当事人在诉讼前后的诸多言行违背常理，主要表现为以下 7 个方面：

第一，从借款合意形成过程来看，借款合同存在虚假的可能。欧宝公司和特莱维公司对借款法律关系的要约与承诺的细节事实陈述不清，尤其是作为债权人欧宝公司的法定代表人、自称是合同经办人的宗某光，对所有借款合同的签订时间、地点、每一合同的己方及对方经办人等细节，语焉不详。案涉借款每一笔均为大额借款，当事人对所有合同的签订细节、甚至大致情形均陈述不清，于理不合。

第二，从借款的时间上看，当事人提交的证据前后矛盾。欧宝公司的自述及其提交的借款合同表明，欧宝公司自 2007 年 7 月开始与特莱维公司发生借款关系。向本院提起上诉后，其提交的自行委托形成的审计报告又载明，自 2006 年 12 月份开始向特莱维公司借款，但从特莱维公司和欧宝公司的银行账户交易明细看，在 2006 年 12 月之前，仅欧宝公司 8115 账户就发生过两笔高达 1100 万元的转款，其中，2006 年 3 月 8 日以"借款"名义转入特莱维公司账户 300 万元，同年 6 月 12 日转入 801 万元。

第三，从借款的数额上看，当事人的主张前后矛盾。欧宝公司起诉后，先主张自 2007 年 7 月起累计借款金额为 5850 万元，后在诉讼中又变更为

8650万元,上诉时又称借款总额1.085亿元,主张的借款数额多次变化,但只能提供8650万元的借款合同。而谢涛当庭提交的银行转账凭证证明,在欧宝公司所称的1.085亿元借款之外,另有4400多万元的款项以"借款"名义打入特莱维公司账户。对此,欧宝公司自认,这些多出的款项是受王某新的请求帮忙转款,并非真实借款。该自认说明,欧宝公司在相关银行凭证上填写的款项用途极其随意。从本院调取的银行账户交易明细所载金额看,欧宝公司以借款名义转入特莱维公司账户的金额远远超出欧宝公司先后主张的上述金额。此外,还有其他多笔以"借款"名义转入特莱维公司账户的巨额资金,没有列入欧宝公司所主张的借款数额范围。

第四,从资金往来情况看,欧宝公司存在单向统计账户流出资金而不统计流入资金的问题。无论是案涉借款合同载明的借款期间,还是在此之前,甚至诉讼开始以后,欧宝公司和特莱维公司账户之间的资金往来,既有欧宝公司转入特莱维公司账户款项的情况,又有特莱维公司转入欧宝公司账户款项的情况,但欧宝公司只计算己方账户转出的借方金额,而对特莱维公司转入的贷方金额只字不提。

第五,从所有关联公司之间的转款情况看,存在双方或多方账户循环转款问题。如上所述,将欧宝公司、特莱维公司、翰皇公司、沙琪公司等公司之间的账户对照检查,存在特莱维公司将己方款项转入翰皇公司账户过桥欧宝公司账户后,又转回特莱维公司账户,造成虚增借款的现象。特莱维公司与其他关联公司之间的资金往来也存在此种情况。

第六,从借款的用途看,与合同约定相悖。借款合同第2条约定,借款限用于特莱维国际花园房地产项目,但是案涉款项转入特莱维公司账户后,该公司随即将大部分款项以"借款""还款"等名义分别转给翰皇公司和沙琪公司,最终又流向欧宝公司和欧宝公司控股的沈阳特莱维。至于欧宝公司辩称,特莱维公司将款项打入翰皇公司是偿还对翰皇公司借款的辩解,由于其提供的翰皇公司和特莱维公司之间的借款数额与两公司银行账户交易的实际数额互相矛盾,且从流向上看大部分又流回了欧宝公司或者其控股的公司,其辩解不足为凭。

第七,从欧宝公司和特莱维公司及其关联公司在诉讼和执行中的行为来看,与日常经验相悖。欧宝公司提起诉讼后,仍与特莱维公司互相转款;特莱维公司不断向欧宝公司账户转入巨额款项,但在诉讼和执行程序中却未就还款金额对欧宝公司的请求提出任何抗辩；欧宝公司向辽宁高院申请财产保全，特莱维公司的股东王某却以其所有的房产为本应是利益对立方的欧宝公司提供担保；欧宝公司在原一审诉讼中另外提供担保的上海市青浦区房产的所有权，竟然属于王某新任法定代表人的上海特莱维；欧宝公司和特莱维公司当庭自认，欧宝公司开立在中国建设银行东港支行、中国建设银行沈阳马路湾支行的银行账户都由王某新控制。

对上述矛盾和违反常理之处，欧宝公司与特莱维公司均未作出合理解释。由此可见，欧宝公司没有提供足够的证据证明其就案涉争议款项与特莱维公司之间存在真实的借贷关系。且从调取的欧宝公司、特莱维公司及其关联公司账户的交易明细发现，欧宝公司、特莱维公司以及其他关联公司之间、同一公司的不同账户之间随意转款，款项用途随意填写。结合在案其他证据，法院确信，欧宝公司诉请之债权系截取其与特莱维公司之间的往来款项虚构而成，其以虚构债权为基础请求特莱维公司返还 8650 万元借款及利息的请求不应支持。据此，辽宁高院再审判决驳回其诉讼请求并无不当。

至于欧宝公司与特莱维公司提起本案诉讼是否存在恶意串通损害他人合法权益的问题。首先，无论欧宝公司，还是特莱维公司，对特莱维公司与一审申诉人谢涛及其他债权人的债权债务关系是明知的。从案涉判决执行的过程看，欧宝公司申请执行之后，对查封的房产不同意法院拍卖，而是继续允许该公司销售，特莱维公司每销售一套，欧宝公司即申请法院解封一套。在接受法院当庭询问时，欧宝公司对特莱维公司销售了多少查封房产，偿还了多少债务陈述不清，表明其提起本案诉讼并非为实现债权，而是通过司法程序进行保护性查封以阻止其他债权人对特莱维公司财产的受偿。虚构债权，恶意串通，损害他人合法权益的目的明显。其次，从欧宝公司与特莱维公司人员混同、银行账户同为王某新控制的事实可知，两公司同属一人，均已失去公司法人所具有的独立人格。《中华人民共和国民事诉讼法》第 112 条规定："当事人之间恶意串通，企图通过诉讼、调解等方式侵害他人合法权益的，人民法院应当驳回其请求，并根据情节轻重予以罚款、拘留；构成犯罪的，依法追究刑事责任。"一审申诉人谢涛认为欧宝公司与特莱维公司之间恶意串通提起虚假诉讼损害其合法权益的意见，以及对有关当事人和相关责任人进行制裁的请求，于法有据，应予支持。

（生效裁判审判人员：胡云腾、范向阳、汪国献）

案例50
营业房未使用，物业费应否缴纳？

原告： 甲公司（法定代表人：王某，该公司总经理）
被告： 刘某

◆ 案情简介

原告是银川市光华商业区的物业管理单位，具有四级供暖、物业管理资质。被告刘某是位于银川市光华商业区3#-12号商铺的业主，房屋建筑面积220.19平方米。2009年3月19日，原告与被告刘某签订《物业服务合同》一份，合同约定：原告为被告所有的"光华商业区3#-12号商铺"提供物业服务，被告按时向原告缴纳物业服务费及其他服务费用或代收代缴费用；被告自原告通知被告办理迁入手续之日起，按房屋的建筑面积向原告缴纳物业服务费，每月每平方米4元。被告应于本合同签订之日一次性预缴半年的物业服务费。此后的物业服务费按季度结算，被告须在每季最后一个月的25日前缴纳下一季度的物业服务费。并约定受有关部门或单位及被告的委托，原告可提供水费、电费、燃（煤）气费、暖气费等代收代缴服务，具体执行方式及收费标准按当地政府规定实行。被告逾期支付物业服务费、保证金或其他应缴费用的，被告除应如数支付或补足外，每逾期一日，按应付未付金额的3‰向原告支付违约金。合同同时约定了双方的权利义务等。

在合同履行过程中，原告为了扶持光华商业区营业户，将合同约定的物业费每月每平方米4元，实际按照每月每平方米3元收取。受委托收取采暖费的标准按照银川市发展和改革委员会银发改发［2009］338号确定的6元/平方米月收取。被告自2012年1月1日至2016年9月30日欠缴57个月的物业费，即37652.49元；自2014年11月1日至2015年3月31日、2015年11

月 1 日至 2016 年 3 月 31 日欠缴两个采暖期的采暖费 13 211.40 元。经原告催要未果。现向法院提起诉讼：

1. 请求依法裁决被告向原告支付拖欠物业服务费 37652.49 元（220.19 平方米×3 元/平方米/月×57 个月，自 2012 年 1 月 1 日暂计算至 2016 年 9 月 30 日）；

2. 被告向原告支付采暖费 13211.4 元（220.19 平方米×6 元/平方米/月×5 个月×2，自 2014 年暂计算至 2016 年两个采暖期）；

3. 被告向原告支付违约金 5086.3 元；

4. 本案仲裁费由被告承担。

为支持原告的诉讼请求，原告提交以下证据：

证据 1：《银川市供热企业资质证书》1 份	拟证明原告甲公司具备物业管理服务、供热服务的相关资质，原告与被告签订了物业服务合同，是本案适格的原告。
证据 2：《物业服务合同》1 份	拟证明原告与被告签订《物业服务合同》，原告提供物业服务，被告应当按照约定支付物业费、采暖费，同时约定了逾期交款的违约责任。
证据 3：银川市发展和改革委员会文件《关于调整银川市集中供热价格的通知》1 份	拟证明银川市集中供热价格为商业用房按每月 6 元/平方米收取。
证据 4：照片 4 张	拟证明原告履行了物业服务合同约定的义务，并多次向被告催款。
证据 5：律师函 1 份	拟证明被告未缴纳物业费、采暖费，原告向被告发出律师函催收。

被告辩称：营业房自购买后一直没有租出去，本人也没有使用，不应当承担物业费。

一、本案焦点

（1）原告与被告签署的《物业服务合同》是否成立有效？（2）采暖费是否应当由被告承担？（3）被告是否应当承担违约金？

二、本案法律关系

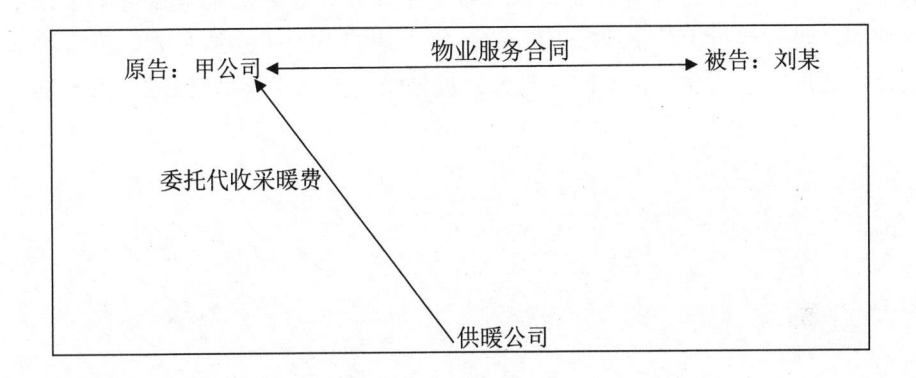

```
原告：甲公司 ←——物业服务合同——→ 被告：刘某
          ↖
           委托代收采暖费
                    ↖
                     供暖公司
```

三、请求权的基础

第一，原告与被告签订的《物业服务合同》系双方当事人真实的意思表示，且没有违反法律的强制性规定，符合《合同法》关于合同生效的条件，该合同应当成为裁决双方责任的依据。

第二，原告已经履行了合同约定的物业服务和代缴采暖费的义务。关于物业服务费的计算，原告主动降低收费标准，虽然是单方意思，但对于被告完全有利，被告不应当不同意。

第三，被告至今未履行《物业服务合同》中约定的缴费义务，存在违约的事实。被告实际欠缴物业费 37 652.49 元，按照约定应当承担的违约金是：37 652.49×1710 天×3‰ = 193 157 元，但原告只主张 5086.3 元，远远低于被告应当支付的违约金。该请求应当得到法院的支持。

第四，被告没有实际使用营业房，要求减免物业费的主张缺乏合法依据，其抗辩不能成立。

四、被告刘某的抗辩理由

第一，本案中《物业服务合同》作为格式合同，是在领取房屋钥匙的时候一起签的，不签合同将得不到钥匙，被告方除了签字没有拒绝的办法。

第二，关于营业房未使用的情况下，物业费如何收取没有约定，所以，被告多次协商，原告却拒绝协商，依据最高法院对格式条款的解释，应当按照不利于格式合同制定者的意思解释，即依据原告履行物业服务的事实缴纳物业服务费，而被告没有营业，就没有产生垃圾，原告的物业服务除了按期供暖，并没有履行卫生服务行为，故被告不应当支付卫生服务费。或者物业费减半收取，也是比较公平的。为此，被告应当提供营业房没有营业的证据。

案例51
装修工程质量纠纷如何举证？

申请人：赵某
被申请人：甲装修公司

◆ **案情简介**

2013年5月8日，申请人与被申请人签订《装修合同》，约定由被申请人负责装修申请人位于阅海万家11-4-902室的房屋。申请人已经按照合同约定履行了全部合同内容并支付了所有合同价款，但2016年6月份，申请人楼下的住户反映其卫生间楼面渗水，造成其衣帽间柜子及门套、门后墙开裂、掉漆、卫生间屋顶起皮等情况，该住户向申请人提出要求赔偿15 790元。申请人经多次与被申请人协商解决维修、赔偿等事宜，但被申请人久拖不决。申请人认为，被申请人未能按照合同约定履行合同义务给申请人带来了损失，损害了申请人的合法权益。提出如下请求：

1. 被申请人对申请人房屋的水管等隐蔽工程进行全面检修，并对厨房隐蔽性工程漏水进行维修；

2. 被申请人延长申请人房屋装修质保期为5年，并对质保期内因装修工程质量引发的问题所产生的相关全部损失承担无偿维修、恢复原样以及赔偿责任；

3. 本案仲裁费用由被申请人承担。

申请人提交了如下证据：

证据一
　　1-1 企业信息（原件）；
　　1-2 收据和付款凭证（原件），拟证明涉案房屋的装修是由被申请人的股东之一房恒年具体负责。

续表

证据二 　　2-1 装修合同（原件）； 　　2-2 决算表（原件）； 　　2-3 家庭装修保修单（原件）； 　　2-4 关于阅海万家 11-4-802 室房屋维修赔偿的说明（原件），拟证明在隐蔽工程的保修期限内，申请人房屋卫生间渗水给其本人和楼下住户造成实际损失。
证据三 　　3-1 照片 3 张（打印件）； 　　3-2 水管接头照片 1 张（打印件），拟证明被申请人给申请人装修的房屋卫生间渗水，给申请人本人和楼下住户造成实际损失。

本案，被申请人未到，也未提交答辩意见。

一、本案的审理重点

（1）装修工程是否存在质量问题，以及质量问题的范围、原因及责任；
（2）申请人是否有权要求被申请人延长房屋装修质保期为 5 年。

二、本案中申请人的请求权分析

第一，双方当事人签订的《装修合同》成立并有效。申请人提交的《装修合同》为双方当事人真实的意思表示，内容不损害国家、集体、第三人和社会公共利益，不违反法律、行政法规的强制性规定，而被申请人没有到庭，也没有提供相反的事实证据，所以，本案《装修合同》合法有效。双方当事人应当按照合同约定履行义务，主张权利。合同的内容应当作为认定本案事实和判定双方是否适当履行应负义务的主要依据。被申请人应当承担缺席审理，未提交相关证据的不利后果。

第二，关于装修工程是否存在质量问题以及质量问题的范围、原因及责任的问题。申请人认为，由于被申请人的装修工程质量不符合《装修合同》约定的标准，造成申请人楼下住户卫生间楼面渗水，衣帽间柜子及门套、门后墙开裂、掉漆，卫生间屋顶起皮等情况，应由被申请人承担赔偿责任。但是，装修工程质量问题的范围、原因及责任需要通过鉴定机构的鉴定意见才能确定，但由于申请人当庭表示不同意垫付鉴定费用，故无法认定涉案房屋装修质量问题的范围、原因和责任。所以，申请人的该项请求难以获得支持。

第三，关于申请人是否有权要求被申请人延长房屋装修质保期为5年的问题。由于申请人当庭不能提供被申请人延长房屋装修质保期的合同依据和法律依据，该项请求也很难得到支持。

第四，本案中，虽然被申请方没有出庭，理应承担由此而产生的不利后果，但仲裁庭对待申请人的请求，也应当依据事实和法律进行裁决，而不是仅仅因为缺乏抗辩，就支持申请人的请求。

三、仲裁庭裁决

原告证据不足，驳回申请。

案例52

本案是不当得利？还是委托代理？

原告：谭某
被告：贺某

◆ 案情简介

谭某与贺某系同学关系。2015年4月期间，贺某以其为北京易嘉汇网络科技有限公司（以下简称"易嘉汇公司"）融资为由，对谭某称，如果谭某将固定款项转入贺某账户后，她就可以帮其购得易嘉汇公司股权，享受投资收益。出于同学间的信任，2015年5月2日谭某按贺某的要求将5万元款项汇入贺某的账户，贺某称之后为谭某购买股权的工作由其安排，但自始至终，谭某未与易嘉汇公司签订任何股权购买协议，更没有办理相关手续，贺某一直以各种理由推脱，时而称董事长被捕，时而称公司改制。

经再三催促，2016年4月30日，谭某通过快递收到了一张易嘉汇公司的股权证一份，但没有收到任何股权收益。2016年5月后，谭某通过各种方式均无法与贺某取得联系。经查证，谭某根本不是易嘉汇公司股东，亦未享受过易嘉汇公司任何股东权益。2017年5月8日，谭某以返还不当得利为由将贺某诉至法院。诉讼请求：（1）贺某返还不当得利款5万元。（2）赔偿利息损失6000元。（3）诉讼费用由贺某承担。

一、本案焦点

被告贺某占有原告谭某的涉案资金5万元是否构成不当得利？6000元的利息损失是否应当由被告贺某承担？

二、原告请求权的基础分析

第一，关于不当得利是否构成的问题。不当得利是指没有法律依据，取得不当利益，造成他人损失，应当将取得的不当利益返还受损失的人。结合不当得利的构成要件，具体到本案中分析如下：①必须是一方获得财产利益：本案中被告利用原告的信任，通过原告银行转账方式获得5万元现金。被告当庭予以认可其5万元的转账凭证，被告虽拒不承认其一直占有涉案5万元，但没有相关有力的证据证明被告将该笔资金交付易嘉汇公司。据此，可以推定该笔资金仍然由被告占有、使用。②必须是他方受损失：本案中，原告将5万元汇入被告账户中，只取得一张形同废纸的易嘉汇公司的股权证书，再无任何受益，且经过查证，原告根本不是易嘉汇公司的股东，也不可能享受该公司股东的利益。因此5万元的本金和该笔资金被占用期间的利息就是原告的实际损失。③受益人取得利益与受损人所受损失间具有因果关系：本案中，原告受损与被告取得利益是基于同一法律事实，正是因为原告相信被告的所谓入股能取得分红收益，原告才将5万元汇入被告账户，二者具有直接因果关系。④受益没有法律上的依据：原告转给被告的5万元资金，是要求被告代为投资所用，不是赠与被告，所以，被告没有任何理由占用该笔资金。而事实上，被告在收到原告支付的5万元资金后，一直没有履行代为投资的行为，占有涉案5万元没有法律上的依据。

第二，关于6000元的利息是否应当赔偿的问题。依据我国《民法通则》的相关规定，对于不当得利的处理应当是：如果不当得利人是善意的，则以现存的利益范围予以返还，如果不当得利人是恶意的，应当返还全部利益或者赔偿损失。这里的赔偿损失也应当以获得的利益范围为限，本案中，贺某的行为显然是明知5万元不属于自己而占有，属于恶意的无权占有，应当返还全部利益，本案中的全部利益就是5万元。而所谓6000元的利息，是被告收到原告交付的5万资金后，一直没有履行代为投资行为，导致原告没有任何收益。原告的损失可以按照银行同期贷款利率计算，即50 000元×6%利率÷365天×736天=6049元。但原告只主张6000元是合理合法的。

三、本案被告行使抗辩权的思路

原告的请求权不成立。本案的性质是被告接受原告的委托，以原告的名义从事投资行为，属于委托代理关系，不构成不当得利。只是由于种种原因，投资不成功，依据我国《民法通则》的相关规定，受托代理人在从事代理活动中产生的费用和后果，应当由被代理人承担，所以，5万元投资不成功，本金可以返还，但利息不应当由被告承担。同理，被告提出自己也没有占用该笔资金，作为委托代理，代理活动中产生的损失是应当由被代理人承担。

案例53

银行卡被盗刷，银行该不该担责？

原告：刘某

被告：中国农业银行股份有限公司某支行

◆ 案情简介

2014年11月9日，原告于被告处开通了一张银联卡，并为该卡办理了手机短信提醒业务，但没有开通网上银行和手机银行业务。2016年9月3日中午，原告持银行卡到位于被告门口银行自动取款机取款时发现该卡被盗刷，而之前也没有收到任何短信提醒。后经查证得知，从2016年8月30日19时15分50秒至31日18时24分10秒，该卡在境外加拿大国连续消费76次共计消费74 500元。这段时间原告在单位上班，银行卡和身份证均在原告处。原告在发现银行卡被盗刷后，第一时间向被告提出挂失，并当即向公安局报案，该案件已经被立案。原告向被告提出协商解决此事，被告拒绝任何赔偿，原告据此向人民法院提起诉讼。诉讼请求：(1) 判令被告返还原告存款74 500元；(2) 支付原告精神损害抚慰金1元；(3) 被告承担本案诉讼费用。

一、本案焦点

(1) 银行卡被盗刷，银行该不该担责？(2) 如果银行为此需要担责，应该承担责任的范围是什么？

二、原告请求权分析

第一，针对第一个争议焦点，原告认为，原告在被告处开卡，被告向原告发放银行卡,双方形成储蓄合同关系,被告作为银行应当保障储户银行卡内资金的安全。原告既办理了短信通知业务,也缴纳了短信通知费用,但事实上,本案所涉交易并非使用真实的银行卡所进行,交易发生时原告在中国境内,该76笔消费系由他人使用伪造银行卡在境外所进行的。原告的存款丢失明显是犯罪分子利用被告的网络技术安全漏洞,伪造了原告的银行卡实施犯罪。被告作为发卡人,负有对伪卡识别的义务,被告对持伪卡交易的案外人支付了原告账户内的资金,未尽到对储户银行卡内资金安全的保障义务,更重要的是,在境外的76笔消费,原告没有接到任何消费通知短信,犯罪分子利用技术手段阻止了银行的短信通知功能,对于这种情况,银行应当具备相应的技术手段予以防止,并保护客户的储蓄安全,原告银行卡和身份证均在自己妥善保管的情况下被境外异地消费,完全是被告没有采取足够保护储户资金安全的技术手段,被告责无旁贷,应对原告被盗刷的款项承担全额赔偿。

第二,针对第二个争议焦点,基于储蓄合同的义务,被告应当承担的是违约责任,违约责任包括赔偿相对人的实际损失和承担违约金。本案中,违约金没有约定,原告的实际损失是被盗刷的74 500元。所谓精神损害赔偿,虽然只有1元钱,但我国合同法规定的违约责任,没有明确规定包括精神损害的赔偿。所以,有关精神损害的赔偿请求得不到法院支持。

为支持原告的诉讼请求,原告提交的证据包括:一是单位证明:证明原告2016年8月30日至2018年8月31日期间,在单位上班,未出境。二是立案通知:证明原告就银行卡被人在境外盗刷一事,已经向当地公安机关报案,公安机关已立案。

三、被告抗辩分析

被告称,原告银行卡金额减少,完全是犯罪分子在境外盗刷造成的,应当由犯罪嫌疑人承担赔偿责任,限于当前国内的技术手段,银行已经采取了必要的技术手段,要求银行的技术手段完全杜绝盗刷行为,过于严苛,银行可以协助原告及公安机关侦查案件,帮助原告讨回损失。但让银行承担赔偿责任,于法无据。

四、法院裁判

被告赔偿原告74 500元,诉讼费由被告承担,驳回其他诉讼请求。

案例54
无权代理行为效力如何认定?

原告：孙某
被告：汪某、马某、许某
第三人：黄某

◆ **案情简介**

2007年11月26日，世纪缘社区居民委员会作为甲方，第三人黄某作为乙方签订《××村拆迁安置补偿协议》一份，约定：甲方给乙方安置住房面积108平方米，本协议经甲、乙双方签字盖章后生效。世纪缘社区居民委员会及其负责人马某在甲方处加盖印章。同日，乙方向世纪缘社区居民委员会支付购房款10万元。

2011年7月7日，畅某（原告孙某的妻子，2012年9月1日因病去世）与被告马某、汪某夫妇签订房屋买卖协议，约定：畅某向被告马某、汪某夫妇购买108平方米房屋一套，被告许某为担保人。协议签订后，原告向被告汪某、马某支付全部房款378 000元。然而三被告承诺的交付涉案房屋却迟迟没有兑现。2012年9月1日，畅某去世，原告多次向马某、汪某主张涉案房屋过户的权利未果，2013年3月7日，原告诉至法院，请求：(1) 原告与被告汪某、马某夫妇之间的房屋买卖合同无效；(2) 被告汪某、马某夫妇返还原告购房款378 000元，并赔偿损失75 600元（378 000元×20%），共计453 600元；(3) 被告许某承担连带保证责任；(4) 本案诉讼费由三被告承担。

原告向法庭提交证据：

证据1：房屋买卖协议1份	载明：畅某向马某、汪某购买108平方米房屋1套，价款378 000元。担保人：许某。证明：买卖合同成立，被告马某、汪某是房屋的出卖方，原告畅某是房屋的买方，许某是被告方（马某、汪某）的担保人。
证据2：收条1份	载明：马某、汪某夫妇在2011年7月7日收到畅某购房款378 000元。证明：原告与被告之间存在房屋买卖合同关系，原告已经履行了付款义务。

被告马某、汪某称：自己是接受第三人黄某的口头委托帮助其卖掉安置房的，不是本案的被告，也不应当承担任何法律责任。为此，提交两份证据：

证据1：收条1份	证明：2011年7月7日，第三人黄某收取被告汪某交来购房款80 000元，并出具收条1份，载明："今收到汪某现金捌万元整（80 000）"。
证据2：收条1份	证明：2011年7月8日，第三人黄某向被告汪某出具收条1份，载明："今收到汪某现金贰拾万元整（200 000），备注：××村房屋拆迁返还合同1份"。

第三人黄某辩称：涉案房屋是村委会按照协议分配给本人所有的，本人与原告没有任何法律关系。本人收到了汪某交来的10万元钱，但从未委托二被告出售房屋，完全是二被告自己倒卖房屋的行为。

一、本案焦点

本案的性质是买卖合同无效？还是无权代理？

二、本案的法律关系

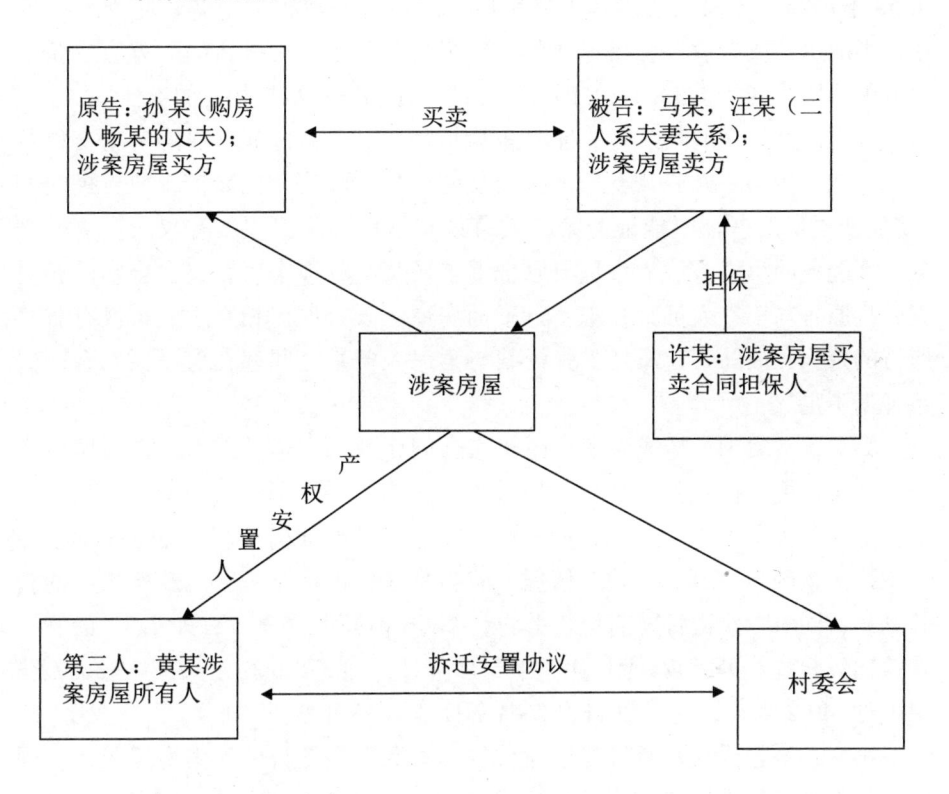

```
原告：孙某（购房              被告：马某，汪某（二
人畅某的丈夫）；    ←—买卖—→   人系夫妻关系）；
涉案房屋买方                  涉案房屋卖方
         ↘                ↗       ↑
                                  担保
            涉案房屋            许某：涉案房屋买
                               卖合同担保人
         ↙ 安置人  权产 ↘
第三人：黄某涉    ←—拆迁安置协议—→   村委会
案房屋所有人
```

三、原告请求权分析

本案原告的诉讼请求：一是主张原告妻子与三被告签订的涉案房屋买卖合同无效。三被告应当返还原告妻子已经缴纳的购房款，二是主张三被告应当承担合同无效给原告造成的实际损失，三是主张许某作为本案被告马某、汪某的担保人承担连带责任。其请求权的基础应当是：

第一，本案中被告马某、汪某是以自己的名义与原告妻子畅某签订涉案房屋买卖合同，在房屋买卖合同签订后，马某与汪某既没有获得涉案房屋所有权，也没有获得涉案房屋所有人黄某追认，属于无权处分行为。我国《合同法》第51条规定：无处分权的人处分他人财产，经权利人追认或者无权处人订立合同后取得处分权的，该合同有效。因此，本案中马某、汪某与原告

· 203 ·

妻子畅某签订的涉案房屋买卖合同不具备生效的条件。同时，我国《合同法》第 58 条规定：合同无效或者被撤销后，因该合同取得的财产，应当予以返还；不能返还或者没有必要返还的，应当折价补偿。有过错的一方应当赔偿对方因此所受到的损失，双方都有过错的，应当各自承担相应的责任。

被告汪某提交的收条只能证明汪某与第三人黄某之间存在购房款交付行为，不能证明第三人黄某委托被告汪某向原告代收房款的事实，原告提交的《房屋变更协议书》只能证明第三人黄某有协助涉案房屋所有权人变更的义务，不能证明第三人黄某系是与原告妻子畅某签订涉案房屋买卖合同的相对方，且原告与第三人黄某并未签订书面房屋买卖合同，相互之间也没有直接履行的行为，故马某、汪某主张畅某与第三人黄某之间存在房屋买卖合同关系证据不足。

第二，本案中，造成涉案房屋买卖合同无效，完全是因为被告与房屋产权人黄某未能协商一致造成的，原告方并没有过错，所以，马某和汪某应当承担缔约过失责任，赔偿原告的实际损失。该损失如何计算，原告律师按照缴纳购房款的 20% 计算，缺乏依据，应当是被告占用原告购房款所产生的贷款利息，同时参照银行同期贷款平均利率 6%，并上浮 30%，即 7.8% 的利率计算比较合理。可以暂计到 2013 年 3 月 7 日，即 378 000 元 × 7.8% ÷ 365 天 × 610 天 = 49 274.6 元（自 2011 年 7 月 7 日至 2013 年 3 月 7 日）。

第三，被告许某在原告妻子与被告马某和汪某签订的涉案房屋买卖合同中，担保人处签字，并承诺承担担保责任，但当事人没有约定担保方式，依照法律规定应按连带保证方式承担保证责任。

第四，原告与畅某系夫妻关系，畅某去世后，其他第一顺序继承人均自愿放弃继承畅某的遗产，原告作为畅某的第一顺序继承人主张权利主体适格。

四、本案被告马某、汪某的抗辩理由

第一，所谓代理是指以被代理人的名义或者以自己的名义，为被代理人代理事务，由此产生的法律后果直接归属被代理人的行为。本案中，马某和汪某虽以自己的名义与原告的妻子畅某签订涉案房屋买卖合同，在合同签订后，也就是 2011 年 7 月 7 日和 8 日，马某分两次将原告妻子交付的部分购房款共计 10 万元转交给了黄某。黄某对涉案房屋买卖一事，不仅知晓，也没有明确表示反对，应当视为同意代理。该代理行为所产生的一切后果应当由黄某承担。现在买方要求退还购房款，黄某应当首先退还原告10万元。

第二，之所以未能履行涉案房屋买卖合同，就是黄某迟迟不能办理房屋过户手续，原告所主张的赔偿损失49274.6元，理应由黄某承担。

五、被告许某的抗辩理由

原告对被告许某主张的权利不存在，许某不承担担保责任。理由是：在涉案房屋买卖合同中，原告与被告许某并未约定保证期间，依照法律规定，原告有权在主债务履行期届满之日起6个月要求保证人承担保证责任。本案合同没有签订履行期限，依据法律无履行期限的合同，当事人一方随时可以要求履行，本案原告从2011年7月7日到2012年7月7日一年的期间内，多次向马某和汪某主张权利，但都没有向许某主张过权利。最起码在2012年9月，畅某死亡时，许某的担保责任也应当是从2012年9月1日起至2013年9月1日止，但原告在2013年3月7日起诉才要求许某承担担保责任，超过了6个月的保证期限，故被告许某不应当承担担保责任。

六、第三人黄某行使抗辩权的理由

本人与原告没有任何法律关系，不应当是本案的被告。理由是

第一，本案是马某和汪某与原告夫妇签订的涉案房屋买卖合同，许某作为担保人，该合同中没有提到本人的任何信息。本人未曾与原告及其妻子协商过涉案房屋买卖事宜，更不可能在涉案房屋买卖协议中签字，不是涉案房屋买卖合同的当事人。

第二，马某和汪某没有提供任何证据，证明本人与马某、汪某存在涉案房屋买卖委托关系。

第三，事实上是，本人曾答应将涉案房屋出售给马某、汪某夫妇，本人收到的马某和汪某的10万购房款，是马某、汪某向本人购买涉案房屋的购房款，因依据村委会的规定，拆迁安置房在5年内是不允许出卖的，故向马某、汪某出让涉案房屋一事也就不了了之，本人也没有与马某、汪某办理房屋过户手续。本案原告与被告马某、汪某之间的纠纷与本人没有任何法律关系，也不应当承担任何法律责任。至于马某夫妇与本人之间的房屋买卖属于另一个法律关系。

案例55

在转包合同纠纷中，施工人应当向谁主张欠款？

原告一： 杨某某
原告二： 赵某某
被告一： 阳某
被告二： 梁某某

◆ **案情简介**

2013年8月7日，被告梁某某将其承包的新井煤业有限公司土石方剥离工程分包给被告阳某。2013年9月7日，被告阳某、刘某德（甲方）与原告杨某某、赵某某（乙方）签订新井煤业有限公司露天煤矿土方剥离工程劳务承包合同。合同约定：乙方在施工段内土石方开挖、排渣、采煤和部分回填等工程，单价每平方米11元，工程总量及价款按乙方实际完成工程量和结算的总造价为准，甲方分月暂扣乙方100万元保证金，第一个月结算80%，第二个月结算90%，保证金扣够后逐月全部结清，甲方不能按时支付工程款，超过5天，每迟延1天按所欠工程款的1%支付违约金，合同期限至2016年7月9日。

合同签订后，原告杨某某、赵某某组织进行施工。2013年10月7日，甲乙双方进行了结算，被告阳某欠原告杨某某、赵某某应付款235 000元，被告阳某在结算单上签署同意支付后，被告阳某给付原告杨某某、赵某某5万元，下欠185 000元经多次催要未付。现涉案合同已不再履行。

另查明，被告梁某某给付被告阳某涉案款项52万元。

2016年10月9日原告依法向人民法院提起诉讼，请求判令：(1) 被告支付原告价款183 500元及逾期利息33 300元（利息按年息6%，自2013年10月

8日起算，暂计至起诉之日2016年10月9日）；两项合计218 300元。（2）由被告承担本案诉讼费用。

开庭中，被告阳某无故不出庭。

一、本案审理焦点

1. 涉案合同是劳务合同还是承揽合同？
2. 被告阳某与梁某某应该如何承担各自的付款责任？

二、本案原告的请求权分析

本案原告请求权的基础：一是提交原告与被告阳某签订的"承包协议"系双方当事人真实的意思表示，协议内容不违反行政法规的强制性规定，亦不违背公序良俗，该协议有效，并应当成为判定双方当事人权利义务的依据。二是提交被告阳某签字同意的工程结算单，证明原告已经履行了合同义务，得到被告的认可。被告应当按照结算单向原告支付工程款235 000元。三是被告阳某向原告支付5万工程款的凭据，证明被告阳某已履行部分合同义务。尚有185 000元工程款未支付，被告阳某的行为构成违约。四是被告本应当依据双方合同的约定"每迟延一天按所欠工程款的1%支付违约金"承担违约金，违约金的具体数额为：185 000元×1%×1095天＝2 025 750元，现原告仅参照银行同期贷款6%/年的利率计算违约金，主张被告承担33 300元，合情合理。五是提交被告梁某某向阳某发包的证据，同时还应当提供梁某某知道原告实际完成工程的证据。

三、本案被告梁某某的抗辩思路分析

第一，针对第一个争议焦点，原告与被告阳某签订的合同名为劳务承包合同，但合同的内容及合同履行又包含机械、油料等费用的支付，不完全符合劳务合同的法律特征。原告按照被告阳某的要求完成一定工作，向被告阳某交付工作成果，被告阳某给付原告报酬，期间既有提供劳务，又有劳务之外的其他投入，应当认定双方之间的合同为工程承揽合同。

第二，针对第二个争议焦点，本案中梁某某与原告没有合同法律关系，不是本案适格的被告。本案原告的请求权是基于原告与被告阳某的承揽合同。

在本案的涉案工程中，原告为乙方，而被告阳某和刘某德为甲方，其中阳某负责工程结算。在上述两个协议中，没有出现梁某某。据此，梁某某不是合同的当事方，不应当承担任何合同义务。其次，即使是梁某某未能足额向承包人阳某支付工程款，原告也只能基于合同的相对性，向阳某主张权利，若阳某履行支付义务后，可依据阳某与梁某某的承揽合同，主张权利。本案中，原告没有任何证据证明被告梁某某欠付被告阳某价款，要求梁某某承担施工费的给付责任没有法律依据和事实依据，其该项诉求应该不予支持。

案例56

买方未履行合同义务，定金和房屋租金如何处理？

原告：任某
被告：周某某

◆ 案情简介

2013年7月9日，原、被告双方签订《房屋买卖初期协议》一份，约定：原告将其所有的位于银川市西夏区的一套房屋出卖给被告，房屋建筑面积92.94平方米，房屋总价款43.6万元；被告在合同签订时交付定金1.6万元；原告支付首付款10万元（已经交付的定金可以冲抵相应首付款）后，被告于2014年7月14日前办理房屋过户手续。合同同时约定，如果房屋价格随市场价格变化，原、被告也不得违约，原告如果违约双倍退还定金；如被告违约，定金归原告所有，并支付房租0.96万元。协议签订后，被告向原告交付房屋定金1.6万元，原告也将房屋交付给了被告，但因资金问题未依约定支付房屋首付款，并于2013年10月在涉案房屋居住至2015年3月10日搬离。被告居住期间未缴纳涉案房屋产生的暖气费4182.3元、物业费766元。

同时查明，2014年9月左右，被告另向原告支付房屋租金5000元。

原告向被告提出协商解决此事，但被告拒绝任何赔偿，2015年8月1日原告依法向人民法院提起诉讼，请求判令：（1）解除原、被告之间的房屋买卖合同；（2）被告向原告支付房屋租赁费4600元及占用房屋8个月的费用6400元，暖气费4200元，物业费774元，共计15 974元及逾期支付4个月利息315元（15 974元×6%÷365天×120天=315元，暂自2015年4月1日计算至2015年8月1日），以上共计16 289元；（3）本案诉讼费由被告承担。

一、本案审理焦点

房屋买卖合同签订后买方支付定金后入住该房屋，后买方违约未履行买卖合同，定金和房屋租金如何处理？

二、原告的请求权分析

第一，本案原告与被告签订的房屋买卖合同有效。原、被告双方签订的《房屋买卖初期协议》，系双方当事人的真实意思表示，内容形式不违反法律、行政法规的强制性规定，为有效合同，原、被告双方均应依据合同的约定全面履行自己的义务。该合同应当作为处理原告与被告纠纷的依据。

第二，本案中，原、被告双方明确约定，被告交付定金后，还应当缴纳10万元的首付款，如被告违约，定金归原告所有，被告应当支付0.96元的房屋租金。事实上，本案被告未依约定向原告交付房屋首付款，其行为构成违约。故，原告依法有权解除合同，并请求赔偿损失。定金1.6万元应归原告所有。依据双方当事人的约定，在被告交付房屋首付款后，原告应在2014年7月14日前办理过户手续，如果被告违约，应当支付0.96万元，实际上只是约定了1年的租金，相当于月租800元，（从2013年7月10日交付房屋至2014年7月14日办理完房屋过户手续）。被告只交付5000元的租金，故，被告应当依据约定交付剩余房租4600元。另外，被告从2014年7月14日至2015年3月10日一直占用涉案房屋。所以，被告应当按照约定的月租交付涉案房屋占用期间的费用6400元（800元×8个月＝6400元）。两项租金合计11 000元。被告未按约定缴纳房屋租金，应当承担由此产生的实际损失，即支付延付租金的利息315元。

第三，关于房屋采暖费和物业费，虽然双方在合同中没有约定，但依据本地交易习惯，如果没有特别说明，房租不包含水、电、暖和物业费等。而且，水、电、暖和物业费等都是由房屋承租人缴纳的。故本案中涉案房屋的暖气费4182.3元、物业费766元应当由被告承担。

为支持原告主张，原告应提供合同原件，被告交付定金的收据。

三、本案被告的抗辩理由

关于租金，双方当事人的约定是：合同本意是如果被告不买房子，已经交付的定金归原告，另支付房租0.96万元。双方没有约定房租的计算方式和具体租期，0.96万元的租金应当视为未买房而实际租赁房屋情形的"一口价"。原告主张所谓房屋占用费6400元是没有依据的。

被告为支持自己的主张，应当提交定金收据和支付租金的收据。

案例57
债权转让通知可以通过诉讼方式送达吗？

原告：程某

被告：马某

◆ 案情简介

2016年5月6日，原告与债权人甲公司签订《债权转让协议书》一份，约定：甲公司将其对被告享有的因工程欠款170万元及自2014年10月30日起应付利息、违约金、损害赔偿金等形成的债权全部转让给原告，原告同意受让。同日，双方共同签订《债权转让通知书》，并通过邮寄方式向被告履行了送达手续（但是邮寄的《债权转让协议书》《债权转让通知书》无人签收，邮件被退回）。

另查明，2014年11月3日，甲公司就涉案工程与被告签订《补充协议》一份，约定就被告挂名某公司承包、甲公司实际施工建设的涉案工程，双方结算未付工程款180万元，后被告向甲公司支付工程款10万元，尚欠工程款170万元至今未付。

因无法与被告取得联系，原告在受让涉案工程款债权后，依法向人民法院提起诉讼，请求：

1. 判令被告支付原告工程款170万元，并赔偿利息损失165 537.5元（自2014年11月3日暂计算至2016年5月3日，应当计算至全部工程款付清之日），合计1 865 537.5元；

2. 案件受理费21 590元，财产保全费5000元，公告费240元，共计26 830元，均由被告承担。

本案在一审受理后，一审法院依原告申请，对被告名下房产等采取了财

案例 57
债权转让通知可以通过诉讼方式送达吗？

产保全措施，但是随后以原告不能提供被告下落不明的证明为由驳回了原告的起诉。原告不服，向某中级法院提起上诉。

一、本案审理焦点

1. 诉讼中什么情况下可以对诉讼当事人采取公告送达的方式？

2. 债权转让通知在无法联系债务人的情况下，可以通过起诉的方式向债务人履行送达手续吗？

二、原告请求权分析

1. 原告应提交与甲公司《债权转让协议》和甲公司与被告之间"工程承包协议"，证明：其一，甲公司与被告的《工程承包协议》系双方当事人真实的意思表示，协议内容不违反法律和公序良俗，合同合法有效。依据该合同，甲公司享有向被告主张170万元债权（欠付工程款）的权利。其二，原告与甲公司签订的《债权转让协议》系双方当事人真实的意思表示，协议内容不违反法律强制性规定和公序良俗。该协议合法有效，依据该协议，原告通过债权转让方式，获得向被告主张170万工程款的债权。

2. 本案原告是适格的原告。根据《民事诉讼法》第119、120条之规定，原告起诉需要达到的实体要件是：原告是公民、法人和其他组织，与案件有利害关系，有明确的被告，有具体的诉讼请求和事实、理由，属于人民法院受理民事诉讼的范围和受诉人民法院管辖。程序要件是递交起诉状及副本等。本案中原告已经向一审法院提供了被告的姓名、出生年月、民族、住址及身份证号码，符合《民事诉讼法》规定的"明确的被告"的法定要求，原告已经完成了说明"明确被告"的诉讼义务。并且其他要件均符合法律规定，在该住址不能送达时，应按照法律规定以其他合法方式送达。一审法院以"原告提供的送达地址无法送达、亦不能提供被告下落不明的证明"为由，驳回原告起诉是缺乏法律依据的。[1]

但是实践中每个法院对于公告送达的条件和要求都不同，也有诉讼当事人伪造被告地址、故意让法院无法送达、进而通过公告方式进行不诚信诉讼

---

[1]（相关详细规定详见根据《最高人民法院关于适用〈中华人民共和国民事诉讼法〉的解释》第209条、《最高人民法院关于依据原告起诉时提供的被告住址无法送达应如何处理问题的批复》。）

甚至违法行为。所以导致实践中部分法院对于公告送达的要求较为严苛，本案进行中代理律师多次与一审承办法官沟通送达等问题，一审法院要求原告提供被告下落不明的证明，该证明不论是原告本人抑或是原告的代理律师均无法通过调档等予以提供，如果公安机关可以出具该证明，律师是无权调取的，况且公安机关即使能出具该证明，该证明的真实性也是值得深思的，包括公安机关有没有权利出具？如果有权利还需要经过哪些调查程序？哪一级的公安机关有权出具等？实践中也基本没有公安机关出具公民下落不明的相应证明，所以一审法院对于原告的要求，确实因客观条件限制无法达到，也无法律依据。

三、法院判决

1. 按照我国《合同法》的规定，债权转让通知债务人即生效。本案中，有关债权转让的通知已经到达被告，原告有权向被告主张债权。针对第二个争议焦点，债权转让行为成立的要件是债权转让意思表示的达成和通知债务人，但是涉案债权转让后无法取得与债务人即本案被告的联系，但是如果不受让本案债权，甲公司所欠原告的债务根本无法清偿。所以一审开庭时原告不仅针对债权转让的真实性进行了详细举证，也针对无法送到债权转让通知等进行了详细举证和说明，并针对债权转让通知通过起诉方式履行通知手续的理论合理性和实践需要进行了举证说明，也向一审法院提供了最高人民法院［2012］民监字第44号民事裁定书，说明通过起诉方式视为已通知这一实践操作的依据，法院应当支持原告要求被告支付工程款的诉讼请求。

2. 基于上述理由，法院应当支持原告的诉讼请求。

案例58
租赁合同法定解除权如何行使？

原告：马某（蛋鸡养殖户）
被告：发达农牧业开发有限公司

◆ 案情简介

2016年11月17日，原、被告就自有大棚（下称"涉案大棚"）的租赁事宜签订《大棚租赁协议》一份约定：(1) 原告租赁被告6栋大棚从事养殖业发展，租期6年，即2017年3月1日至2023年3月1日，每栋大棚年租赁费为2000元，签订协议之日一次支付前三年租金；(2) 被告负责水和电路正常使用，大棚的棚布、棉帘、卷帘机等配套设施由原告自行解决；(3) 若被告在中途有整体规划运营、其他大型项目合作或国家征用土地温室等事项，原告应予以配合，被告必须提前6个月通知原告，并对原告在大棚投入的棚布、棉帘、卷帘机按实际发生成本补偿；(4) 原告改造大棚不得损坏原有棚架及墙体等基础设施，不得擅自改变用途或者私自出租，否则被告有权单方面解除协议；(5) 本协议签订后，原告开始组织项目实施，不得影响被告整个工区项目的整体规划，需维护好周边环境问题。协议还对其他相关事宜进行了约定。

上述协议签订后，原告向被告支付了前三年租金36000元。按照合同约定是协议签订后就可以开始配套设施的施工，但是被告口头变更合同履行时间为2017年3月1日。2017年3月始，被告却以公司管理事务交接等各种理由拒绝向原告交付涉案承租大棚，亦拒不履行通水通电等约定义务。并于2017年4月份开始在大棚种植经济林。

2017年5月初，原告向和林格尔县人民法院提起诉讼，诉讼请求：

1. 依法判令解除原、被告双方签订的《大棚租赁协议》。

2. 依法判令被告退还原告已付租金 36 000 元，并赔偿利息损失 900 元（按照年利率 6%、从 2016 年 11 月 17 日暂计算至 2017 年 4 月 16 日，应当计算至全部租金退还之日）及人工损失 12 000 元（100 元/天/人×1 人/棚×6 个棚×20 天），三项合计 48 900 元。

3. 依法判令本案诉讼费用由被告承担。

被告答辩称：不同意解除合同，同意继续履行合同，公司按照政府的安排从 2015 年 4~6 月份一直在种植经济林，但是没有拒绝过原告交付大棚的请求，原告没有要求过交付大棚。（当庭未提交任何证据证明其答辩事实。）

一、争议焦点

本案是否构成法定解除合同的条件？

二、原告请求权分析

1. 原告与被告签订的《大棚租赁协议》有效。理由是：原告与被告于 2016 年 11 月 17 日签订的《大棚租赁协议》是双方当事人的真实意思表示，协议内容不违反法律和善良风俗，符合《合同法》规定的合同生效条件，本案《大棚租赁协议》有效，该协议应当成为裁判双方当事人权利义务和责任的依据。

2. 本案被告的行为构成根本性违约，原告依法享有合同法定解除权。第一，涉案大棚所在园区系政府自 2010 年规划的经济林种植区，不能从事其他种植或者养殖，按规划该大棚不能用于养殖，尤其是蛋鸡的养殖，因为养殖过程中涉及粪便处理等，园区方圆几公里范围内根本不具备粪便处理的客观条件；并且该事实在涉案租赁协议签订前就明知的，但是在签订租赁协议时却未向原告告知。第二，被告不仅不履行交付义务，并自 2017 年 4 月份开始被告就开始种植经济林，经原告从种植人员处调查得知，所种植的经济林光长成的周期就得 3 个月左右，并且都是由政府出资进行，不可能让原告从事蛋鸡养殖。第三，被告在庭审中一直陈述，可以将已种植的树木拔掉，让原告进行养殖，但是不论是谁将已经种植的经济树木拔掉，都要承担相应的民事甚至刑事责任，客观上无法实现。综合以上几点，可以得出被告根本违约、原告合同目的条件已经成就,依据我国《合同法》第 94 条的规定:"有下列情形之一的,当事人可以解除合同:……(三)当事人一方迟延履行主要债务,经催告后在合理期限内仍未履行;(四)当事人一方迟延履行债务或者有其他违约行为致使不能实现合同目的;……"原告有权请求依法解除《大棚租赁协议》。

3. 本案中原告的损失,完全是由于被告的过错造成的,应当依法赔偿原告的实际损失。依据《合同法》第 97 条的规定:"合同解除后,尚未履行的,终止履行;已经履行的,根据履行情况和合同性质,当事人可以要求恢复原状、采取其他补救措施,并有权要求赔偿损失。"本案中,被告应当如数退还原告交付的大棚租金 36 000 元。其次,原告的实际损失包括两部分,一是原告为使用大棚雇佣员工的费用 12 000 元(100 元/天/人×1 人/棚×6 个棚×20 天=12 000 元),二是被告占用原告交付资金所产生的利息 1775 元(按照年利率6%、从 2016 年 11 月 17 日暂计算至 2017 年 4 月 16 日,即 36 000 元×6%÷365×300 天=1775 元),三项合计 49 775 元。

为支持原告的请求,原告应当提交的证据包括:一是《大棚租赁协议》,以证明原告与被告之间存在有效的合同法律关系。二是已经支付或者应当支付的整理大棚的员工工资,证明被告不履行合同给原告造成的实际损失。

三、被告的抗辩思路

本案租赁协议无效。理由是:涉案大棚所在园区系政府自 2010 年规划的经济林种植区,不能从事其他种植或者养殖,按规划该大棚不能用于养殖,尤其是蛋鸡的养殖,因为养殖过程中涉及粪便处理等,园区方圆几公里范围内根本不具备粪便处理的客观条件。而原告租用大棚恰恰是为了养殖蛋鸡,不符合政府的环保要求,这一点原告是知晓的,造成协议无效,原告没有事前了解政府的相关政策规定,也存在过错,也应当承担部分缔约过失责任。

当然,被告应当提供政府公示的相关文件,包括订立协议时,向原告告知情况的证据。证明原告对于缔约过失也存在过错。

案例59

当事人举证不利，是否应当承担相应的后果？

原告：夏某、王某
被告：S有限公司
反诉原告：S有限公司
反诉被告：夏某、王某

◆ 案情简介

2016年2月28日，原、被告双方签订《合同书》，合同约定：被告S公司拥有"迪迈"品牌全自动智能车衣等的宁夏总经销权，并自愿将该总经销权授予原告，原告为二级总经销权商。合同履行期限自2016年2月28日起至2017年2月27日止，合同履行期间，原告有权获得被告上述经销权的商标、标志、标识、商号、企业识别系统的使用权及可获得被告的营运指导及相关代理证书、证件、委托书等书面材料，原告按照双方合同约定向被告交纳总经销费用，原告若购买货物还需向被告另外交纳货款，并约定了双方的违约责任等。双方合同签订后，原告便于当日按照双方合同约定向被告交纳了一万元的总经销费，被告也于当日向原告出具了收据一张，并同时给原告提供了一代车衣2个、三代车衣4个，共计6个车衣样品，且签订合同的当日，被告也向原告承诺10日后，被告将给原告提供被告所拥有的"迪迈"品牌全自动智能车衣的宁夏总经销权的相关代理证书、授权委托书等书面资料。但是10日到期后，原告向被告催要被告的宁夏总经销权的相关代理证书、授权委托书等书面资料并询问被告有无库存货物时，被告却告知原告因为自己没有库存了，且由于自己尚没有拿到"迪迈"品牌全自动智能车衣的宁夏总经销权的代理证书及授权委托书等相关材料，所以不能按时给原告提供相应价款的货物并提供上述宁夏总经销权的代理证书、授权委托书。后原告又多次催要均无果。事实上，经原告核实，厂家根本就没有向被告授权过"迪迈"品牌全自动智能车衣的宁夏总经销权，且厂家与被告不存在任何关系。被告纯属在欺诈原告。故原告诉至法院，请求：（1）依法判令解除原、被告于2016年2月28日签订的《合同书》；（2）依法判令被告立即一次性返还已收取的原告的1万元现金及合同违约金3000元，共计13 000元；（3）本案诉讼费用由被告承担。

一、本案焦点

（1）原告是否有权要求解除涉案合同？（2）六件车衣是赠品？还是样品？

在一审开庭过程中，原告向法院提交了双方的《合同书》及被告给原告出具的收据等证据。被告提供了厂家给被告法定代表人个人授予的在宁夏代理迪迈智能车衣品牌的代理资格，享有当地经销商发展权的代理资格证及厂家销售出库单等证据，原告代理律师认为法院对被告上述证据应均不予以采信，因厂家并没有给涉案被告公司授予在宁夏代理迪迈智能车衣品牌的代理资格等，且从被告提供的厂家销售出库单根本不能证实哪些商品是一代车衣，哪些商品是三代车衣，也不能证实一代车衣、三代车衣的价格是多少等，故认为被告反诉主张证据不足，本案被告提供给原告的上述6个车衣的价格应以原告自认的一代车衣每个150元、三代车衣每个298元的价格为准，且双方都同意解除合同，故一审法院应依法支持原告的全部诉讼主张。

二、原告请求权分析

原告向法院提交的证据包括：双方当事人签订的《合同书》1份；经销费10 000元收据1张。其请求权的依据是：

第一，双方当事人签订的《合同书》有效。理由是：双方当事人在2016年2月28日签订的合同，系双方当事人的真实意思表示，内容不违反法律的强制性规定，符合《合同法》关于合同生效的规定，该合同有效，并应当成为认定双方当事人权利义务的依据。为此，原告应当提交合同原件，交付合同约定款项的收据等。

第二，被告不能履行合同义务，原告有权请求解除合同。（1）依据双方当事人的约定，被告应当在签订合同后 10 日内向原告提供二级代理权的相关资料和货物，但签订合同 10 日后直至原告起诉，都没有向原告履行约定义务。（2）依约双方约定：原告有权在自己取得的授权代理权域范围内长期享受销售该品牌的权利。且有权享受到被告的长期跟踪经营指导、技术支持和业务培训等服务，而被告却没有举证证明出其因履行本案特许经营合同而对原告提供了合同约定的经营指导、技术支持和业务培训等服务，亦没有证据证明其因履行涉案特许经营合同而进行了其他投入。而被告的做法是在双方合同签订后，不断催促原告要想拿货就得赶快再付钱。（3）被告向原告配赠的相关货品样品没有有效合格证、说明书、产品信息，属于三无产品。

上述三个方面的违约，导致原告签订合同的目的难以实现，被告属于根本违约，依据我国《合同法》第 94 条的规定："有下列情形之一的，当事人可以解除合同：……（三）当事人一方迟延履行主要债务，经催告后在合理期限内仍未履行；……"故原告有权要求解除涉案合同。

第三，合同解除后，原告有权请求被告承担相应的违约责任。我国《合同法》第 97 条规定："合同解除后，尚未履行的，终止履行；已经履行的，根据履行情况和合同性质，当事人可以要求恢复原状、采取其他补救措施，并有权要求赔偿损失。"本案中合同解除完全是因为被告没有按照约定履行合同义务导致的，原告并无过错，故被告收取原告交付的合同货款 1 万元应当如数返还给原告。其次，被告应当按照约定承担违约金 3000 元。（如果违约金不足以弥补原告的实际损失，还应当赔偿原告的损失。）

第四，被告向原告提供的一代车衣 2 个、三代车衣 4 个，共计 6 个车衣样品是在双方当事人签订合同后，被告赠与原告的样品，不属于合同约定应当提供的货物，被告无权主张返还和支付价款，被告提供的样品都是三无产品，故原告不承担任何支付义务。

三、本案被告反诉请求权分析

被告向法院提交了：厂家给被告法定代表人个人授予的在宁夏代理迪迈智能车衣品牌的代理资格，享有当地经销商发展权的代理资格证及厂家销售出库单。其反诉请求权理由是：

第一，双方当事人签订的合同系当事人真实的意思表示，内容不违反法律，应当有效。

第二，依据双方当事人的约定，"原告按照双方合同约定向被告交纳总经销费用外，如原告购买货物，原告还需向被告另外交纳货款"。被告向原告交付了部分货物（一代车衣2个、三代车衣4个，共计6个车衣样品），合计4880元，是让原告试销的样品，依据商业习惯，赠品必须在商品包装上注明"赠品"字样，原告持有的6个车衣并没有任何注明，所谓"赠品"的说法，与事实不符，缺乏依据。既然原告要求解除合同，鉴于原告对该货物已经使用，不能返还，被告有权要求原告按照合同约定的价格，支付已收取货物的货款4880元。

四、律师分析

依据《民事诉讼法》第64条的规定："当事人对自己提出的主张，有责任提供证据。……"最高人民法院《关于民事诉讼证据的若干规定》第2条的规定：当事人对自己提出的诉讼请求所依据的事实或者反驳对方诉讼请求所依据的事实有责任提供证据加以证明。没有证据或者证据不足以证明当事人的事实主张的，由负有举证责任的当事人承担不利后果。

在本案中，一是作为原告不能提供证据证明6件车衣属于赠品；也没有提供产品质量的检验报告，说明被告提供的产品存在质量问题。二是作为被告，虽有限地提供了法定代表人个人具有产品经销权，但不能说明该S有限公司具有总经营权并且有权授予二极经销权；被告也没有提供6件车衣的合格证、产品说明书及相关信息。因此，双方都必须承担举证不利的后果。

五、法院裁判

（1）被告S有限公司于判决生效后3日内返还原告夏、王总经销费1万元；（2）原告夏某、王某于本判决生效后3日内支付反诉原告S有限公司车衣款1492元（6件车衣的进价单标明的价款）；（3）以上一、二项折抵后，由被告S有限公司于本判决生效后3日内支付原告夏某、王某8508元；（4）驳回原告夏某、王某的其他诉讼请求；（5）驳回反诉原告S有限公司的其他诉讼请求。案件受理费125元，减半收取62.5元，由被告S有限公司负担；反诉费50元，减半收取25元，由原告夏某、王某负担。

案例60
火灾导致财产损害，责任主体如何确定？

原告：甲
被告一：乙
被告二：丙

◆ **案情简介**

2016年2月23日凌晨2时10分，位于银川市西夏区××商城星光大道1楼由被告乙经营的商铺发生火灾，火灾蔓延至原告经营的商铺，导致原告室内墙面、地板被熏黑，室内电路、货柜、收银设备、监控设备损坏、货物损毁，另计营业损失等共计1 585 232.32元。火灾经银川市公安局消防支队西夏大队认定：起火点为被告乙所经营的商铺南墙电源控制柜下方，起火原因为电源控制柜周边电气线路短路引燃周围窗帘，并逐步扩大蔓延成灾。被告丙是为商铺提供物业管理服务的企业，火灾发生时消防喷淋系统中没有消防水，导致火灾损失扩大。综上所述，被告乙、丙对火灾发生负有不可推卸的责任，应当对原告所受的损失承担共同赔偿责任。为此，原告提出诉讼请求：（1）被告乙、丙共同赔偿原告各项经济损失1 585 232.32元；（2）诉讼费用由被告承担。

为支持原告的请求，提交以下证据：

证据1

公证书1份、公证费发票2份、价格认定书1份。

证明：火灾事故的发生，原告为了保全证据，进行了公证，支出公证费16 000元，后经银川市公安局消防支队西夏区大队委托银川市价格认定中心认定，原告货物损失总额为854 925.31元。

案例 60
火灾导致财产损害，责任主体如何确定？

续表

证据 2 　　房屋租赁合同 3 份，房屋所有权证 1 份，房屋买卖合同 1 份，装修合同 1 份，收据 4 份，对公明细分户账清单 13 页。 　　证明：火灾发生后，原告停业 11 个月，发生租金损失 54 487 元，装修费用 150 000 元，营业损失 509 820 元，与证据 1 合计原告损失为 1 585 232.31 元。

一、本案焦点

房屋的所有人、承租人、物业管理公司，谁应当为火灾事故承担责任？各方的责任应当如何划分？

二、本案法律关系

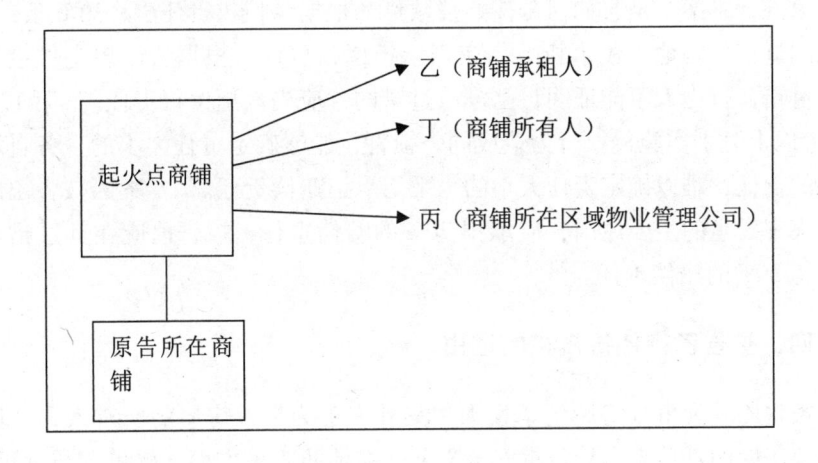

```
┌─────────────────────────────────────────────────┐
│                                                 │
│                       ──▶ 乙（商铺承租人）       │
│   ┌──────────┐                                  │
│   │          │       ──▶ 丁（商铺所有人）       │
│   │ 起火点商铺 │                                  │
│   │          │       ──▶ 丙（商铺所在区域物业管理公司）│
│   └────┬─────┘                                  │
│        │                                        │
│   ┌────┴─────┐                                  │
│   │原告所在商 │                                  │
│   │铺        │                                  │
│   └──────────┘                                  │
└─────────────────────────────────────────────────┘
```

三、原告请求权的基础分析

本案属于一般侵权责任。因此，原告请求权的基础是被告的行为构成一般侵权责任的条件。具体讲：两被告应当承担损害赔偿责任。理由是：

第一，起火点商铺的实际使用者和大厦物业管理者，分别存在过错行为和未尽合理的安全保障义务，导致火灾，行为违法。

第二，造成原告的财产损失。火灾事故的损失金额如何确定：银川市公安消防支队西夏区大队委托银川市价格认定中心就该次火灾造成毁损的商铺进行了价格认定，该报告认定原告商铺的实际损失为 1 585 232.32 元，该份报告客观真实，应当作为原告财产损失的参考依据。同时，因确认本次原告商铺火灾损失而进行公证所产生 16 000 元公证费，该项费用发生与侵权火灾亦有因果关系，应予赔偿。

第三，被告的行为与原告的损失存在因果关系，火灾事故的主要原因和次要原因。根据查明的案件事实，此次火灾发生的主要原因由被告乙商铺内电气短路引燃周围窗帘引起。被告乙作为用电单位有义务对店内线路进行维护并对电气设备的使用尽到安全防范义务，结合起火时被告乙的空调处于待机状态，明显未尽到安全防范义务，其行为与原告的损害结果之间有直接因果关系，应承担主要赔偿责任。被告丙在火灾发生后未妥善处置火情，导致损失扩大，也应在其过错范围内承担赔偿责任。

第四，被告对于火灾的发生和蔓延存在主观过错。

第五，本案二被告如何分摊赔偿数额。根据《侵权责任法》第 6 条："行为人因过错侵害他人民事权益，应当承担侵权责任。根据法律规定推定行为人有过错，行为人不能证明自己没有过错的，应当承担侵权责任。"第 12 条："二人以上分别实施侵权行为造成同一损害，能够确定责任大小的，各自承担相应的责任；难以确定责任大小的，平均承担赔偿责任。"本案因被告乙的过错系火灾发生的主要原因，应承担 70% 的赔偿责任，被告丙应在其过错范围内承担 30% 的赔偿责任。

四、被告乙行使抗辩权的理由

被告乙其为事故房屋的承租人，案外人丁为事故房屋的所有人，被告丙为事故房屋的管理者，均负有安全义务。在消防管理方面，出租方与承租人、管理者均负有防止火灾发生、保障公私财产及公民人身安全的义务。具体到本案中，事故发生是因常年存在巨大的安全隐患所致，自 2014 年以来，历年银川市重点火灾隐患单位都有涉案房产"××商城"，作为大型商场，人流密集，安全风险级别高。但在发生火灾时，其自动喷水灭火系统不能正常运行，火灾自动报警系统处于故障状态。该险情年年通报治理，却从未进行实际整修、保养。在事故发生的 3 个小时内，该商场物业管理者却长时间不报火警，有意瞒报扩大了本案损失，理应对涉案事故承担部分责任。案外人丁将商铺出租营利，应确保商铺的消防安全，出租房屋存在重大消防隐患等违反消防管理规定或存在消防隐患等行为疏于监管或未采取必要的消防措施，对火灾的蔓延、扩大同样具有过错，依法对火灾造成的损失也应承担相应的责任。关于本案损失数额，原告所受损失并非通常意义上所认为的受火灾损失，而是烟熏损失，相关物价部门出具了损失清单，原告相关货品已经进行了折价处理，故原告实际发生的真实损失应当由其另行举证证明。

五、被告丙的抗辩理由

火灾不是丙的行为造成的，丙不是本案适格主体，不应承担侵权赔偿责任，原告的损失数额请求不具有客观性。

案例61

驾驶车辆与准驾车型不符，是否属于无证驾驶？

原告一：孙某某（死者父亲）
原告二：勾某某（死者母亲）
原告三：姜某（死者妻子）
原告四：孙小某（死者儿子）
被告一：张某（肇事车辆驾驶人）
被告二：H保险公司（肇事车辆投保公司）

◆ 案情简介

2017年7月22日1时47分许，孙某醉酒后驾驶无号两轮摩托车与沿黄路南侧路边由西向东停靠的张某驾驶的重型半挂车，发生碰撞，造成孙某当场死亡的交通事故。后经公安局交通警察支队出具道路交通事故认定书，认定孙某承担此事故的同等责任，张某承担此事故的同等责任。后死者家属找被告多次协商处理此事，均无果。

经查明：本案被告车辆在H保险公司投有交强险，但被告H保险公司以肇事车辆车主张某在驾驶涉案车辆时与驾驶证准驾的车型不符，即为无证驾驶，因此被告H保险公司拒绝对原告的损失承担赔偿责任等。

2017年9月，原告诉至法院：(1) 请求法院依法判令二被告共同赔付原告丧葬费33 915元，死亡赔偿金543 060元，被扶养人生活费264 224.8元，误工费4677元，交通费2000元，精神抚慰金2万元，合计867 876.8元，扣除第二被告保险公司应该赔付的11万元外，下剩757 876.8元（按50%计算），二被告合计赔付原告为488 938.4元；(2) 请求法院依法判令第二被告H保险公司在交强险赔偿限额内对上述费用承担赔偿责任；(3) 本案诉讼费用由被告承担。

法院另查明,原告孙某某、勾某某系死者孙某的父母,姜某系死者孙某的妻子,孙小某系死者与姜某唯一的儿子。

一、本案焦点

保险公司以肇事车辆车主、司机在驾驶涉案车辆时与准驾车型不符拒赔,是否合法?

二、原告代理思路和处理方案

第一,本案中原告代理人应当向法庭提交以下证据:(1)死者孙某的死亡证明。证明损害事实的存在。(2)户籍证明。证明四原告与死者孙某的身份关系,四原告均为死者孙某的第一顺序继承人,有权要求被告承担民事责任。(3)交通事故责任认定书。证明肇事车辆驾驶人张某应当承担与死者同等的民事责任。(4)肇事车辆向H保险公司缴纳的第三者责任保险(可以从交警队获得)。依据合同,H保险公司应当为肇事车辆承担保险责任。

第二,原告要求被告承担民事责任的法律理由包括:(1)我国《侵权责任法》第6条规定:行为人因过错侵害他人民事权益,应当承担侵权责任;第48条规定:机动车发生交通事故造成损害的,依照道路交通安全法的有关规定承担赔偿责任。(2)《道路交通安全法》第76条规定:机动车发生交通事故造成人身伤亡、财产损失的,由保险公司在机动车第三者责任强制保险责任限额范围内予以赔偿;不足的部分,按照下列规定承担赔偿责任:(2)机动车与非机动车驾驶人、行人之间发生交通事故,有证据证明非机动车驾驶人、行人有过错的,根据过错程度适当减轻机动车一方的赔偿责任。(3)根据2012年12月21日起施行最高人民法院《关于审理道路交通事故损害赔偿案件适用法律若干问题的解释》第18条第1款明确规定:有下列情形之一导致第三人人身损害,当事人请求保险公司在交强险责任限额范围内予以赔偿,人民法院应予支持:(1)驾驶人未取得驾驶资格或者未取得相应驾驶资格的;(2)醉酒、服用国家管制的精神药品或者麻醉药品后驾驶机动车发生交通事故的;(3)驾驶人故意制造交通事故的。

第三,本案保险合同中,准驾车型不符与无驾驶证,属不同概念,准驾车型不符不应当解释为无证驾驶。本案中张某持有驾驶证，只是其驾驶证与准驾车型不符，并不是其未取得驾驶资格。且在本案中，公安交警部门在认定事故事实、划分事故责任时，并没有认定驾驶员张某准驾车型与其实际驾驶的车型不一致，更没有认定驾驶员张某没有取得驾驶资格。且本案孙某驾驶两轮摩托车在行驶途中，与路边停靠的张某的车辆发生碰撞，造成孙某当场死亡的交通事故。事发时，张某的车辆系违停车辆，与张某有没有取得驾驶资格及准驾车型与其实际驾驶的车型是否一致根本没有任何关系。

交通事故强制保险是一种法定保险，保险公司所承担的是法定责任。交强险的法定责任是一种无过错责任，即使无过错造成受害人伤亡的也要承担相应责任。同时，认定无证驾驶依法应由交通主管部门认定，保险公司无权对驾驶员的驾驶资格作出定性，并将一切不利后果转嫁受害人承担。因为根据法律、法规的相关规定，交强险是一种社会保险，不以营利为目的，而以补偿受害人的损失、维护社会稳定为宗旨。只要发生了交通事故，当事人投保了交强险，保险公司就应理赔。法定责任不能通过合同约定及其他方式来改变。再从交强险的立法目的来看，是为了保障受害人的合法权益，对受害人进行及时有效的救济。故，被告保险公司应依法在交强险赔偿限额内对原告承担赔偿责任。

第四，关于具体的赔偿数额。根据最高人民法院《关于审理人身损害赔偿案件适用法律若干问题的解释》的相关规定，受害人死亡的，赔偿义务人除应当根据抢救治疗情况赔偿规定的相关费用外，还应当赔偿丧葬费、被扶养人生活费、死亡补偿费以及受害人亲属办理丧葬事宜支出的交通费、住宿费和误工损失等其他合理费用；受害人或者死者近亲属遭受精神损害，赔偿权利人向人民法院请求赔偿精神损害抚慰金的，适用最高人民法院《关于确定民事侵权精神损害赔偿责任若干问题的解释》予以确定。

三、被告张某的抗辩思路

1. 被告违章在路边停靠车辆是存在一定的过错，但事故的发生主要是原告酒后驾驶，直接撞向被告的车辆，对事故的发生具有重大过错。原告应当承担主要责任。

2. 被告已经参加了交强险，保险公司应当依据保险合同先行支付11万保险费。

3. 原告主张的赔偿数额，部分与事实不符。其一，依据我国《侵权责任法》的规定，精神损害赔偿，包括三种：一是死亡赔偿金，二是残废赔偿金，三是其他精神损害赔偿金。原告已经主张了死亡赔偿金，再主张精神损害赔偿金属于重复计算，应当扣除。其二，丧葬费的计算，按照规定应当是以当地上一年度职工平均工资为标准，计算6个月的工资，应当是3400元×6个月＝20 400元。其三，死亡赔偿金，依据最高法院的司法解释，原告是农村户口，应当以当地上一年度农村居民平均年收入为标准，计算20年，本地上一年度农村居民的平均可支配收入为10 738元，故原告的死亡赔偿金应当是10 738元×20年＝214 760元。原告主张543 060元死亡赔偿金，缺乏依据。

四、法院裁判

（1）经双方当事人核对认定，原告的死亡赔偿金、丧葬费、抚养费、交通费等各项损失为72万元；（2）被告H保险公司于判决生效后10日内在交强险责任限额范围内赔偿原告经济损失共计11万元；（3）被告向原告支付赔偿金305 000元（720 000元－110 000元＝610 000元×50%）；（4）案件受理费2500元，减半收取1250元，由被告保险公司负担。诉讼保全费1020元，由原告负担。

案例62

10岁孩子跌入艾依河中溺亡，责任谁承担？

原告一： 赵某（死者父亲）
原告二： 王某（死者母亲）
被告一： A城市管理综合执法局
被告二： B公司

◆ **案情简介**

原告赵某和王某系夫妻关系，死者赵小某系二原告之子。2017年5月30日，死者赵小某从同学家回家，在回家途中经过被告1管理的位于亲水大街边的艾依河，不幸跌入河中。当时有目击者报警，2017年6月1日经银川市消防队与逆行者救援人员一起将死者打捞上来。二原告在事发后实地查看发现事发地点无任何警示标志，该处虽设有护栏，但在河道两处留通道门，门上虽设有锁扣，但早已锈迹斑斑，锁扣已完全损坏，两道门均敞开。

事发后原告曾将银川市河道管理所起诉到法院要求赔偿，庭审中银川市河道管理所向法庭出示了一份证据《艾依河部分管理事项移交协议》，据以证明其已将原告之子出事河段的管理权移交给了银川市A城市管理综合执法局，法院以原告主体不适格驳回了原告的诉讼请求。

在第二次起诉前，代理人曾去银川市A城市管理综合执法局了解情况，被告知银川市A城市管理综合执法局又将管理权承包给了B公司，其不承担责任。

原告认为二被告作为管理该河道的主管部门，有责任和义务对河道及河岸两侧可能存在的危险做出维护和管理，根据国家相关法律的规定，原告提出诉讼请求：（1）被告一赔偿原告因其子赵小某死亡所造成的损失共计

389 793元（其中死亡赔偿金 503 720 元，丧葬费 31 241 元，交通费 5000 元，殡葬服务费 1886 元，精神损害抚慰金 15 000 元），上述费用总额 556 847 元的 70%计算。（2）被告 2 对上述损失承担连带责任。（3）诉讼费用由被告承担。

原告提交如下证据：

证据一
艾依河部分管理事项移交协议 1 份、录音 1 段、被告 2 某公司办公场所图片 1 张。 证明：自 2014 年 7 月 1 日起，银川市河道管理所向被告 1 移交了事发地河段包括垃圾及水草清理、河边垂钓、河道游泳、戏水及溢流堰过人等管理业务工作；被告 1 将该河段的管理职责对外承包给了被告 2。

证据二
接警处登记表 1 份、事故发生地照片 6 份。 证明：事发地段没有设置警示标示。事发前后河段开设的通道门因二被告不及时维护、管理造成年久失修、破损、敞开；因事发时水流急，两通道门之间有一条水泥路连接，二被告疏于管理该河段，造成该河段通道门敞开，致使赵小某从水泥路上跌入水中死亡，二被告的疏于管理存在过错，未尽到安全保障义务，与死者的死亡结果存在因果关系。

一、争议焦点

本案被告是否应当对儿童的死亡承担侵权责任？

二、争议原告请求权基础分析

第一，根据艾依河管理事项移交协议的约定，自 2014 年 7 月 1 日起银川市河道管理所向被告一银川市 A 城市管理综合执法局移交了事发地河段包括垃圾及水草清理、河边垂钓、河道游泳、戏水及溢流堰过人等管理业务工作。被告一在取得该管理业务后对外又承包给了被告二，被告一作为该河段的管理人，虽然其称已将该河段的相关业务承包给被告二，但承包合同只对双方有效力，对外而言，被告一仍是该河段的管理人。二被告对该河段在管理上有降低第三人发生危险的基本安全保障义务。基于在安全保障义务上既包括"物"方面的保障义务，也包括"人"方面的保障义务，物的保障义务要求义务人对其所能控制的场所的建筑物、配套设施、设备等的安全性负有安全保障义务，人的保障义务要求义务人对该场所内可能出现的各种危险情况要有相适应的有效预警，以防他人遭受损害，具体包括警告、提示说明、通知和保护义务。违反安全保障义务是指未尽到合理限度范围内的安全保障义务，而结合本案的实际情况却是因二被告负责河段的护栏年久失修，维护不当及未设相应警示标志所致，而这种不当又恰恰增加了该河段发生伤亡的风险。本案中，虽然二被告在该河段设置了护栏，履行了一定的安全保障义务，但事发地点水流湍急，护栏开设的通道门敞开，无任何警未标志的情况下，在现实中非完全行为能力人在欠缺合理判断下极有可能发生戏水及游泳等高危险情况发生。二被告作为管理者应当了解上述危险情况，亦未能够做到有效风险提示及维护，说明管理上有疏漏，与赵小某的死亡结果之间存在因果关系，原告的诉讼请求应当得到支持。

　　第二，因二被告的疏忽、过失，未及时对年久失修的护栏、通道门进行有效维护、也未设有效的警示标志，主观上存在过错，是导致赵小某死亡的主要原因，应承担主要责任即70%。根据《侵权责任法》第8条规定：二人以上共同实施侵权行为，造成他人损害的，应当承担连带责任。被告一是该河段的管理人，其虽通过合同关系将责任承包给了被告二，被告二也未履行管理义务，致使损害结果的发生，对原告的损失应当承担连带责任。

　　第三，本案受害人事发时年龄为10岁零6个月，为限制民事行为能力人，两原告作为受害人的监护人疏于教育监护，原告承担次要责任即30%的责任也是合乎情理的。

案例63
噪音污染侵权应当如何举证？

原告：杨某
被告一：中石油某分公司
被告二：宁夏 E 建设总公司

◆ **案情简介**

　　2015 年 5 月 7 日，被告宁夏 E 建设总公司中标后，于同年 5 月 11 日与被告中石油某分公司签订《建设工程施工合同》，承建被告中石油某分公司"中石油固原油库挡土墙、排水沟、砼路面施工"工程。2015 年 5 月 23 日被告宁夏 E 建设总公司开始施工。原告杨某的养狐场位于固原市原州区官厅镇东郊村三组，与被告建筑工地相邻。原告述称 2015 年 5 月 11 日，发现其饲养的银狐出现流产、吃仔、踩踏致死、互相撕咬等死伤现象，5 月 25 日其饲养的蓝狐开始也出现上述现象，认为是被告运用装载机、挖掘机、30 吨振动压路机、重型运输车等大型工程机械挖去土方等作业，施工现场噪音、强光污染等导致原告养殖的狐狸烦躁不安，是造成幼狐大量死亡的原因。

　　原告向法院提起诉讼请求：（1）要求二被告赔偿原告经济损失 153 600 元；（2）本案的诉讼费用由被告承担。

　　法院查明，中石油某分公司固原油库建址在先，2012 年原告的养狐场选址在后。距原告养狐场向西 100 米处是铁路的编组站，时不时有火车鸣笛进站通过。

　　另查明，狐狸从配种到产子大约需要 52 天时间，30 天~45 天可分窝，从分窝到去皮大约需要 200 天左右的时间，而每只狐狸的饲养成本在 250 元左右。

被告中石油某分公司辩称，我公司不是施工单位，是工程的发包方，建设工程实际由宁夏 E 建设总公司进行施工。在施工过程中，是否造成原告的损失，与我公司没有关系；原告主张的诉讼请求，不能够证明实际发生的损失，请求驳回原告的主张。

被告宁夏 E 建设总公司辩称，请求依法驳回原告的诉讼请求。首先，我公司通过合法程序承建涉案工程，符合法律规定，工程顺利验收，不具有侵权行为；原告所谓的造成狐狸吃仔等损失，没有合法有效的证据能够证明，我公司有理由相信本案损害结果不存在，没有侵权事实；原告主张的损害事实与施工行为没有因果关系；我公司承建涉案工程合法，主观上无过错。其次，按照二被告之间的约定，我公司仅对工程施工进度及质量进行管理，原告主张的事实不是我公司负责的范围，如果承担责任，应由发包方与中石油某分公司承担责任，与我公司没有关系。

原告为其主张提供以下证据：

证据一 　　照片 7 页，证明：中石油某分公司在原告养殖场旁边进行工程建设，中石油某分公司是建设单位，宁夏某建设总公司是施工单位，宁夏某建设总公司建设工程施工时采用大型机械设备，施工场地与原告养殖场相邻的事实。
证据二 　　照片复印件 17 页，证明：宁夏某建设总公司在施工期间，因噪音污染，导致原告饲养的产子母狐吃子踩子等事实，拍照的时间至 2015 年 5 月 15 日至 6 月 18 日。
证据三 　　照片复印件 5 页，证明：单只银狐狸铲子每次 5~8 只，蓝狐 8~12 只的事实；以上照片由原告自己拍摄。
证据四 　　养殖场配种的记录 1 份，原告自行收集，证明：在 2015 年 1 月 27 日至 4 月 25 日养殖场配种的银狐 300 只，蓝狐 53 只的事实。
证据五 　　发票复印件 4 张，原告在特种行业合作社采集，证明：2015 年 5 月至 6 月份期间狐皮销售均价为 680 元左右的事实。

案例 63
噪音污染侵权应当如何举证？

续表

证据六	营业执照及章程复印件各1份，证明：原告等5人共同成立合作社注册登记情况的事实。
证据七	证人褚某某、马某某出庭作证，褚某某证言，证明：凭自己的经验证实狐狸的生产周期、生活习性以及对收益成本进行了说明。证人马某某的证言，证明：对狐狸养殖的配种记录及产量进行了说明。

被告中石油某分公司对原告杨某提供的证据的质证意见：对证据一前三张照片的真实性、合法性、关联性不表异议，后14张照片的真实性、合法性、关联性与本案无关联性，与我公司相邻没有异议，但是，是否使用了大型机械不予认可。证据二照片，真实性有异议，没有其他证据予以佐证，对真实性、合法性、关联性均不予认可，证明目的不能成立。证据四"配种记录"，系原告单方制作，对其真实性、合法性、关联性不予认可，证明目的不能成立。证据五营业执照及章程证据的意见，对其真实性有异议，不予认可，属于复印件没有工商部门的盖章，与本案没有关联性。4张发票的意见，原告所谓的吃子踩子等，该发票与本案没有关联性。对两位证人的证言，因无科学依据，不予认可。

被告宁夏E建设总公司对原告杨某提供的证据的质证意见：对7张照片的真实性、合法性、关联性均不予认可，证明目的不能成立，只能证明工程承包和施工的事实。照片中是否使用大型机器设备，没有证明能够证实，我公司不予认可。对撕咬等照片的真实性、合法性、关联性均不予认可，不能证明原告主张的踩踏损害结果的存在，不能证明我公司施工行为与原告主张的损害结果有因果关系。对产子照片的真实性合法性及证明目的均不予认可。证据配种记录，该证据系原告单方面制作，对真实性、合法性、关联性均不予认可。证据营业执照及章程，我公司对该证据的真实性、合法性、关联性不予认可，与本案无关。证据发票4张，对真实性、合法性、关联性不予认可，该发票是复印件，虽然有印章，但是原告系该合作社合伙人之一，该证据不具有证明效力。原告提交狐狸皮价格，与原告主张损失的价格相差太远，与本案无关。对两个证人的证言因无科学依据，不予认可。

被告中石油某分公司提供的证据是：建设工程施工合同1份（复印件），

· 235 ·

证明公司已将工程承包给被告宁夏E建设总公司承建的事实。

原告杨某对被告中石油某分公司提供的证据的真实性、合法性、关联性无异议。

被告宁夏E建设总公司对被告中石油某分公司提供的证据的真实性、合法性、关联性及证明目的均无异议。

被告宁夏E建设总公司提交的证据是：中标通知书、建设工程施工合同书各1份，证明涉案工程是被告宁夏E建设总公司经过合法手续，取得了对涉案工程的建设资格，按照合同约定对被告中石油某分公司固原油库工程进行建设的事实，对原告主张的损失，被告宁夏E建设总公司不承担责任。

原告杨某和被告中石油某分公司对被告宁夏E建设总公司提供的证据均无异议。

一、本案焦点

被告是否应当承担噪音污染致害责任？

二、本案法律关系

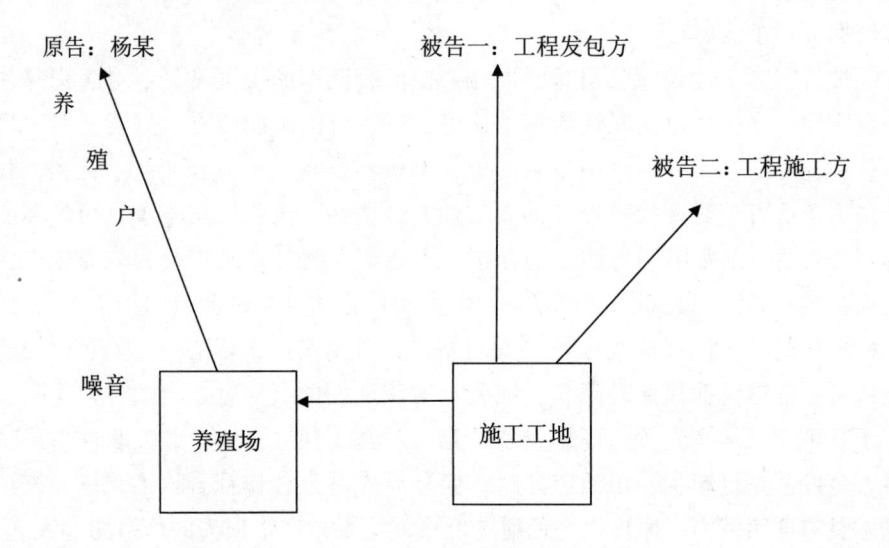

三、原告请求权基础分析

噪音污染属于环境污染的一种情形。而环境污染致害责任也属于特殊侵权,原告作为受害人,其诉讼请求是要求被告承担因噪音污染给原告造成的财产损失。那么,原告请求权的基础,应当包括:

第一,原告应当证明噪音污染的存在,而噪音污染是需要专业机构在整个施工期间对于养殖场进行专门检测产生的数据,比如噪音达到多少分贝。

第二,原告应当证明损失的实际存在,并且损失的计算是客观合理的。比如,在被告施工期间原告养殖场发生了多少狐狸流产,死伤狐狸多少只,损失的具体数额,这些事实也应当由专业的评估机构进行评估,或者有公证部门公证的损失明细。同时,在原告发现死伤情况后,是否采取了必要的措施防止损失扩大,或者与被告方进行交涉等。这一事实也是需要原告提供相应的证据。

第三,最为关键的是,原告应当证明噪音污染与狐狸流产和死伤存在因果关系,并且能够排除噪音污染以外的其他致害因素,比如,不存在其他因素导致狐狸流产或者撕咬、吃仔等情形。这一点需要兽医部门的专门鉴定报告,而不是原告方的工作人员凭借经验得出的结论。只要原告能够提供上述三个方面的有利证据,原告的诉讼请求才有可能得到法院的支持。

本案中,第一,原告对狐狸死亡损失的计算,以养狐人员多年的养殖经验,对狐狸的养殖习性、生存环境作出判断,对狐狸的产子数量作出估算,缺乏相关机构的评估报告意见予以佐证,因此,对于幼狐的损失成本计算,以及从幼子到取皮价格依据目前市场行情主张的损失缺乏事实依据。第二,原告提供的证据均不具有专业性,特别是缺乏专业机构关于噪音污染程度以及噪音污染与狐狸损伤之间因果关系的证据。原告称银狸于 2015 年 5 月 11 日、蓝狐于 5 月 25 日出现流产、吃子、踩踏致死、互相撕咬等死伤现象,原告认为是被告宁夏 E 建设总公司的施工造成的损害,但未提供相关证据证明。在原告养殖场西侧 100 米处是铁路的编组站,时不时有火车鸣笛通过。被告建设工程于 2015 年 5 月 23 日开始施工,而挡土墙外农田放坡线内土方开挖于 5 月 29 日开始。因此,从时间上推算,原告饲养的狐狸出现死亡现象与被告在此施工是否构成侵权缺乏合理依据。

所以,根据本案原告及其律师提供证据的情况分析,原告的诉讼请求很难得到法院的支持。

案例64
小区内物件脱落致人损害，责任由谁承担？

原告：朱某
被告一：银川甲物业服务有限公司
被告二：银川乙物业服务有限公司

◆ **案情简介**

原告朱某系从事理发的个体工商户。其经营的"洁莱雅"理发店位于某小区8号临街营业房。2012年7月16日下午5时许，原告从其经营的理发店关门出来向西走出几米时，被该小区营业房5楼和6楼之间掉落的"腰带"瓷砖砸到头部，当场倒地。后被人送往宁夏医科大学总医院急救，被诊断为急性内开放性颅脑损伤。原告在该院住院治疗22天（2012年7月16日至2012年8月7日），支付住院医疗费27 133.43元。根据病案显示，原告出院时的病情是：颅骨骨折好转，其余伤情治愈。出院医嘱：（1）注意休息，加强营养；（2）一月后到我科门诊随诊复查；（3）如有不适及时就诊，我科随诊；（4）休息期限32周，营养期限12周，护理期限18周。2012年9月7日、2013年2月28日、3月12日、4月23日原告到宁夏医科大学总医院门诊复查4次，支付门诊费1495.82元。

2013年3月26日，原告经宁夏某司法鉴定所鉴定，结论是：伤残等级为九级伤残，原告支付鉴定费1200元。2013年6月，原告向法院起诉，被告是：永宁县住房和城乡建设局、宁夏实成房地产开发有限公司、永宁县杨和街道办事处、永宁县杨和街道办事处南环社区居民委员会、银川甲物业服务有限公司。经审理后法院作出［2013］永民初字第781号民事判决书，以原告不能提供证据证明被告是涉案的南环西路交通小区物业服务单位为由驳回

· 238 ·

了原告的诉讼请求,案件受理费3090元由原告朱某负担。

2014年5月14日原告向法院起诉,被告是银川乙物业服务有限公司、银川甲物业服务有限公司,请求法院判决:(1)被告赔偿原告各项损失,共计142 612元。其中医疗费28 629元;误工费21 280元(224天×95元/天);护理费11 970元(126天×95元/天);营养费4200元(84天×50元/天);住院伙食补助费1100元(22天×50元/人/天);伤残赔偿金70 316元按九级计算(20年×17 579元×20%);交通费800元;鉴定费1200元;病案复印费27元;(2)一审诉讼费3090元;(3)本次诉讼费用由被告承担;(4)二被告负连带赔偿责任。

经审理后,法院于2014年12月2日作出[2014]永民初字第724号民事裁定书,以原告朱某以相同的事实理由及诉讼请求起诉,不符合法律规定为由,裁定驳回原告朱某的起诉。

原告朱某提起上诉后,宁夏回族自治区银川市中级人民法院认为原告朱某的本次起诉与2013年6月的起诉当事人不相同,不构成重复起诉,裁定撤销[2014]永民初字第724号民事裁定,指令原审法院对本案进行审理。

该案在审理期间,被告银川甲物业服务有限公司对原告的鉴定结论提出异议,于2014年7月15日申请重新鉴定,经宁夏某司法鉴定中心银川分所鉴定,于2014年8月27日出具《鉴定意见书》,鉴定意见为伤者朱某的伤残等级为(十)级。被告银川甲物业服务有限公司支付鉴定费1350元。

一审法院另查明,原告理发店所在的南环西路交通小区自建成投入使用后,物业服务一直由被告银川乙物业服务有限公司下属永宁分公司(2007年9月24日成立)提供,2008年3月1日,被告银川乙物业服务有限公司与宁夏丙有限公司签订《物业公司转让合同》,合同约定:"被告银川乙物业服务有限公司(甲方)将永宁分公司的经营权无偿转让给宁夏丙有限公司(乙方),包括永宁分公司所管辖的实成小区、联建小区、团结小区、交通小区的物业、供热管理均予以转让;从即日起甲方的债权债务均由乙方承担;公司所有财产均归乙方所有;现物业公司所有员工均由乙方负责管理使用;甲方的物业资质证、供热资质证、营业执照、税务登记证、组织机构代码证等所有证件暂由乙方使用两年。"宁夏丙有限公司的经营范围是从事煤炭制品销售,其法定代表人是马某,该公司于2007年5月16日成立,于2012年9月24日被银川市工商行政管理局吊销营业执照。马某于2009年6月16日注册成立了银川甲物业服务有限公司，2011年11月4日银川乙物业服务有限公司永宁分公司被永宁县工商管理局吊销营业执照。被告银川甲物业服务有限公司成立后实际接管了转让合同约定的物业服务的小区，对各小区提供物业服务，并收取物业费和采暖费，给业主开具的物业费收据中盖有银川乙物业服务有限公司永宁分公司的财务专用章，时间持续至2013年。原告理发店所在的小区是在被告银川甲物业服务有限公司提供物业服务的区域和时间范围内。

一、争议焦点

1. 本案二被告是否应当承担赔偿责任？原告诉请承担连带责任是否合理？
2. 原告朱某的伤残等级鉴定意见哪一份更科学？
3. 原告朱某的另案诉讼费、鉴定费是否应当得到支持？

二、原告请求权分析

1. 2012年7月16日下午5时，原告在走出自己的理发店后，被楼上脱离的瓷砖砸伤的事实。为此，原告应提交证人证言，即由当时在场的人或者救助原告的人证明存在上述事实。

2. 原告受伤产生的各项费用，应当提供计算的依据和证明。比如：

第一，关于医疗费：应当依据有效医疗费票据确定为28 629元；

第二，关于误工费：一是误工时间应从事故发生时至定残日前一天，即2012年7月16日至2013年3月26日，共计254天。二是误工费标准，应当参照原告从事理发的个体工商户，按2013年相同或相近行业（商业服务）在职职工年平均工资每日86元计算，误工费应为21 844元（254天×86元=21 844元）。而原告在诉讼请求中按照：误工费21 280元（224天×95元/天）是缺乏依据的。

第三，关于护理费的计算：一是护理的天数应按住院天数22天加医嘱休息一月，共计52天，每日86元，护理费应为4472元（86元×52天=4472元）。原告诉讼请求中按照：护理费11 970元（126天×95元/天）同样缺乏依据。（至少，原告没有提供聘请护工工资的证明，或者妻子护理的误工工资证明。）

第四，关于营养费：一般按照原告伤残情况结合医院加强营养的医嘱确定为2600元（52天×50元），这是合情合理的。

第五，关于住院伙食费：住院伙食补助费应当以实际住院的时间为准，其标准一般都是参照本地财政为公务人员确定的误餐补助标准确定，本案确定为1100元（22天×50元），也是合乎情理的。

第六，关于伤残赔偿金：应当参照伤残等级和上一年度城镇居民人均支配收入的标准计算，即20年×17 579元×20%＝70 316元。原告提交的鉴定报告证明原告的伤残等级是9级，而2012年度宁夏的城镇居民人均可支配收入为17 579元。虽然原告是农村户口，但原告在县城从事个体经营，且在县城购房居住多年，所以，原告可以按照城镇居民的人均可支配收入标准计算。

第七，关于交通费：一般是按照原告提交的实际发生的交通费票据，或者参照本地财政部门关于公务人员市内交通补贴的标准计算，法官会酌情认定。原告请求800元的交通费，应当提交证据。

第八，关于病案复印费：27元，以票据为证。

第九，伤残鉴定费：1200元，也是以票据为证。

第十，原告第一次起诉所产生的诉讼费3090元，是因为原告对本案被告的认定有误导致败诉，所以，此项请求法官难以支持。

3. 被告承担赔偿责任的理由分析：

第一，被告银川甲物业服务有限公司自成立后接管了宁夏丙有限公司从银川乙物业服务有限公司永宁分公司转让过来的原物业服务区域，并对该区域的小区业主提供服务，虽然收取物业费的收据上未盖该公司的公章，而盖的是银川乙物业服务有限公司永宁分公司的财务专用章，但原告被侵权时，被告银川甲物业服务有限公司是原告理发店所在的南环交通小区的实际物业服务者和管理者，对该小区的设施安全负有安全保障义务，其对小区设施安全未尽到排除安全隐患的责任，致使该小区楼房外墙腰带瓷砖脱落砸伤原告，给原告人身造成损害，被告银川甲物业服务有限公司应当承担赔偿责任。

第二，被告银川乙物业服务有限公司的下级分公司银川乙物业服务有限公司永宁分公司，是在工商行政管理局注册登记的企业，该分公司于2008年3月1日将所管辖的小区的物业经营权无偿转让给马某为法定代表人的宁夏丙有限公司，转让协议约定宁夏丙有限公司使用甲方的各种资质两年，即至2010年3月1日到期，2012年7月原告被砸时，银川乙物业服务有限公司永宁分公司已于2011年11月4日被工商部门吊销营业执照，虽然被告银川甲物业服务有限公司的物业费收据上盖有银川乙物业服务有限公司永宁分公司的财务专用章，但此时间内该分公司已被吊销营业执照，被告银川乙物业服务有限公司既未授权也未委托被告银川甲物业服务有限公司以自己的名义收取物业费，被告银川甲物业服务有限公司收取的物业管理费由该公司自行支配，未向被告银川乙物业服务有限公司交纳，也未向被告银川乙物业服务有限公司交纳任何管理费用，故原告要求被告银川乙物业服务有限公司承担赔偿责任，无事实和法律依据，一般法院不会支持。

三、被告银川甲物业服务有限公司抗辩意见分析

被告银川甲物业服务有限公司辩称银川乙物业服务有限公司将物业经营权转让给宁夏丙有限公司，当时银川甲物业服务有限公司还没有成立，因此银川甲物业服务有限公司不应承担赔偿责任。该抗辩的理由不能成立，法院不会支持，理由是：事件发生时，被告银川甲物业服务有限公司是该发事小区的物业服务者。

四、被告乙物业服务有限公司抗辩意见分析

本案中乙物业服务有限公司对原告的伤残鉴定提出异议，要求重新鉴定，而重新鉴定的结论是：确定原告的伤残等级为（十）级。

五、本案律师分析

1. 本案审理法官对被告责任的认定符合法律规定。连带赔偿责任区别于共同赔偿责任，最简单的一点区别就是连带赔偿责任是与主责任赔偿人连带，常见于合同中担保人的连带清偿责任和侵权诉讼中负有法定义务的赔偿义务人与侵权人承担连带赔偿责任，并且连带责任人履行义务后是可以向主责任人进行追偿的。但是共同责任不区分赔偿比例、不分主次、均负有同等赔偿责任的义务人。本案中一审原告诉请二被告连带赔偿其损失的做法还是值得商榷的。

2. 对于原告请求的损失赔偿，法官对除了伤残赔偿金和伤残鉴定费以外的其他请求予以支持，也是符合法律规定的。关于本案伤残鉴定意见的采信问题，银川甲物业服务有限公司在永宁县人民法院［2013］永民初字第781

号案件中，当庭明确认可朱某提交的宁夏某司法鉴定所《司法鉴定意见书》载明的朱某伤残等级为九级的法律事实。因此，银川甲物业服务有限公司在本案当中无正当理由提出重新鉴定申请没有事实和法律依据，不应当得到法官的支持。

其次，宁夏某司法鉴定所出具的《司法鉴定意见书》载明的朱某的伤残等级为九级客观真实，应继续予以采信。一方面，朱某在治疗终结后时间不久进行该鉴定，鉴定当时的伤情客观真实，便于鉴定机构作出客观真实的鉴定结论；另一方面，朱某鉴定当时医疗机构的病历资料齐全，尤其是数次拍片检查形成的CT片，能为伤残等级结论的正确作出提供真实的鉴定依据。而宁夏某司法鉴定中心银川分所出具的《鉴定意见书》不应采信。主要理由是：朱某因案件时间久远，且银川甲物业服务有限公司在前案当中已认可其伤残等级为九级的法律事实，故将原病历资料当中的CT拍片丢弃，致使在本次鉴定过程中客观无法提供，鉴定机构据此作出降低伤残等级的认定，既不符合客观事实，也违反了法律规定。同时，鉴定机构的工作人员，对上诉人的伤残等级所作鉴定出现严重失职与疏忽的事实，比如说将上诉人的致伤原因界定为交通事故伤等，虽在事后提交了《更正说明》予以搪塞，足见鉴定机构的不负责任。所以，比较之下，朱某构成九级伤残的鉴定从鉴定时间、检材的全面性等综合来看，比之后永宁法院委托鉴定的十级伤残的鉴定意见更具科学性。

案例65

两车相撞，造成财产损失，责任如何认定？

原告： 段某

被告一： 杨某

被告二： 左某

被告三： 人保财险B公司

◆ **案情简介**

2014年12月20日0时许，被告杨某在未依法取得机动车驾驶证的情况下，驾驶一辆小轿车行至一个交叉口向西300米处掉头时，与原告驾驶的小轿车发生碰撞，造成两车受损的交通事故。经交警支队某二大队认定被告杨某负事故全部责任，原告无责。事故发生后，被告杨某逃逸。原告自行修理了车辆，支出修理费36 700元。原告认为，被告左某将其车辆交给无驾驶资格的被告杨某使用，存在明显过错，应当承担相应的赔偿责任。现原告为维护自己的合法权益，向法院起诉，请求：（1）依法判令被告人保财险B公司在交强险、商业三者险范围内赔偿原告车辆修理费36 700元，不足部分由被告杨某、左某赔偿；（2）本案诉讼费用由被告承担。

另查明，事故发生后，公安交警部门对被告杨某进行了询问并制作了笔录，杨某称："2014年12月19日21时左右，我和左某还有几个朋友一起在中山北街的一个KTV玩。玩完后，12月20日0时左右我们回家，我在KTV的门口看见了我在赌场认识的两个人（不知道姓名），他们把我拦住不让我走，我挣脱后顺势从左某的包里拿了她的车钥匙，出门上到了她的车里面，我看到那两个男的喊来了一辆宝马车，见他们人多我就开上车沿中山街向南跑，才发生了交通事故。"

案例 65
两车相撞，造成财产损失，责任如何认定？

一、本案焦点

（1）被告左某是否存在过错？（2）被告人保财险某支公司在涉案车辆投保时与投保人约定的无证驾驶和肇事逃逸等免责事由，对于原告是否有约束力？

二、原告请求权分析

1. 依据原告提交的交警部门出具的"交通事故责任意见"，可以认定被告杨某违章驾驶汽车，导致交通事故的发生，存在侵权行为，并造成原告财产损失，且肇事后逃逸，性质恶劣，应当对事故负全责。

2. 依据原告提交的车辆修理单据，被告的肇事给原告造成的直接财产损失是 36 700 元。

3. 三被告承担赔偿责任的理由是：（1）机动车交通事故，造成人员伤亡的属于特殊侵权责任，但如果仅造成财产损失，则属于一般侵权责任。（2）依据我国《侵权责任法》第 6 条的规定："行为人因过错侵害他人民事权益，应当承担侵权责任。"本案中的事故完全是杨某违章驾驶造成的，原告正常行驶无过错，所以，应当由被告杨某承担全部侵权责任。（3）又根据我国《侵权责任法》第 48 条的规定："机动车发生交通事故造成损害的，依照道路交通安全法的有关规定承担赔偿责任。"而《道路交通安全法》第 76 条规定："机动车发生交通事故造成人身伤亡、财产损失的，由保险公司在机动车第三者责任强制保险责任限额范围内予以赔偿；不足的部分，按照下列规定承担赔偿责任：（一）机动车之间发生交通事故的，由有过错的一方承担赔偿责任；双方都有过错的，按照各自过错的比例分担责任。"所以，本案中被告人保财险 B 公司理应在第三者责任强制保险责任限额范围内予以赔偿。（4）本案中肇事车辆的车主是左某，不论是租？还是借？车主将车辆交给无驾驶证照的人，是对他人安全严重不负责的表现，当然存在过错。我国《侵权责任法》第 49 条规定："因租赁、借用等情形机动车所有人与使用人不是同一人时，发生交通事故后属于该机动车一方责任的，由保险公司在机动车强制保险责任限额范围内予以赔偿。不足部分，由机动车使用人承担赔偿责任；机动车所有人对损害的发生有过错的，承担相应的赔偿责任。"所以，本案被告左某应当依

· 245 ·

法承担相应的赔偿责任。

三、本案被告左某的抗辩理由

被告左某对本次事故的发生没有主观过错，车钥匙是在被告左某毫无提防的情况下被杨某抢走的（这一点在法庭调取的杨某在交警部门所做的笔录中得到证实），不存在租赁、借用车辆给杨某使用的情形，当然也就没有过错。我国《侵权责任法》第52条规定："盗窃、抢劫或者抢夺的机动车发生交通事故造成损害的，由盗窃人、抢劫人或者抢夺人承担赔偿责任。保险公司在机动车强制保险责任限额范围内垫付抢救费用的，有权向交通事故责任人追偿。"可见，本案中依法应当承担赔偿责任的是保险公司和肇事者杨某。

四、被告三人保财险B公司的抗辩理由

涉案车辆在其公司投保有交强险和商业第三者险（保险限额200 000元、含不计免赔险种），事故发生在保险期间，公司愿依据交强险赔偿的约定，承担原告2000元（最高保险金额10%）。因被告杨某系无证驾驶且存在逃逸情形，依据公司与车主左某签订的合同条款，存在无证驾驶属于不承担保险责任的事由，故拒绝在商业第三者险限额内进行赔偿。

五、本案律师的质疑

本案一审法院判决：(1) 被告人保财险某支公司于本判决生效之日起10日内赔偿原告段某某经济损失2000元；(2) 被告杨某于本判决生效之日起10日内赔偿原告段某经济损失34 700元；(3) 驳回原告段某其他诉讼请求。(4) 案件受理费、公告费共计1017元，由被告杨某负担。

实践中普遍存在交通事故肇事逃逸、商业第三者责任险不予赔偿的情形，并且好像大部分人群已经形成了共识。本案律师认为值得商榷，理由是：

第一，投保人购买商业第三者险的目的，是为车辆发生交通事故后将赔偿责任转移给保险公司，从而减少自己的损失，确保第三者得到切实有益赔偿。保险公司开设商业第三者险业务也即意味着保险人承诺在收取保费后愿为投保车辆可能给第三者造成的损害承担赔偿责任。在商业第三者责任保险中，保险事故即交通事故，交通事故发生意味着保险合同约定的赔偿条件成

就，保险人的赔偿义务便从或然转变成应然，保险人即应履行赔偿义务。保险公司在格式合同上注明的免责条款，并不表明该免责条款就符合法律的规定。保险人以肇事逃逸为由免除自己的商业第三者责任保险的全部赔偿责任，违反了保险法的相关规定。

第二，投保人或其允许的驾驶人肇事后逃逸的行为，并不改变在此之前已经发生交通事故的事实，即肇事逃逸行为的影响仅及于逃逸之后，不溯及以前。逃逸行为与保险公司的理赔并无必要的关联性，投保人只应对逃逸行为扩大损害的部分担责。如果保险公司在订立合同时利用其优势地位，以格式条款的方式笼统地将肇事逃逸列为免责事由，免除自己的责任，加重投保人的负担，有违公平，同时也是一种违背诚实信用的行为。

第三，保险合同只能约束签订合同之双方当事人，不能为第三人设定义务。商业三者险是为确保因被保险人的致害行为而受害的第三人能够得到切实有效赔偿而设立的，保险合同只能约束合同当事人双方，不能对抗第三人，故保险人和被保险人约定的免责事由不能对抗受害人。如果保险公司因被保险人的逃逸行为而免责，受害人的合法权益就不能得到及时的赔偿，保险公司反而会从中获益，这并不符合《保险法》的立法本意，更何况商业三者险是由保险公司对因交通事故而受到损害的第三人承担赔偿责任。上述观点在广东省高级人民法院的判决书中亦有记载及相应判决。

案例66

顾客在火锅店内踏空摔伤，责任如何认定？

原告：李某
被告一：张某
被告二：贾某

◆ 案情简介

好吃火锅店系由张某登记为业主的个体工商户，其的实际经营者为贾某。2016年9月20日晚7时，李某在某火锅店用餐，其在取完菜品下台阶时，不慎踩空摔倒，胸口撞到餐桌旁的椅子上导致受伤。后李某被送往医院进行住院治疗，经诊断为：闭合性胸部损伤，多发性肋骨骨折。李某住院19天，治疗期间产生医疗费15 000元，后又产生门诊医疗费2000元。李某出院后委托某司法鉴定中心作出鉴定，李某伤残等级属10级；其误工期为120日，护理期为60日，营养期为60日。李某为此花费鉴定费1000元。某火锅店的经理贾某代火锅店向李某支付医药费3000元。后李某向某火锅店要求赔偿未果，以某火锅店的业主张某和实际经营者贾某为被告向法院提起诉讼，请求：(1) 依法判令被告赔偿原告医疗费14 000元（医疗费共计17 000元，扣除被告已经支付的3000元），误工费12 000元，护理费7000元，交通费1500元，住院伙食补助费1900元，营养费6000元，残疾赔偿金34 927元，伤残鉴定费1000元，合计74 220元；(2) 本案诉讼费由被告承担。

一、案件争议焦点

顾客在火锅店踏空摔倒，火锅店是否应当承担赔偿责任？承担多少？

案例 66
顾客在火锅店内踏空摔伤，责任如何认定？

二、原告请求权分析

1. 本案涉及管理者或者组织者的安全保障责任问题。安全保障责任是指公共场所的管理者或者群众活动的组织者因未尽到安全保障义务，致他人损害所应当承担的民事责任。我国《侵权责任法》第37条规定："宾馆、商场、银行、车站、娱乐场所等公共场所的管理人或者群众性活动的组织者，未尽到安全保障义务，造成他人损害的，应当承担侵权责任。因第三人的行为造成他人损害的，由第三人承担侵权责任；管理人或者组织者未尽到安全保障义务的，承担相应的补充责任。"这里的安全保障义务，是指管理者或者组织者所承担的在合理限度内保护他人人身、财产安全的义务。公共场所是指以社会公众为对象提供商品或者服务的场所，不限于法条中所列举的场所。管理者承担侵权责任包括两种情形：一是承担全部责任，如果他人所遭受的损害完全是由管理者或者组织者未尽安全保障义务所导致的，由管理者或者组织者承担全部责任。二是承担相应的补充责任，即如果他人所受损害是由第三人行为造成的，由第三人承担侵权责任，但管理人或者组织者未尽到安全保障义务的，客观上为第三人侵权增加了机会，那么，管理者或者组织者也应当承担相应的补充责任。此种补充责任，是指在无法找到第三人或者第三人没有能力承担全部赔偿责任的情况下，管理者或者组织者才承担相应的责任，而非全部责任。

2. 本案中双方诉争焦点亦即被告是否尽到安全保障义务人应尽义务的合理限度。安全保障义务可能因时间、地点、当事人的不同而有不同的要求。判断是否违反了安全保障义务需要借助其他法律法规等的规定和理性人的判断标准，通常以行为人是否尽到了同类交易情形下通行的注意义务作为衡量的尺度。本案中，被告作为火锅店的经营者，应当在提供服务的过程中考虑到晚上用餐时的照明、地面是否有油渍、台阶是否清晰等等可能存在的各种安全隐患，尽到安全保障义务。被告虽然提供证据证明其在店内多处放置了安全警示的标牌，但即使如此，原告还是因为视线不清在台阶处踩空摔伤，这说明，仅仅是安全提示是不够的，被告仍未能尽到合理的注意义务，被告在明知地滑且菜品区与桌椅摆放距离较近的情况下，除安置标牌外，未能履行提醒顾客注意的义务，亦未能采取必要的防滑措施以减少或避免不当损害的发生。因此，被告未尽到合理限度的安全保障义务是客观存在的事实。即

· 249 ·

使是原告也存在一定的疏忽,但不能因此而否认被告未尽安全保障义务的事实,被告应当为此承担民事法律责任。

在审判实践中,此类案件一般并没有统一的裁判标准,而是根据案件的具体情况分别予以认定,例如,在张某某诉上海麦当劳食品有限公司、上海麦当劳食品有限公司塘桥麦当劳餐厅生命权、健康权、身体权纠纷一案中,原告与朋友数人到位于上海麦当劳食品有限公司塘桥麦当劳餐厅用餐,期间原告去洗手间,因通往洗手间的走道地面上有水,非常湿滑,未设置警示标志和防滑设施,且光线不好,造成原告摔倒,因此要求被告予以赔偿。法院在审理后认为,餐厅通往洗手间的走道地面上有水,造成原告摔倒受伤,被告对这一损害结果应承担主要责任,原告未能注意自身安全,应承担次要责任。因此判决被告承担原告全部损失70%的赔偿责任。而在原告颜某某与南京肯德基有限公司、南京肯德基有限公司广州路餐厅健康权纠纷一案中,原告颜某某主张就餐过程中,原告在餐厅内的儿童乐园玩滑梯,不慎从滑梯上摔落,造成原告右臂肘部骨折,要求被告予以赔偿。法院根据审理后查明的事实认为,被告肯德基广州路餐厅儿童乐园内提供的游乐设施系专门针对儿童设计,该设施本身并无安全缺陷或隐患,且被告在入口处设置了提醒牌,对游乐设施的使用方法和儿童可能存在的意外危险做出了警示和说明,并提醒家长和随行成人在儿童玩耍时进入游乐区在旁照顾儿童,已经尽到了合理限度的安全保障义务。原告系五岁幼童,对行为动作的危险性缺乏认知和判断能力,其监护人应当在其玩耍时高度注意、谨慎看护,对原告做出的危险行为予以制止或进行必要的帮扶。从监控视频可见,原告在儿童乐园玩耍时,多次在滑梯上进行跑跳等危险动作,但原告的监护人在旁对原告的危险动作未及时予以制止,还一度转身背对原告,导致原告发生意外时因不在其视线范围内,未能及时帮扶原告,是原告摔倒受伤的直接原因。因此本案被告肯德基广州路餐厅已经尽到了合理限度内的安全保障义务,对本案损害结果的发生没有过错,原告摔倒受伤是其自身过错及监护人监护失职所致,故两被告对原告的损害后果不应承担赔偿责任,从而判决驳回了原告的诉讼请求。

3. 原告主张的损害赔偿应当提供相应的证据。比如(1)医疗费14 000元(医疗票据是17 000元,扣除被告已经垫付的医疗费3000元);(2)误工费应当说明具体误工的天数和计算的标准;(3)护理费也应当说明护理的天数和计算的标准;(4)残疾赔偿金应当参照上一年度当地城镇居民人均可支配收入的情况主张。所有诉讼请求均应有相应的证据、规定或统计数据予以支持。

三、被告的抗辩意见

被告在庭审中提交了火锅店内的照片（证实墙面及地面均有安全提示标识）、收据及购货清单（证实购买安全保障相关物品）、日常检查表（证实店内每天进行安全检查）及证人陈某某、纳某某、蒋某某的证人证言（证实事件发生经过以及店内采取的安全保障措施，如悬挂标识、随时清理地面、设置防滑垫等），欲证明事件发生的经过以及被告已尽到安全保障义务的事实。

被告的抗辩意见为：

1. 被告在顾客通道处有明显的警示提示，已经尽到了安全保障义务，不应当承担赔偿责任。

2. 退一万步，即使法院认定被告未尽到安全保障义务，被告方也是承担次要责任。原告作为一个成年人，在任何时候行走都应当谨慎，尤其是在晚上，这是基本生活常识，而原告受伤的主要原因是自己行走不慎，踏空摔伤的，所以，原告本人对于损害的发生存在较大的过错，我国《侵权责任法》第26条规定："被侵权人对损害的发生也有过错的，可以减轻侵权人的责任。"所以，本案中，原告的过失大于被告的过失，应当承担主要责任。

四、法院裁判结论

本案法官在审理案件过程中经综合考量，酌情确定由某火锅店的经营者对原告的损失承担50%的赔偿责任，原告李某承担50%的赔偿责任。而在赔偿金额方面，根据《侵权责任法》第16条以及最高人民法院《关于审理人身损害赔偿案件适用法律若干问题的解释》的相关规定，赔偿义务人应对造成的医疗费、误工费、护理费、交通费、住宿费、住院伙食补助费、必要的营养费、残疾赔偿金等予以赔偿。本案中，具有争议的为原告主张的护理费及误工费的金额，法院认为：关于误工费，原告仅向法庭提交了劳动合同，并未向法庭提交证据证明其因此次事件产生了实际的误工损失，故该项请求不予支持；关于护理费，因医嘱中未载明原告需要加强护理，故不予支持。对于原告主张的其他请求，既有法律依据，也有事实依据，分别给予了确认和支持。最终案件裁判结果：(1) 被告张某、贾某于判决生效之日起10日内赔偿原告李某各项损失计30 885元 [其中医疗费17 000元，住院伙食补助费1900元（100元/天×19天），营养费为1200元（60天×20元/天），伤残赔偿金为46 570元（23 285元/年×20年×10%），交通费为100元，鉴定费1000元，合计67 770元×50%-已付3000元]；(2) 驳回原告其他诉讼请求。

案例67

长期告诉和上访是否属于诉讼时效中断的事由？

原告：跃进农场（个人独资企业）
被告：某县某镇人民政府

◆ 案情简介

诉讼请求：（1）依法判决某县某镇人民政府向跃进农场支付剩余枣苗款153 436.56元；（2）案件诉讼费由被告某县某镇人民政府承担。

跃进农场（个人独资企业）自2001年开始经营林场，主要经营枣苗种植、家禽养殖项目，某县某镇人民政府政府经过调查了解、实地考察最终选定在跃进农场购买骏枣6万株、灵武红枣4.3万株，于2003年4月7日签订《退耕还林还草种苗购销合同》，被告当时支付13 000元定金。跃进农场按照约定于2003年4月18日向被告运输骏枣57 312株、灵武红枣14 127株，当时被告安排工作人员庞某某进行验收，经检验合格分别于2003年4月18日出具"骏枣"《苗木检验证书》、2003年4月26日出具"灵武红枣"《苗木检验证书》。但是其后，被告单方违反合同约定，不再让跃进农场按照合同的约定运送树苗，也未按照合同的约定向跃进农场支付树苗款，而且被告对跃进农场向其交付的树苗，没有及时将树苗进行栽种，也未采取任何防护措施，而是将树苗在路边堆放了二十多天后才将树苗栽种，加上当时天气特别寒冷干燥等原因，树苗被栽种时已经干枯。

跃进农场负责人李某多次找被告协商未果，被告于2003年5月13日出具《关于某镇调入枣苗死亡原因的调查报告》，认定该农场的枣苗繁育基地存在着苗木颈腐病病菌，调查结论是跃进农场提供的枣苗90%得了苗木颈腐病，故被告拒付跃进农场的枣苗款。后跃进农场负责人李某多次与被告及相关部门反映情况，被告均以此鉴定结论为由久拖不予解决。2013年5月27日，被告作出［2003］50号《关于某镇武河村枣树苗死亡情况的处理意见》，处理意见为：认定跃进场提供的枣苗为病苗，拒付枣苗款；如跃进农场不认可鉴定结果，可在三日内申请重新鉴定，如跃进农场对处理意见不服，可向人民法院起诉，但必须承担赔偿责任等内容。之后跃进农场负责人李某被告及相关部门反映问题，2013年11月11日被告所在地镇党委作出《关于跃进农场负责人李某反应信访问题的专题会议纪要》，决定依［2003］50号文件的处理意见执行，跃进农场负责人李某如不服被告的处理意见，可通过诉讼方式进行解决。

2015年10月，跃进农场负责人李某参加了某纪律检查委员会的第6期《电视问政》节目，在电视台问政直播现场提出了被告拖欠原告的树苗款以及被告所作的《关于某镇调入枣苗死亡原因的调查报告》存在造假的问题，某纪律检查委员会承诺将此案作为为民办实事典型案例进行办理，并将此案转至某司法局通过法律途径解决。

一、案件争议焦点

1. 原告的诉讼请求是否已过诉讼时效？
2. 原告交付的树苗是否存在质量问题？

二、本案原告请求权分析

1. 关于原告起诉的诉讼时效问题。民法上的诉讼时效中断，是指诉讼时效进行中，因法定事由的发生，推翻了诉讼时效存在的基础，因此使已经进行的时效期间归于无效，诉讼时效重新开始计算的制度。我国《最高人民法院关于审理民事案件适用诉讼时效制度若干问题的规定》第14条规定，"权利人向人民调解委员会以及其他依法有权解决相关民事纠纷的国家机关、事业单位、社会团体等社会组织提出保护相应民事权利的请求，诉讼时效从提出请求之日起中断"。具体到本案，2013年11月11日某县某镇党委作出《关于李志云反应信访问题的专题会议纪要》及某纪律检查委员会制作的调查笔录等证据材料，可以印证被上诉人多年来一直向上诉人主张权利，或向相关部门提出保护其民事权利的请求之事实，应适用诉讼时效中断的法律后果。

故其提起本案之诉,并未超出诉讼时效。

2. 原、被告签订的《退耕还林还草种苗购销合同》,主体和内容均真实合法,属有效合同,双方均应遵照履行。原告按照合同约定向被告提供了枣苗,被告进行检验后向原告出具了《苗木检验证书》,被告应按合同约定及原告实际交付的枣苗数量支付货款。被告辩称原告提供的枣苗经苗木专家鉴定存在茎腐病,发病率在90%以上,故拒绝支付苗木款。根据双方提供的证据及法庭查明的事实,双方当事人在签订合同前,被告方技术人员曾三次到原告的枣树苗繁育基地现场查看,在原告向其交付枣苗后,被告予以验收并出具了《苗木检验证书》,应视为被告对原告交付种苗数量及质量的认可;被告提供的《关于某镇调入枣苗死亡原因的调查报告》,相关证据显示部分鉴定人员并未到达现场进行鉴定,被告也没有证据证实其在组织专家进行现场调查及调查报告作出之后,向原告进行了通知,并且根据某纪律检查委员会对相关人员的调查笔录也反映原告的枣苗质量没有问题,因此该调查报告为被告方单方委托出具,不具有客观性,不能作为认定枣苗存在茎腐病,发病率在90%以上的依据。

3. 原告已经依据约定,向被告交付了树苗,被告也进行了验收,被告应当依据约定,向原告支付欠款。原告主张按照合同约定的总价款24万元及总株数10.3万株,每株枣苗平均价格为2.33元,原告共向被告提供枣苗71 439株,因双方在合同中未对两种枣苗的单价进行约定,故原告主张按照平均价格计算较为合理,根据《苗木检验证书》,原告向被告提供的枣苗应为71 432株,扣除已付的13 000元,被告尚欠153 436.56元未付。我国《合同法》第60条规定:"当事人应当按照约定全面履行自己的义务。"第107条规定:"当事人一方不履行合同义务或者履行合同义务不符合约定的,应当承担继续履行、采取补救措施或者赔偿损失等违约责任。"第109条规定:"当事人一方未支付价款或者报酬的,对方可以要求其支付价款或者报酬。"第130条规定:"买卖合同是出卖人转移标的物的所有权于买受人,买受人支付价款的合同。"所以,本案被告应当支付履行付款义务。

三、本案被告的抗辩意见

1. 自《关于某镇调入枣苗死亡原因的调查报告》作出并送达给被上诉人后,至今已长达12年之久,被上诉人在此期间并未主张权利,已经超过诉讼时效。某纪律检查委员会的介入，仅仅是程序性事项的要求，且本案涉诉内容也并非纪委职责所在，但原审法院对诉讼时效是否经过作出了错误认定。综上，请求二审法院依法撤销原审判决，改判驳回被上诉人原审的诉讼请求；本案一、二审诉讼费由被上诉人负担。

2. 被告方的技术人员在合同签订前，曾三次到被上诉人的育苗基地现场查看，系依据被上诉人单方陈述，故该事实并不属实。即使被告实地进行过查看，也不能确定查看的树苗与原告所提供的树苗是否一致。另外，《苗木检验证书》仅能证实接收货物的数量，不能作为认定质量合格无事实依据。

3. 《关于某镇调入枣苗死亡原因的调查报告》作出后，被告已经履行了通知原告的义务并逐级上报，但原告既没有提出异议也未申请重新鉴定。在本案尚未涉诉情况下，被告单方委托鉴定并无不当，且鉴定人员孙某在时隔12年之久，突然陈述其未到场参与鉴定，明显属于不负责任的说法。

四、法院的裁判意见

法院经过审理认定，原告所主张的诉讼请求没有超过诉讼时效，原被告的买卖合同成立并生效，原告已经按照合同约定履行了部分合同内容，原告给被告所交付的树苗不存在质量问题，相反被告提供的《关于某镇调入枣苗死亡原因的调查报告》等相关结论存在明显的瑕疵，而被告在案件审理的整个过程中并没有提供有效的证据证实其抗辩观点，所以法院对于被告的抗辩不予采纳。判决：被告某县某镇人民政府于本判决生效后二十日内向原告跃进农场（个人独资企业）支付剩余枣苗款 153 436.56 元。后被告不服并提起上诉，二审法院经过审理认定的案件事实与一审法院一致，最终裁定驳回上诉、维持原判。

五、律师分析

本案的关键问题是《关于某镇调入枣苗死亡原因的调查报告》能否作为认定本案事实的依据。

法院认为，虽然调查报告上有相关鉴定人员签字具名。根据某纪律检查委员会所作的调查笔录，作为鉴定人员的王某（教授）称，其与另一位鉴定人员孙某（教授），并未实地进行取样，而是依据纳某提供的样本作出的结

案例 67
长期告诉和上访是否属于诉讼时效中断的事由?

论;高级农艺师毕某作为鉴定人员,称纳某当时在调查报告上签字,但《关于某镇调入枣苗死亡原因的调查报告》上却并没有纳某的签名。在上诉人未能举证证实包括但不限于取样过程在内的各项鉴定程序合法、完备的情况下,结合上述鉴定人员的陈述,《关于某镇调入枣苗死亡原因的调查报告》上显然不具备证据的真实性、合法性、关联性要求。

案例68

道路上堆放砂石，交通事故责任如何认定？

原告：王某
被告：某市公路局

◆ **案情简介**

2014年10月6日19时许，原告王某驾驶的小型轿车沿国道111线行驶至2314公里处时，由于该路段路面右侧堆放有3米×4米的沙堆，车辆驶过沙堆后失控坠入路基下翻车，造成原告王某及乘车人甲、乙、丙、丁四人均受伤，小型轿车受损的交通事故。事故发生后，原告王某及乘车人被送往当地县人民医院救治，后又被转往某大学附属医院住院治疗11天，被诊断为：胸腰椎骨折（T12、L1）、左侧锁骨骨折、多发性肋骨骨折、肺挫裂伤、全身多处软组织挫伤。原告王某及乘车人甲、乙、丙、丁共花费医疗费75 703.15元，其中乘车人员的医疗费用已由原告王某垫付。2015年2月，原告诉至法院，请求：被告向原告王某赔偿医疗费、伙食补助费、护理费、营养费、交通费、精神抚慰金、车辆修理费共计105 503.15元。

经交警部门现场勘验，本案事发路段堆放的3米×4米砂石料位于由北向南右侧行车道上，无相关警示标志和防护措施。

一、案件争议焦点

一果多因情况下，主要原因与次要原因的认定。

二、原告请求权分析

1. 本案中，原告及乘车人在交通事故中受到损害，根据交警现场勘查报告，认定交通事故发生与111道路上堆放砂石具有关联性。

2. 被告某市公路局既是事发路段砂石的堆放者，又是事发路段的养护者，应当依法承担原告及其乘车人的赔偿责任。《公路管理条例》第16条规定："公路主管部门应当加强公路养护工作，保持公路完好、平整、畅通，提高公路的耐久性和抗灾能力。"《公路法》第35条规定："公路管理机构应当按照国务院交通主管部门规定的技术规范和操作规程对公路进行养护，保证公路经常处于良好的技术状态。"最高人民法院《关于审理道路交通事故损害赔偿案件适用法律若干问题的解释》第10条也规定："因在道路上堆放、倾倒、遗撒物品等妨碍通行的行为，导致交通事故造成损害，当事人请求行为人承担赔偿责任的，人民法院应当予以支持。道路管理者不能证明已按照法律、法规、规章、国家标准、行业标准或者地方标准尽到清理、防护、警示等义务的，应当承担相应的赔偿责任。"我国《侵权责任法》第89条："在公共道路上堆放、倾倒、遗撒妨碍通行的物品造成他人损害的，有关单位或者个人应当承担侵权责任。"该法条中的有关单位或者个人，是指对公共道路负有养护监管责任的单位和具体堆放、倾倒和遗撒物品的行为人。本案中，事发路段堆放砂石，严重影响交通安全，市公路局在堆放砂石的时候，就应当预见到对交通安全的障碍，但被告却采取无所谓的态度，导致本案事故的发生，所以，市公路局应当依法承担相应的赔偿责任。

3. 本案中，被告应当承担主要责任。本案交通事故的发生，固然与原告观察路况不够谨慎、处置方式不够科学有关系，但事发路段道路上堆放砂石，是严重的交通安全隐患，如果被告能够及时清除障碍，或者按照规定设置警示标志，都会在客观上防止事故的发生。事发路段不是市区，是允许超过每小时60公里的速度行驶，在这种情况下，即使原告谨慎驾驶，依然存在较大的风险，所以，道路上堆放砂石是造成交通事故的主要原因，本案被告应当承担主要赔偿责任。

4. 原告及乘车人的具体赔偿数额如下：

（1）医疗费75 703.15元，有医院的医疗凭据为证；（2）住院期间伙食补助11天×100元=1100元；（3）护理费11天×200元=2200元；有护工支付凭证为据；（4）交通费500元；（5）车辆修理费26 000元。有车辆维修单据为凭。以上合计105 503.15元。

三、被告的答辩意见

1. 事发路段堆放的砂石料位于由北向南右侧行车道上,该路段并无机动车道与非机动车行人道分界线,被告堆放在事发路段的砂石料为冬季防滑料,且堆放的位置不在行车道,并不会对交通事故的发生产生必然的影响。本案交通事故的发生,原告对路况观察不够,超速,且遇事处置不当,对损害的发生具有重大过错。我国《侵权责任法》第 26 条规定:"被侵权人对损害的发生也有过错的,可以减轻侵权人的责任。"

2. 事发当时,道路堆放砂石的时间有几个小时,期间有无数车辆通行,都能够合理避让,安全通过,偏偏原告的车辆发生交通事故,这说明道路上堆放砂石仅仅是事故发生的一个次要原因,而原告对路况观察不够,车速较快,遇事处置不当是发生交通事故的主要原因。所以,原告应当承担本次事故的主要责任。对本案事故,被告仅应承担次要责任。

四、法院裁判结论

一审法院认为:本案中交通事故发生的原因,被告某市公路局作为本案事发路段的管理养护部门,应当保障公路完好、安全和畅通的职责。而被告某市公路局不但未尽到自己的管理职责,而且在公路上堆放砂石料,未设置相关的警示标志和防护措施;而原告王某驾驶车辆时应当注意到前方路段有障碍物,但其对路面观察不够,车辆通过砂石料后临危采取措施不当,致使交通事故的发生。根据本案事故发生的以上原因,被告某市公路局应当承担原告各项损失 50% 的赔偿责任;原告王某自行承担 50% 的责任。

判决后,原告不服上诉。

二审法院认为:本案纠纷系因王某驾驶车辆发生交通事故而引起。因此,查明认定交通事故发生原因是确定赔偿责任的基础。各方当事人对交警部门认定的交通事故的基本事实"车辆驶过路边堆放的砂石料后失控坠入路基下翻车,造成王某受伤,车辆受损的交通事故"的认定均无异议。从交通事故发生的事实分析,王某驾驶车辆对路面动态观察不够、临危采取措施不当及某市公路局在路面堆放砂石料形成危险二者相互结合才是导致发生交通事故的原因。从交通事故发生的实际情况分析,某市公路局在路边堆放砂石料且不设置相关警示标志和采取防护措施是造成交通事故损害的主要原因。因此，某市公路局应承担王某各项损失60%，王某自行承担40%的责任为宜。

案例69
供热单位是否有权直接向承租人主张采暖费?

原告： N公司
被告一： 某政府机关一
被告二： 某政府机关二
被告三： 某文化酒店公司

◆ **案情简介**

原告N公司系供热服务企业，由其为银川某房产提供供暖服务，该房产属于某政府机关。2010年2月20日、2011年2月21日，被告二分别向原告支付2009年至2010年度和2010至2011年度采暖费各39 959.5元，合计79 919元。2011年10月20日，被告二与被告一根据双方签订的《办公用房移交使用协议》将涉案房屋移交由被告一管理，并办理了移交手续。2012年8月17日，被告一与被告某文化酒店公司签订《办公楼租赁合同》一份，将涉案房屋租赁给被告某文化酒店公司，租期从2012年12月20日至2015年12月20日止，采暖费由承租人承担。原告考虑承租人某文化酒店公司于2012年11月和12月装修涉案房屋的实际情况，自愿按照30%计收此两月的采暖费。后某文化酒店公司一直未缴纳采暖费，2015年11月起，原告以被告某文化酒店公司拒交采暖费为由，擅自停止为涉案房屋供暖。

2017年3月31日，原告诉至法院，请求：（1）请求判令被告一、被告二向原告支付2011年11月1日至2017年3月31日期间5个采暖期的采暖费199 797.5元及滞纳金173 846元；（2）请求判令被告某酒店文化公司对上述债务中的227 864元及滞纳金102 460元承担共同清偿责任。

案例 69
供热单位是否有权直接向承租人主张采暖费？

一、案件争议焦点

（1）原告对被告某文化酒店公司的诉请是否有相应的法律依据；（2）本案原告的 2015 年 4 月 1 日前采暖费的主张是否超过诉讼时效？

二、原告请求权分析

本案中，原告认为，涉案房屋由被告实际使用，且原告的供热符合法律、法规的规定，也符合供热合同的约定。故其应当支付使用期间的采暖费，还应根据《银川市城市供热条例》的规定，支付停暖期间的 30% 的采暖费，并按照欠费总额每日万分之五支付滞纳金。

1. 本案中，原告是供热单位，被告一、被告二，以及被告某文化酒店公司先后都是热力资源的实际使用者，双方当事人之间的供热合同关系事实成立。原告依法履行了义务，被告也应当履行支付采暖费的义务。

2. 本案中，虽然本地供热具有一定的期限性，即每年的 11 月 1 日至次年的 3 月 31 日，但供热合同属于长期服务合同，原告的供热行为是一个多年的持续行为，被告的违约行为也属于一个持续的状态，而且，依据本地《供热管理条例的规定》，只要用户没有申请停止供热，作为供热单位就一直提供供热服务。更何况，我国《民法总则》第 188 条规定："向人民法院请求保护民事权利的诉讼时效期间为三年。"所以，本案不存在诉讼时效届满的问题。

三、本案被告的答辩意见

1. 供热服务合同是长期合同，但每个供热期，采暖费的收缴一般都是在供热前或者供热结束前，按年度交纳。我国《民法总则》在 2017 年 10 月 1 日才实施，本案起诉是在 2017 年 3 月，所以，本案关于诉讼时效的问题仍然使用《民法通则》的规定。我国《民法通则》第 135 条规定："向人民法院请求保护民事权利的诉讼时效期间为二年，法律另有规定的除外。"第 137 条规定："诉讼时效期间从知道或者应当知道权利被侵害时起计算。"每一年度采暖期结束前，即每年的 4 月 1 日起，原告就应当知道热力用户违约的行为，其诉讼时效就应当开始计算，所以，以此类推，原告 2011 年 11 月 1 日至

2012年3月31日年度的采暖费主张在2014年4月1日诉讼时效届满；2012年11月1日至2013年3月31日年度的采暖费主张在2015年4月1日诉讼时效届满；2013年11月1日至2014年3月31日年度的采暖费主张在2016年4月1日诉讼时效届满。所以，原告仅能主张2014年11月1日至2015年3月31日一个采暖期的采暖费39 959.5元。而2015年4月1日起，原告已经擅自停止向被告供热，无权主张采暖费。

2. 依据当地《供热管理条例》的规定，只有在用户申请停止供暖的情况下，供热单位才能够停止供暖，本案中原告在被告没有申请停暖的情况下，擅自停止供暖，也存在违约行为，故无权主张滞纳金。

3. 被告某文化酒店公司与原告没有合同关系，不应当成为本案被告。《宁夏回族自治区供热条例》第31条第3款明确规定：新建房屋未交付使用前的采暖费，由开发建设单位交纳；租赁房屋的采暖费，由房屋所有人交纳；承租公有住房的采暖费，由房屋承租人交纳。

因此，结合本案的情况，即使房屋租赁合同中明确约定房屋租赁期间应当由承租人某文化酒店公司来缴纳采暖费，如果承租人未按时缴纳，那么作为房屋管理者的被告一应当先向原告缴纳供暖费、滞纳金等款项后，再根据租赁合同的约定，向承租人协商或通过诉讼方式解决。根据合同相对性原则，供热合同是房产所有者或者管理者和供热单位签订的，在合同成立并生效的情况下，双方就应当全面履行合同约定的权利义务。故原告不能因被告某文化酒店公司是涉案房屋的实际使用者，便直接向其主张采暖费及滞纳金。

《合同法》第60条第1款规定，当事人应当按照约定全面履行自己的义务。第216条规定，出租人应当按照约定将租赁物交付承租人，并在租赁期间保持租赁物符合约定的用途。故出租人应保证出租房屋符合日常生活需求，若在实际租赁过程中不能保证供暖条件，则出租人有义务为承租人解决供暖问题，若构成根本违约，则面临着租赁合同解除并承担违约责任的风险。因此，从维护承租人合法权益这个角度来看，也应由房屋的所有权人或者管理者先行承担采暖费。

再具体到本案，被告一与被告某文化酒店公司系房屋租赁合同关系，双方签订的书面合同履行期届满后未再续签合同，且双方对租赁合同的履行存在巨大的分歧。故在本案中，法院不应突破合同的相对性原则去调整被告一与某文化酒店公司之间的租赁关系，应由双方另行协商或者另案处理。

四、法院裁判结论

法院判决驳回原告对被告某文化酒店公司的诉讼请求。

案例70

住宾馆车辆被盗，谁应当承担赔偿责任？

原告：熊某

被告：新苑宾馆

◆ 案情简介

2016年5月4日下午5时，熊某驾驶桑塔纳轿车到某县城新苑宾馆住宿，熊某将车停放于新苑宾馆内设的停车场内，保安人员当时未对此提出异议，次日上午发现车辆丢失。原告当即报案，经公安人员调取该宾馆和附近监控录像查看，在5月4日晚23时左右，一名可疑男子戴着口罩在熊某的车辆旁，利用技术开锁，迅速打开车门，一会儿就将车发动并开出停车场，在停车场出口还缴纳了停车费，车辆在离开县城后消失。该宾馆停车场安装了监控设施，案发时段当晚保安室值班人员恰好离开保安室将近半个小时，因监控设施质量比较差，嫌疑人的影像非常模糊，无法查认。

经查，该停车场设置一块牌子，上面写明"代管车辆须办理车辆登记手续，否则后果自负"。但此规定在平常交易中并没有落实，熊某未办理车辆登记手续。停车场的收费惯例是车辆开出时由保安人员按每小时1元（但每天最多8元）的标准收取车辆保管费。原告与被告协商赔偿未果，2016年5月20日向当地法院起诉，请求：（1）判新苑宾馆赔偿其车辆丢失的损失51600元；（2）本案诉讼费用由被告承担。

一、案件争议焦点

本案原告熊某与被告新苑宾馆之间是否存在保管合同关系？

案例 70
住宾馆车辆被盗，谁应当承担赔偿责任？

二、原告请求权分析

1. 原告将随行车辆停放于被告内设的停车场这一事实，由公安部门调取的监控录像可以证明。按照停车场的服务的交易习惯，一般都是只要管理人不阻拦，就是同意车辆进入停车场，只有在车辆出停车场时，才履行缴费手续。本案被告的停车场都没有为停车人提供任何凭证，都是在停车场管理者的电脑系统有进出的电子记录，停车场依据此记录计算停车时间并收取费用。所以，原告在将车停入被告内设的停车场时，被告并没有阻拦，可以认定为双方当事人承认保管服务关系的成立，应当视为原告已经将保管物交付给被告。我国《合同法》第 367 条规定："保管合同自保管物交付时成立，但当事人另有约定的除外。"故，本案中双方的保管合同关系事实成立。

2. 被告内设的停车场实行有偿服务，与路边停车相比，具有更高的安全保障措施。被告的停车场有监控录像，而且在其保安室能够监控到停车场的情况，但事发当晚被告的保安室人员擅离岗位，对于可疑人员的行为没有及时发现并警告；其次，按照被告宾馆停车场的规定，停放车辆要办理登记手续，那么，依此规定，车辆在离开停车场时也应当提交登记手续，但本案中原告的车辆在深夜离开停车场时，驾驶人戴口罩遮盖面部，工作人员只是收取费用，没有任何查询或者让驾驶人出示任何证件就放行，所谓的两层安保措施完全形同虚设，被告在履行看管职责方面存在重大过错。我国《合同法》第 374 条规定："保管期间，因保管人保管不善造成保管物毁损、灭失的，保管人应当承担损害赔偿责任，但保管是无偿的，保管人证明自己没有重大过失的，不承担损害赔偿责任。"

3. 本案原告车辆于 2010 年购买，当时的购买价是 8.6 万元（有购车发票为证），涉案车辆已经使用 6 年，折旧后的价值应当是 51 600 元［86 000 元-（86 000÷15 年×6 年）= 51 600 元］，本案被告应当赔偿原告损失 51 600 元。

三、本案被告的抗辩意见

1. 对于本案车辆保管是否成立？保管合同的举证责任承担，哪一方应该负有举证责任？我国《民事诉讼法》第 64 条第 1 款规定了举证责任的分担原则，即"谁主张，谁举证"的原则。只有在某些特殊侵权案件中，法律规定了举证责任的倒置，即由被告方证明自己没有过错。本案中有关保管合同是否成立的纠纷，不属于特殊侵权纠纷，故原告应当承担保管合同成立的举证责任。本案中，原告没有提交任何关于保管合同关系的凭证。

2. 我国《合同法》第367条规定："保管合同自保管物交付时成立，但当事人另有约定的除外。"根据这一规定，我国的保管合同是以实践性合同为原则，以诺成性合同为例外。保管合同的成立，不仅须有保管人与寄托人就保管物的保管达成一致的意思表示，还必须有寄存人将保管物交付于保管人之条件，除非当事人之间的约定排除了这一条件。在本案中，当事人之间不存在书面或者口头的协议对保管合同的成立要件另加约定，宾馆在停车场旁设立了告知牌，明确提示顾客："代管车辆须办理车辆登记手续，否则后果自负"，且在顾客办理入住服务总台，也再次提示顾客：随身物品请妥善保管，贵重物品应当登记。对于被告的两次提示，原告都不予理睬，没有办理车辆保管的登记手续，因此，原告与被告之间就车辆保管问题没有达成协议。

3. 在保管合同中，所谓有交付，是指保管合同标的物的占有转移，即保管物由寄存人之占有移转至保管人占有。占有，是对物的实际控制。保管人占有保管物必须对物进行直接支配和管理。就车辆的保管而言，实践中保管人控制车辆的情形一般为：(1) 车主将车钥匙交付保管人，由保管人控制车辆；(2) 车主将行车证明交付保管人，取车时再从保管人那儿取回证明；(3) 存车时向车主签发单证，车主交车领单；取车时从车主那儿收回提车单证，场主验单放车。取车人未交付单证的，存车人有滞留车辆、阻止他人取车的权利。

本案中新苑宾馆仅仅提供了停车场地供给服务，原告进入停车场后，车钥匙由原告本人掌控，并没有交给宾馆工作人员，原告只是缴纳停车费，随时可以驾车离开。可见，新苑宾馆所内设的停车场本意在于为顾客提供车辆存放场所，是宾馆住宿服务的一种延伸服务行为，与一般停车场收取场地费的性质并无二致。本案中就车辆停放的问题，不是保管合同关系，而是场地占用服务关系。

4. 本案原告车辆丢失是第三人侵权造成的，不是被告直接造成的财产毁损，原告应当办理登记手续而不办理，对于车辆被盗也存在一定的过错，而被告最多属于未尽安全保障义务的管理者，依据我国《侵权责任法》第37条规定："宾馆、商场、银行、车站、娱乐场所等公共场所的管理人或者群众性活动的组织者，未尽到安全保障义务，造成他人损害的，应当承担侵权责任。因第三人的行为造成他人损害的，由第三人承担侵权责任；管理人或者组织者未尽到安全保障义务的，承担相应的补充责任。"所以，本案被告最多只承担补充责任。本案原告在被告处住宿的花费是 200 元，被告愿意退还原告的住宿费，并以住宿费双倍的价格（400 元）承担补充责任。

四、法院裁判结论

法院判决：(1) 新苑宾馆赔偿熊某车辆丢失的损失 51 600 元；(2) 诉讼费由被告承担。

案例71

地面堆砌物致人损害，如何认定责任主体？

原告：甲，进城务工人员
被告一：乙建设开发有限公司
被告二：丙机械施工有限公司
被告三：丁防洪管理所（有独立编制及经费的事业单位）

◆ 案情简介

原告甲诉称，2011年4月30日，原告之子壮壮（10岁）在银川市西夏区经天路与宁样路交叉北侧的四二干沟挖野菜时，因四二干沟堤坡的沙土塌方被活埋窒息而死，直至5月1日中午才被家人发现。经了解，四二干沟改道工程是被告乙总承包后对外转包、被告丙中标承建的工程，被告丁对该工程负有管理养护的职责。

原告认为，四二干沟改道工程存在严重的质量缺陷、安全隐患，且河堤两岸没有设置安全警示标识是壮壮之死的直接原因，被告乙和被告丙应承担赔偿责任；被告丁对该工程负有监督、管理或养护的职责，也应承担相应的赔偿责任。现原告诉至法院，请求依法判令：（1）三被告赔偿原告各项损失373 920元（其中死亡赔偿金306 880元、丧葬费17 040元、精神损害抚慰金50 000元，共计373 920元）；（2）本案诉讼费由三被告承担。

原告甲为支持其诉讼请求，向本院提交如下证据：

1.《新消息报》（2011年5月1日）1份。证明原告之子壮壮于2011年4月30日在四二干沟玩耍时被坍塌的土方掩埋而意外死亡的事实。

2.《直播银川》照片1组（11张）。证明电视台记者在案发后到现场报道；四二干沟改道工程存在安全隐患，且河堤两岸没有设置安全警示标识，

案例 71
地面堆砌物致人损害，如何认定责任主体？

被告未尽到安全维护义务。

3. 银川市公安局尸体检验通知单1份。证明原告之子壮壮死亡原因系机械性窒息而死亡（意外）。

4. 建设工程施工合同1份。证明四二干沟改道工程的发包人是被告乙，承包人是被告丙的事实。

5. 介绍信、学生基本情况表各1份。证明原告之子壮壮从入学至死亡均在该校上学，其死亡赔偿金应按城镇居民的标准计算。

6. 户口本、居委会证明、健康服务证、会员证各1份。证明原告于2004年3月起居住在银川市西夏区，系城镇暂住居民。

被告乙、丙、丁对原告提交的上述证据，质证如下：

对证据3、4无异议；对证据1的真实性无异议，但对其合法性以及证明问题均有异议，认为新闻报道仅仅反映媒体的个人观点，不属于证据，不能证明死亡原因；对证据2的真实性无异议，但对其证明问题不予认可，认为照片是对现场挖掘后拍摄的，不能证明当时有塌方现象；视频资料亦不能证明是挖野菜时而造成的塌方，边上有一双鞋摆放整齐正好证明是挖洞造成的塌方；对证据5、6的真实性、合法性无异议，但对其证明问题不予认可，认为健康服务证和会员证都只能证明生育时的情况，户口本证明是农业户口，不能证明是城镇户口，居委会证明不能证明原告在此连续居住一年以上的事实。

被告乙辩称，原告在诉状中陈述与事实不符，事实是原告之子壮壮身体进入洞里而沙土塌方造成的死亡，该洞如果挖的浅的话不会导致塌方，只有挖到一定的深度才会塌方，故监护人没有尽到应尽的责任，而非工程存在质量问题，该工程是被告延续四二干沟改道工程，其设计和原来的要求一样。另外，该工程虽未经过水务部门验收，但实际上该工程已经使用。故原告认为该工程质量有问题，原告没有相关的证据证明，原告之子壮壮死亡是其本身的原因造成的，被告不承担赔偿责任。

被告乙为支持其辩解，向本院提交如下证据：

1. 建设工程施工合同1份。证明2009年6月10日，被告乙将该涉案工程段承包给被告丙进行施工，竣工后有1年保质期的事实。

2. 竣工验收证明书1份。证明该工程已经依法竣工且已经监理部门验收，但未经水务部门验收的事实。

原告以及被告丙、丁对被告乙提交的上述证据均无异议。

被告丙辩称，原告所诉与事实不符，其理由如下：其一，四二干沟改道工程的基本情况。2009年6月，被告承建了四二干沟改道工程。改道后四二干沟的主要功能是排洪、泄洪、排污以及从西干渠调水给景观湖补水和灌溉。四二干沟改道后长度较长，而且在城市边缘，远离市区及居民居住区，故基于上述原因，设计部门才将该渠设计为明沟，而不是暗沟。其二，被告按照设计要求、施工规范进行施工，该工程完工后，建设方、监理方对工程质量及安全均无异议，不存在质量缺陷、安全隐患之说。至于是否设置安全警示标识，与被告无关。其三，被告按合同约定如期完工，在完工后的第二天，由于急于给景观湖补水，2009年11月2日便从西干渠调水，在未经竣工验收的情况下，提前使用了被告实施的工程。根据最高人民法院《关于审理建设工程施工合同纠纷案件适用法律问题的解释》的规定，在建设工程未经竣工验收或验收未通过的情况下，发包人违反法律规定，擅自或强行使用，即可视为发包人对建筑工程质量的认可，随着发包人的提前使用，其工程质量责任风险也由施工单位随之转移给发包人，而且工程交付的时间，可以定为发包人提前使用的时间。依据该规定被告认为，由于被告乙未经竣工验收擅自提前使用，应视为该工程自使用之时就已交付，据此，该工程的管理责任也一并转移给被告乙。综上，被告丙不承担赔偿责任。

被告丙为支持其辩解，向本院提交如下证据：

1. 建设工程施工合同1份。证明被告丙承建四二干沟改线工程，该工程的开、竣工日期为2009年6月10日至2009年10月31日。

2. 设计变更单1份。证明设计单位要求将四二干沟改线工程渠坝坝体由护体砌护变更为直挖面层黄土覆盖。

3. 照片6张。证明工程完工后坝体完整、表面直观、无质量缺陷，工程完工后未进行竣工验收，被告乙就提前使用。

原告甲以及被告乙、丁对被告丙提交的上述证据，质证如下：

对证据1无异议；对证据2，原告对该证据的真实性无异议，对其证明问题有异议，认为只能说明两被告之间的约定，但该约定是否合法不得而知，图纸中亦反映不出有关四二干沟改线工程的图纸，被告建发公司以及被告银西防洪所对该证据无异议；对证据3，原告对其真实性、合法性无异议，对其证明目的有异议，认为该组照片的拍摄路段并非事发路段，亦证明不了是按原设计图纸施工的事实；被告建发公司以及被告银西防洪所对该证据的真实性无异议，但对其证明问题有异议，认为不能证明工程已竣工验收的事实。

被告丁辩称，原告之子壮壮的死亡与被告没有任何关系，被告不承担任何赔偿责任。首先，防洪管理所只负责投入使用水渠、水沟的给水和排水，而水渠的修建和改造工程，是由政府建设主管部门发包给乙建筑开发有限公司，又由乙建筑开发有限公司转包给丙机械施工有限公司的。原告之子壮壮的死亡地点正好属于改造的沟段，但因该改线工程自施工至今存在诸多问题，现仍在建设单位继续施工整改中，故该沟段一直未经银川市水务局验收并交付被告管理使用。其次，原告之子壮壮挖洞玩耍被埋，纯属意外，完全是自己的行为，是原告未尽到监护责任造成的。其死亡地点人烟稀少、远离市区、交通不便，既不是公共场所，也不是经营场地，更不是公共通道和娱乐中心，且壮壮10岁，属于限制民事行为人，有一定的识别能力，明知在施工场地拿菜刀挖洞可能会发生危险而一意孤行，以致造成被埋窒息死亡的严重后果。原告作为壮壮的法定监护人，明知壮壮在沟坝挖土掏洞会有危险，同时也是一种违法破坏行为，却不尽监护义务导致其子死亡。综上，原告将其子死亡的罪责推给被告，没有事实和法律依据，依法应当驳回其诉讼请求。

被告丁为支持其辩解，向本院提交如下证据：

1. 银川市水务局接受件办理意见单1份。证明四二干沟改线工程是经银川市水务局批准的，该工程竣工后须经过银川市水务局验收后才交给被告进行管理维护。

2. 关于加强四二干沟改线工程有关情况说明1份。证明改线工程未完工不具备验收的条件，现正在实施整改的事实。

3. 银讯办发[2011]4号文件1份。证明银川市防汛抗旱指挥部办公室给银川建设局发文通知，因四二干沟改线工程存在诸多防汛安全隐患，要求其加强整改的事实。

4. 丁[2011]11号文件1份。证明四二干沟改线工程经被告检查存在问题，要求其加强整改的事实。

原告甲以及被告乙、丙对被告丁提交的上述证据，质证如下：

对证据1，被告乙、丙无异议。原告对该证据的真实性、合法性无异议，但对其证明问题有异议，认为与该工程应当砌护没有关系；对证据2，原告无异议，被告乙、丙对该证据的真实性无异议，但对证明目的有异议，被告乙认为银川市水务局要求整改的沟段并非事故发生的沟段。被告丙认为该工程从 2010 年 4 月 10 日验收至今，其自始至终未收到任何整改通知；对证据 3，原告无异议，认为该证据恰好证明工程存在安全隐患。被告乙、丙对该证据无异议；对证据 4，原告以及被告乙、丙对该证据的真实性、合法性无异议，但对其证明问题有异议，原告认为壮壮所挖的洞在之前就存在。

另经法院查明：（1）被告乙、丙均具有建筑工程相关的资质。（2）涉案工程在没有验收的情况下，丁因急需已经使用涉案工程段，在使用中发现质量问题，责令乙负责维修，乙也通知丙具体负责涉案工程段维修事宜。事发时，丙对改段工程的维修尚未开展。

一、本案焦点

被告乙、丙、丁是否属于物件致人损害的责任主体？

二、本案法律关系

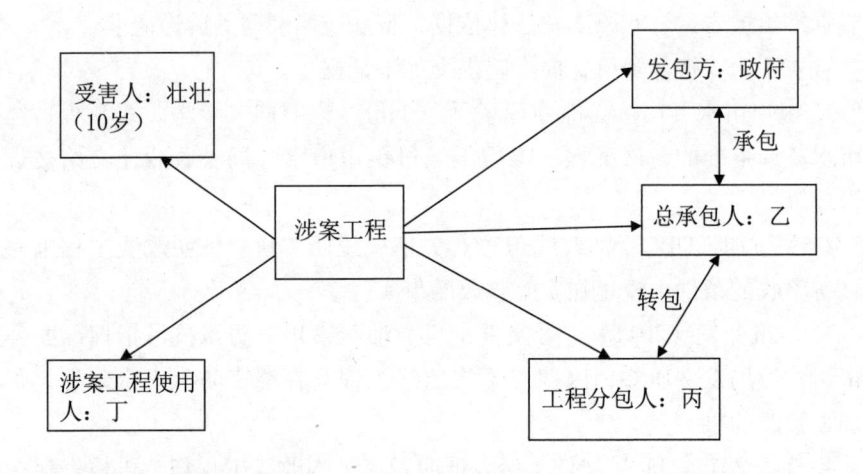

三、原告的请求权是损害赔偿请求

其请求权的基础一是，三被告的不作为构成物件致人损害的侵权责任，应当承担赔偿责任：三被告对涉案施工工程具有监管义务，被告乙是涉案工程的承包方，丙是涉案工程的分包方，而丁则是涉案工程的实际使用人，对工程的使用负有监管责任。三被告在公共道路上挖沟，既没有设置明显的标志也没有采取安全措施防止儿童或他人进入。二是，原告之子壮壮在涉案施工场所，因沙土塌方导致死亡。三是，三被告的不作为与原告之子的死亡存在因果关系。四是，原告及其儿子壮壮虽然是农村户口，但在银川市实际居住 5 年以上，应当按照城镇居民的标准计算人身损害赔偿数额。我国《侵权责任法》第 91 条规定："在公共场所或者道路上挖坑、修缮安装地下设施等，没有设置明显标志和采取安全措施造成他人损害的，施工人应当承担侵权责任。"

四、被告乙的抗辩的思路

第一，被害人刚满 10 岁，属于限制行为能力人，单独到远离居民区的曲沟玩耍，监护人存在严重失职，应当承担相应的责任。第二，涉案工程施工人是丙机械施工工程有限公司，乙不是改段工程的施工人，不应当承担赔偿责任。我国《合同法》第 272 条规定："总承包人或者勘察、设计、施工承包人经发包人同意，可以将自己承包的部分工作交由第三人完成。……禁止承包人将工程分包给不具备相应资质条件的单位。禁止分包单位将其承包的工程再分包。"本案中，丙具备相应的施工资质，乙总承包工程后，将部分工程分包给丙，是法律允许的，不违反法律规定。所以，应当对涉案路段施工承担责任的是丙公司，而非乙公司。

五、丙的抗辩思路

第一，被害人刚满 10 岁，属于限制行为能力人，单独到远离居民区的曲沟玩耍，监护人存在严重失职，应当承担相应的责任。第二，依据合同约定，涉案工程的开工和竣工时间是：2009 年 6 月 10 日和 2009 年 10 月 31 日。施工工程已经交付给使用人使用，意外事故发生在 2011 年 4 月，应当由工程管理人（即丁防洪管理所），承担赔偿责任。本案涉案工程已经由丁防洪管理所实际使用，施工人对工程的监管义务已经结束，那么，按照最高法院的司法解释，"工程竣工后未验收，但发包方已经实际使用的，视为工程验收合格。"丁防洪管理所在使用中未尽合理义务造成他人伤亡的，应当承担相应的赔偿责任。

六、被告丁防洪管理所的抗辩思路

第一，被害人刚满10岁，属于限制行为能力人，单独到远离居民区的曲沟玩耍，监护人存在严重失职，应当承担相应的责任。第二，因工程质量存在问题，涉案工程发包人没有进行竣工验收。退一万步来讲，即使发包人实际使用工程，施工人对工程质量还有1年的保质期，因工程质量不合格，导致他人损害的，仍然应当由施工人承担赔偿责任。

七、法院裁判

（1）依据承包合同，乙为涉案工程段的施工人，对工程施工期间承担安全保障责任。丙为涉案工程段实际施工人，也应当承担施工工程的安全保障责任。虽然丁在没有验收的情况下提前使用了涉案工程，但发现存在质量问题后，已经退交给乙、丙进行返修，可以认定丁尚没有实际管理涉案工程，故对本案不承担赔偿责任。（2）原告对未成年子女负有监护职责，应当承担30%责任。（3）被告乙、丙应当向原告支付死亡赔偿金、丧葬费等各项费用共计228 200元（326 000元×70%＝228 200元）。

案例72

无劳动合同，能否请求工伤赔偿？

原告：李某

被告：B建筑公司，法人代表：王某财，该公司总经理

◆ 案情简介

2009年3月1日，原告经老乡介绍，到被告公司干活，当时，工地负责人张某称不用签合同，不买保险，每日工资95元，如果签合同，买保险，每日工资60元。原告同意不签合同，每日工资95元。2009年10月11日，原告在公司承建的第三人民医院工地绑钢筋柱子时，左臂被钢筋刺穿，当时被工友送往医院住院治疗11天，花费住院费用5900元，住院时，当时的工地负责人张某支付了6000元。出院后，原告左臂无力，要求公司出具证明进行工伤鉴定和残废等级鉴定，但公司一再推诿，无奈，原告于2010年9月3日到银川市第一人民医院做伤残鉴定，10月11日该医院鉴定原告为7级伤残。但被告以原告私自进行伤残鉴定为由，拒绝承认，也拒绝赔偿，2010年11月12日原告向法院提起诉讼，要求：(1)请求法院责令被告赔偿原告各项人身损害共计391 474元。(住院治疗费5900元；伙食补助费50×11=550元；营养费4000元；住院护理费1026元；误工费95元×365天=34 675元；伤残鉴定费860元；残废赔偿金28 650元×20年×40%=229 200元；精神损害赔偿金30 000元；门诊费、购药费及交通费5043元；伤残护理费28 650元×20年×50%=286 500元。上述10项共计：597 754元。)(2)请求法院责令被告为原告调整工种，从事力所能及的工种。(3)本案诉讼费用由被告承担。

为此，原告提交下列证据：

证据 1
证据名称：工资领签单
证据来源：原告提供（复印件）
证明内容：证明原告在 2009 年 3 月、4 月、5 月、6 月、7 月、8 月、9 月共从 B 建筑公司工地负责人张某处领取工资共计 23 085 元。证明原告与被告存在事实劳动关系。

证据 2
证据名称：收条（复印件）
证明内容：证明在 2009 年 10 月 11 日，原告从张某处得到 6000 元治疗费。

证据 3
证据名称：医院收据
证明内容：证明原告在宁夏回族自治区医院住院治疗共花费 5900 元。

证据 4
证据名称：出院报告单
证明内容：证明原告因左臂被钢筋刺穿于 2009 年 10 月 11 日至 2009 年 10 月 22 日在自治区医院住院 11 天。

证据 5
证据名称：伤残鉴定书及缴费收据
证明内容：证明银川市第一人民医院鉴定原告为 7 级伤残。鉴定费为 860 元。

证据 6
证据名称：护理人工资证明
证明内容：证明原告的哥哥在彭阳县装修公司干活，每月公司 2800 元，原告住院期间，原告的哥哥在医院护理，误工费为 1026 元。

证据 7
证据名称：票据
证明内容：证据原告治疗期间共花费交通费 1140 元。

证据 8
证据名称：收据
证明内容：证明原告多次门诊治疗，共花费 3003 元，购买药品 900 元。

被告辩称：本公司是正规建筑公司，所有员工均有劳动合同，原告系张某私自雇佣人员，与本公司无关。

经法院查明，张某为 B 建筑公司第三人民医院建设项目负责人。张某称，因公司另一名职工因病请长假，原告一再请托老乡说情，自己才同意原告到工地干活，这件事跟公司人事部说过。但张某拒绝提供有关原告的工资签领单。

一、本案焦点

没有劳动合同，员工的工伤损失应由谁承担？

二、本案法律关系

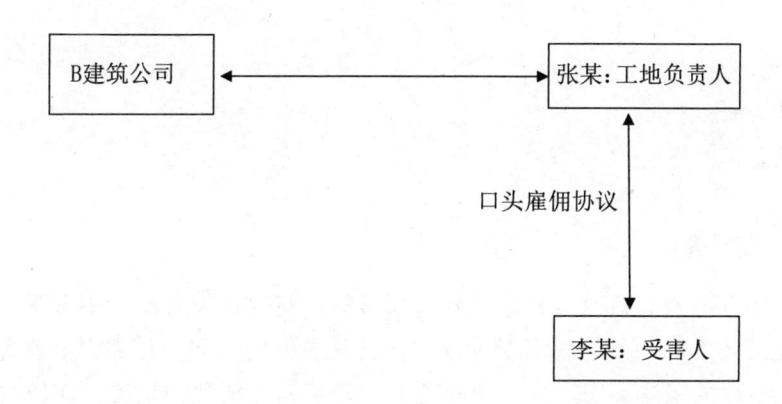

```
┌──────────┐                    ┌──────────────┐
│ B建筑公司 │ ←──────────────→  │张某：工地负责人│
└──────────┘                    └──────────────┘
                                        ↑
                                        │
                                    口头雇佣协议
                                        │
                                        ↓
                                ┌──────────────┐
                                │ 李某：受害人  │
                                └──────────────┘
```

三、本案原告请求权的基础

一是劳动合同关系事实成立，原告除了提交工资签领单复印件外，还应当提供工友证言，证明自己确实在被告建设工程项目工地干活。二是原告是在执行职务过程中受伤致残。原告应当提供当时工友送自己到医院的证言。证明自己是在执行职务过程中受伤。三是原告在出院后，向公司主张权利的证明。

四、本案被告可以进行抗辩

一是证明张某没有以公司名义雇佣员工的职权，本案被告属于张某私自用工，与公司无关。二是可以阐明：即使被告是在公司工地上受伤，但受伤的时间是2009年10月11日，而原告直到2010年11月12日才主张权利，依据我国《民法通则》的规定，因身体受到伤害要求赔偿的诉讼时效是1年。本案原告起诉时超过了1年的诉讼时效，应当予以驳回。

· 279 ·

案例73

雇员在施工中受伤，雇主和发包人的责任如何认定？

原告：董某
被告一：齐某
被告二：许某

◆ 案情简介

2016年4月，许某为自家新建三层楼房，将建房发包给没有建筑资质的个体施工队负责人齐某。施工过程中，齐某雇佣的一名员工董某，在施工时不慎被倒塌的墙体砸伤。在赔偿问题上，齐某和许某互相推诿，2016年8月20日，董某向法院起诉，请求：（1）许某、齐某共同赔偿原告受伤期间的医疗费、护理费、误工工资等费用3.4万元。（2）本案诉讼费用由被告承担。

一、案件争议焦点

齐某作为工程发包方需不需要承担责任？如果需要又应承担何种责任？

二、原告请求权的分析

1. 关于本案是否属于承揽合同关系，承揽合同一般适用于公民之间、公民与法人之间以及法人之间。并且以工程计算、设计、施工为内容的建设工程合同而发生的承揽关系与传统的承揽合同有着本质意义上的区别，《合同法》将承揽合同和建设工程合同分别加以规定，但不能因此否认建设工程合同所具有承揽合同的基本属性。因此，此处规定的承揽人完成工作过程，应当包括建设工程施工过程，同样适用于建设工程中造成损害的情形。

2. 关于损害对象认定。《关于审理人身损害赔偿案件适用法律若干问题的解释》第 10 条的规定,是承揽人之外的第三人或者承揽人本身。对于承揽人,规定并没有明确仅仅为自然人,应当包括自然人、法人和其他组织都在内。对于承揽人的雇员,属于承揽人还是属于承揽人之外的第三人?如果承揽人是自然人,雇员自然是承揽人之外的第三人。如果承揽人是非自然人组织该如何确定雇员的位置?相对于定作人来说,承揽人的雇员完成承揽工作的活动都是代表承揽人的行为,其受到的伤害应当认定为承揽人自身的伤害。至于承揽人与其雇员之间如何承担责任,由相应的法律规范予以调整。由此可见,不管雇员是作为承揽人自身,还是作为承揽人之外第三人,均属于《关于审理人身损害赔偿案件适用法律若干问题的解释》第 10 条规定的可以请求赔偿的权利人。对于定作人依据该条承担责任的方式,与《关于审理人身损害赔偿案件适用法律若干问题的解释》第 10 条相比,第 11 条规定的发包人或者分包人与雇主承担连带责任的前提是限于明知或者应当知道雇主没有资质或者安全生产条件,要求的过错程度比第 10 条的规定要高,过错明显。但对于需要承担责任的活动范围上来说,包括但不仅限于建设工程等承揽合同。可以确定,第 10 条和第 11 条的规定有交叉的地方(比较明显的就是明知雇主没有资质而将工程发包或者分包给雇主引发的事故损害),但两者并不矛盾。根据第 10 条规定,定作人可能与承揽人按份承担赔偿责任、连带承担赔偿责任,或者不承担责任。这里需要说明的应当是,第 10 条规定定作人所承担的责任,不仅仅限于按份责任。司法实践中通常将其理解为按定作人的过错程度承担的赔偿责任。当符合第 11 条规定的情形时,也就是第 10 条规定的定作人承担连带责任的情形,只不过第 11 条作出了特别的、具体的规定而已,应当优先适用。由此反观上述的案例,许某明知或者应当知道齐某没有建筑施工资质,将楼房砌建发包给齐某施工。齐某的雇员董某在从事雇佣活动的过程中因安全事故受伤,符合《关于审理人身损害赔偿案件适用法律若干问题的解释》第 11 条第 2 款规定的情形,许某与齐某应当对董某的损害承担连带的赔偿责任。

三、被告许某的抗辩意见

1. 本案中,许某将工程全部交给齐某承包,双方属于承揽合同关系。所谓承揽合同是承揽人按照定作人的要求完成工作,交付工作成果,定作人给付报酬和合同。

2. 根据最高人民法院《关于审理人身损害赔偿案件适用法律若干问题的解释》第10条的规定，承揽人在完成工作过程中对第三人造成损害或者造成自身损害的，定作人不承担赔偿责任。但定作人对定作、指示或者选任有过失的，应当承担相应的赔偿责任。因此许某作为定作人选任没有资质的齐某作为定作人，存在选任过错，应当承担部分赔偿责任，但与齐某之间不存在连带责任关系。

四、法院裁判结论

法院裁判：(1) 判决许某与齐某连带赔偿董某损失共计3.4万元；(2) 诉讼费由许某与齐某共同承担。